① 努尔哈赤朝服像
努尔哈赤，后金的建立者，清朝的奠基人。他于1616年正月初一于赫图阿拉（今辽宁省新宾满族自治县）正式称"汗"号，即"天命抚育诸国伦（部）庚寅汗"（简称"天命汗"），建立后金。清朝建立后被尊为太祖。

② 八旗正蓝旗、镶蓝旗军旗
1615年，努尔哈赤将收编管理满族军民的四旗扩编为正黄、镶黄、正红、镶红、正白、镶白、正蓝、镶蓝八旗，由他的八位子侄分别掌握。八旗的私属性成为后来后金政权"八王共治国政"体制的基础。

 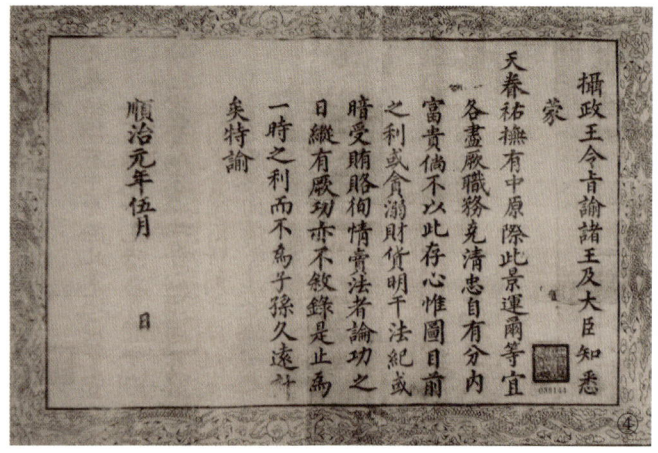

③ 满汉蒙文皇帝之宝信牌

皇太极统治时期所制，是后金最高统治者发布命令的凭证，今藏沈阳故宫博物院。在皇太极统治下，后金广泛吸纳满、汉、蒙各族的力量，扩大了统治基础。1635年，后金平定察哈尔，招降林丹汗余部，八和硕贝勒及外藩蒙古贝勒等以得到元朝传国玉玺为名，上表请皇太极上尊号。1636年农历四月十一，皇太极正式称帝，改国号为大清，以"崇德"为年号。

④ 摄政王谕诸王大臣令旨（顺治元年五月）

1643年，皇太极突然去世，八旗诸王及大臣经过激烈争论，达成妥协，由皇太极幼子福临继位，以郑亲王济尔哈朗、睿亲王多尔衮为摄政王，代执国政。摄政王实际上掌握国家最高权力。顺治元年（1644），在摄政王多尔衮的带领下，清军于五月入据北京城。

⑤ 《阿玉锡持矛荡寇图》

清郎世宁绘，长104.4厘米，宽27.1厘米，今藏中国台湾台北"故宫博物院"。乾隆二十年（1755），清军主力兵不血刃进入蒙古准噶尔部控制的伊犁地区，准噶尔部首领达瓦齐退守格登山。归降清军的原准噶尔部将领阿玉锡率二十余人趁夜袭击达瓦齐大营，降者六千五百人，达瓦齐被迫南逃，之后被俘送清军。至此，清朝第一次平准之战获得胜利。阿玉锡因功受到乾隆帝接见，授散秩大臣，并绘像紫光阁。

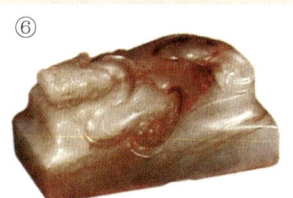

⑥ 青玉三希堂精鉴玺

本玺为乾隆皇帝闲章，面宽2.2厘米，长4厘米，通高1.9厘米，纽高1厘米，今藏北京故宫博物院。三希堂即故宫养心殿之西暖阁，为清代皇帝的书房。乾隆帝酷爱书法、绘画艺术，将魏晋以来大量的名帖字画收存于养心殿西暖阁，其中最为珍贵的是王羲之的《快雪时晴帖》、王献之的《中秋帖》和王珣的《伯远帖》。

⑦ 青玉嵌花把皮鞘腰刀

长97.7厘米，为马戛尔尼使团来华时送给乾隆帝的礼物之一。乾隆五十八年（1793），英国派遣马戛尔尼使团到中国，以向乾隆帝祝寿为名，试图与清朝就贸易问题进行谈判。这是中英官方第一次正式接触。最终乾隆帝拒绝了英使提出的各项要求。

⑧ 孙嘉淦任直隶总督时期所上奏折（节选）

孙嘉淦为清代雍乾时期著名理学大臣，曾任直隶总督、协办大学士等职。他在乾隆执政初期上《三习一弊疏》批评朝政弊端，因而刚直之名满天下。

⑨ "咸安宫学记"铁印
清朝特别重视八旗子弟的培养，设有各种官学，为八旗子弟提供就学、入仕机会。咸安宫官学设于雍正七年（1729），主要目的是培养内务府上三旗子弟，学习内容包括汉文、满文、骑射等，学成后可参加科举考试，获得功名。和珅少年时在咸安宫官学学习，精通满语、汉语等多种语言，为其日后发迹打下基础。

⑩ 和珅府邸（恭王府）花园湖心亭旧址
和珅在乾隆晚年身兼数职，权倾朝野，贪污受贿的财富不计其数，住宅建筑奢华无度。嘉庆四年（1799），乾隆去世，嘉庆立刻逮捕和珅，罪名之一就是和珅住宅僭越规制。

⑪ **黄爵滋《请严塞漏卮以培国本疏》（节选）**

道光时期，朝廷虽三令五申禁止吸食、贩卖鸦片，但依然难以遏制越来越严重的鸦片走私贸易。1838年6月，鸿胪寺卿黄爵滋上奏道光帝，主张通过严惩吸食者的方式，杜绝鸦片需求，遏制鸦片贸易。道光帝将此疏下发全国进行讨论后，决心严禁鸦片，并急召林则徐进京觐见，布置禁烟事宜。中国的禁烟运动由此拉开序幕。

⑫ **虎门炮台火药缸**

1840年初，英国议会经过表决，以微弱多数勉强通过发动对华战争的决定。6月，英国军舰抵达广东海面，鸦片战争正式爆发。林则徐积极组织当地军民，依靠虎门炮台等设施，多次击败英军。

⑬ **太平天国天王洪秀全玉玺**
道光三十年（1851），洪秀全等人领导的太平天国农民起义在广西爆发，很快席卷了大半个中国，并于1853年定都天京，沉重地打击了清王朝的统治。清政府令各地自办团练，对付太平军。在这样的背景下，曾国藩创办的湘军依靠严密的组织性、先进的武器和较强的战斗力成为平定太平天国的主力。1864年，湘军攻占天京，太平天国起义失败。战后，湘军势力成为对晚清政局影响巨大的一个政治派系。

⑭ **江南机器制造总局大门**
1865年，李鸿章在上海创办江南机器制造总局。该局从国外购进先进的机器，生产制造各种枪炮弹药，下设诸多分厂，后又发展到可以制造轮船、机器，并设有翻译官、广方言馆等人才培养机构。江南机器制造总局成为李鸿章等人发起的洋务运动中最有代表性的官办工业企业之一。

⑮ 日本人绘中日甲午海战图

1894年9月16日,中国以北洋舰队为代表的海军主力与日本海军主力在黄海海面发生遭遇战,双方激战五个多小时,北洋海军中五艘军舰被击沉,邓世昌、林永生等舰艇管带力战殉国。1895年1月,日本海军进攻威海卫。历经一个多月的死守,北洋海军苦战力竭,提督丁汝昌、总兵刘步蟾等自杀,余部投降,所剩军舰均被日军俘获。至此,北洋海军全军覆没,李鸿章在洋务运动中的得意之作付诸东流。

⑯ 日本人绘李鸿章与日本谈判代表会面图

1895年4月17日,以李鸿章为首的清朝代表团在日本马关春帆楼与以伊藤博文为首的日本代表团签订《马关条约》。《马关条约》的签订大大加深了中国的半殖民地化程度,也成为李鸿章最为人所诟病之事。他自己慨叹曰"一生事业,扫地无余"。

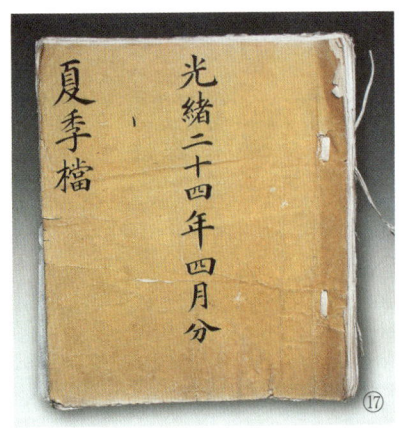

⑰ 记载《明定国是诏》的清宫档案

1895年，中国在甲午战争中惨败后，内忧外患更加严重，康有为联合在京参加科举考试的1300多名举人"公车上书"，请求光绪帝进行变法。1898年6月11日，光绪帝"诏定国是"，任用康有为等人推出一系列改革措施。史称"戊戌变法"。

⑱ 慈禧太后照片

晚清时期，慈禧太后掌握清朝最高权力达47年之久。她执政期间成功平定太平天国起义，并大力支持曾国藩、李鸿章等人主持的洋务运动，使清朝一度出现"同治中兴"的局面。但她昧于国际形势，对中日甲午战争的失败、八国联军侵华的惨祸，以及一系列丧权辱国的条约的签订负有不可推卸的责任。

问清

他们的清朝

刘文鹏 著

华文出版社
SINO-CULTURE PRESS

图书在版编目（CIP）数据

问清：他们的清朝 / 刘文鹏著 . -- 北京：华文出版社，2020.7
（华文通史）
ISBN 978-7-5075-5308-6

Ⅰ. ①问… Ⅱ. ①刘… Ⅲ. ①中国历史 – 清代 – 通俗读物 Ⅳ. ①K249.09

中国版本图书馆 CIP 数据核字（2020）第 071900 号

问清：他们的清朝
WENQING: TAMEN DE QINGCHAO

著　　者：	刘文鹏
策　　划：	宋志军
责任编辑：	刘超平　寇　宁
封面题字：	苏　刚
出版发行：	华文出版社
地　　址：	北京市西城区广外大街 305 号 8 区 2 号楼
邮政编码：	100055
网　　址：	http://www.hwcbs.com.cn
投稿信箱：	hwcbs@126.com
电　　话：	总编室 010-58336239　责任编辑 010-58336222
	发行部 010-58336267
经　　销：	新华书店
印　　刷：	三河市祥宏印务有限公司
开　　本：	710mm×1000mm　1/16
印　　张：	21.5
字　　数：	270 千字
版　　次：	2020 年 7 月第 1 版
印　　次：	2020 年 7 月第 1 次印刷
标准书号：	ISBN 978-7-5075-5308-6
定　　价：	58.00 元

版权所有，侵权必究

序 PREFACE

　　根据历史人物的重要影响来思考历史发展的规律，是自古以来中国史家特别重视的研究门径。所以，2017年春华文出版社提出这个策划思路，向我约稿时，我几乎立即产生了"试一试"的想法。然而在过去两年中我发觉，虽然这本书选取的十几个清代人物对很多人来说都已经耳熟能详，但以自己的学术积累，要想把这本书所包含的清代重要人物在历史上的真正影响讲清楚，也不是一件容易的事。所以，在最后给这本书确定书名时，我坚持以"问清"名之。一则表示在对这些人物的研究中我还有很多问题需要继续发掘和探讨；二则清朝作为中国的最后一个王朝，在给我们留下政治、文化遗产的同时，也留下太多值得思索的问题。我没有能力把这些问题都解决，只能借这本书提出来，与读者们一起思考。

　　清朝留下的第一个问题是：一个偏安一隅、规模不大的部族为何能够入主中原，开启大清王朝近三百年的统治？这其中其实包含两个方面的问题，一是满人为什么能取得成功，二是偌大的明朝为什么会骤然灭亡。对于前者，我们首先需要从清朝最早的三代统治者——努尔哈赤、皇太极、多尔衮身上探索答案。从1583年起兵，到1644年入主中原、征讨天下，后金—清政权在发展壮大的同时，也一次又一次化解了分裂、内斗的危机。因受蒙古文化影响，它必然带有强烈的"内陆亚洲"特性，但是，这个政权在发展壮大的过程中又不断通过吸纳、内化中原王朝的政治文化与制度，来改变八王共治、四大贝勒共坐等带有部族性质的政治习俗。以皇权为尊，避免内部分裂，是女真人在历史上三建其国、愈来愈强的政治秘诀，也是清朝近三百年政治稳定的核心内涵。1636年，当仿效明朝的皇权制度建立起来的时候，女真人在由部落到国家的历程中迈出了成功的一步。与许多游牧民族无限向西扩展疆域的特点非常不同的是，自皇太极到多尔衮，他们在对草原的征服上表现出很强的自我约束性，更倾向于循着东胡祖先的足迹，谋求入主中原政治愿望的实现。因此，从皇太极到多尔衮、顺治皇帝，都倾向于接受儒家政治文化，吸收中原王朝的制度优势，这是使清朝皇权超越八旗体制掣肘、走向独尊的必要因素，对清朝政权的稳定性至关重要。

另一方面，必须承认，清朝能够入主中原也是因为捕捉到千年难得的历史机遇，即中原王朝与草原游牧政权同时衰落。元代以后，蒙古人始终没有再回到统一、强大的状态，他们的分裂在16世纪末17世纪初更加明显。最后的大汗林丹汗不但对天山南北地区的厄鲁特（卫特拉）蒙古鞭长莫及，还受到强势的土默特部的压制。作为中原正统王朝的明朝，从万历时期开始便已经陷于内外交困之境。高层内部激烈的政治斗争、此起彼伏的农民起义，都让明朝危机重重。即使如此，明朝还必须出兵朝鲜，反击日本对其朝贡体制的挑战，维护其在东亚地区的大国地位。虽然付出巨大牺牲、将日本人逐出朝鲜半岛，但明朝的财政、军事状况更为恶化、社会矛盾更加尖锐，最终在农民军的打击下土崩瓦解。在这样的历史背景之下，东北地区成为各方势力都无暇顾及的真空地带，这为清朝提供了足够长的发展机遇期。

第二个问题是：如何看待清朝之强盛？清朝不但入主中原，而且经过顺治、康熙、雍正、乾隆四代皇帝的文治武功，最终达到极盛，使中国作为统一多民族国家的版图基本得以奠定。清朝最大的政治成就，是将各个民族融合、统一到一个国家政权之中，尤其是基本消除了农耕民族与北方游牧民族之间的隔阂与冲突。能够实现这一点，并将这一格局稳定地保持到20世纪，清朝依靠的不仅仅是某种意义上的族群认同，而且通过整合西北甲兵、东南财富，形成了保障各方利益的政治格局，并在此格局之下实现了各族群对中国高度的政治认同。大一统格局的发展，进一步激发了传统士大夫经世济民的热情，促使他们奋发进取、积极作为，这又成为清朝发展的重要动力。

然而，康雍乾几代皇帝文治武功的另一面，是以文字狱对士人刀斧加颈、进行毫不留情的摧残与迫害。虽然几位皇帝发动文字狱的目的不同、手段不同，但其恶果罄竹难书。孙嘉淦从逆批龙鳞到噤若寒蝉的转变，表现出士大夫在清朝的政治高压下如履薄冰的生存状态。这不仅是"专制"的问题，也是这几位皇帝对清朝统治中原之合法性并不自信、对士大夫多有警惕的结果，成为历史上的一大阴影。

第三个问题是：清朝为什么在经历了19世纪极其严重的内忧外患（白莲教起义、太平天国运动和外国列强的侵略）之后，并没有立即灭亡，其统治还能延续半个世纪？

以更长远的历史视角观之，尽管清朝统治者身为满人，但过于强调族群优势的政治思想和行为，并非一种历史常态。和珅的倒台不仅是个腐败问题，他成为满汉精英共同在道德上进行谴责的对象，这件事在很大程度上昭示着清朝前期几位统治者"满洲本位"政治观念的难以为继。在嘉庆、道光二位皇帝的治理下，政治生活的价值核心由任用"能吏"重新回到对道德的推崇，传统儒家士大夫那种经世济民为天下计的思想重新成为满汉精英的价值取向。如林则徐被视为抵御外侮的民族英雄、睁眼看世界的第一人，但他的所作所为并非凭空产生，而是清代经世官僚在面对外敌时的一种合理反应。他在很大程度上秉承了他过去的上司两江总督陶澍那种强势作为的风格。从陶澍、林则徐到曾国藩、李鸿章、左宗棠等人，其建立的事功虽不同，但秉持的理念是一脉相承的经世思想。这条脉络或隐或现，但不绝如缕，构成中国发展的一种内在动力。当近代中国周围列强环伺时，林则徐面对英国的威胁当仁不让，销毁鸦片、抗击英军；即使被流放新疆，依然忧国忧民。左宗棠以七十高龄挥军西征，再次收复新疆，才使得伊犁一带回到祖国怀抱。可以说，这些经世学者是支撑中国在困境中砥砺前行的中流砥柱。

另一方面，在19、20世纪之交，很多传统的经世学者成为西方先进文化的接受者和倡导者，开始转向皇权专制体制的对立面，改革与革命成为时代主流，这又构成清朝走向穷途末路的主要原因之一。

物换星移，历史的发展总是呈现出复杂的多样性，这种多样性实际是作为历史主体的人民，以及由人所构成的各种势力、各个阶层合力作用的结果。我们无法知晓、解释历史发展的全部真相，但一些关键人物在历史上发挥的作用，以及他们为什么会那样做、为什么会那样想，总是构成人们反思历史的重要话题。

本书不是一本研究性的学术著作，只是想利用已有的研究成果，结合作者自己的学习心得，探讨一种通过人物发现历史的路径。但本书的定位也没有局限于对历史人物和历史现象做简单的描述与揭示，而是想尝试对这些人物的思想来源做一些分析，并对他们在历史上的影响做一些深层次探讨，向更多的大众读者展示清代历史发展中隐含的种种思想脉络。

本书在写作过程中，得到一些同事和研究生的支持。与林则徐、曾国藩、慈禧太后相关的三个章节分别采择了中国人民大学清史研究所副教授杨剑利、博士生杨菊丽、国际关系学院硕士生导师杨幸何和中国人民大学金融学院本科生段山应的研究成果。而李鸿章和康有为两章的稿件撰写则分别由中国人民大学清史所博士生刘静垚和硕士生李伯禹完成。对他们的辛勤工作，我深表谢意。

  本书能够最终付梓出版，也得益于华文出版社宋社长的大力支持和编辑的全程协助，他们工作认真、一丝不苟，又极富耐心，尤其是在审校书稿的过程中提出很多重要建议，对此我非常感激。

  在写作过程中，作者参考、借鉴了许多学者的研究成果，但出版社考虑到行文流畅和历史普及类图书之通俗性层面的问题，在最后的定稿中删去大部分注释，只保留各章节之后的参考文献著录。对此，我们希望能够得到广大读者的谅解。由于能力有限，本书中还有很多不成熟甚至错漏之处，也希望各位方家批评指正、不吝赐教。

目录 Contents

努尔哈赤：大清宏业的奠基者

一、攘外先安内：努尔哈赤统一女真各部 / 003

    1. 统一女真各部 / 004

    2. 取信明朝，乘势而为 / 007

    3. 结好蒙古 / 009

二、八旗制度的创立与汗权至上的政权体制 / 011

    1. 建立牛录组织 / 013

    2. 八旗制度的创立与八王共治格局的形成 / 014

三、满族共同体的渐趋形成：从"七大恨"看努尔哈赤政权的性质 / 021

    1. "七大恨"的发布 / 021

  2. 满族共同体的形成 / 022

四、金戈铁马：努尔哈赤对明朝的战争 / 024

  1. 攻取辽沈 / 025
  2. 宁远激战 / 027

皇太极：大清王朝的构建者

一、皇太极即汗位与强化集权的政治变革 / 033

  1. 谋得汗位 / 033
  2. 权力斗争 / 035
  3. 攻伐朝鲜和蒙古察哈尔部 / 037

二、皇太极称帝与大清的国家制度设计 / 040

  1. 封爵制度与官僚制度的建立 / 040
  2. 编设八旗蒙古和八旗汉军 / 044
  3. 接受多元文化 / 046

三、改变与明朝作战的策略 / 050

  1. 入关掳掠 / 051
  2. 松锦之战 / 053

多尔衮：创制规模，奠基大清

一、走上大清的权力巅峰 / 059

1. 多尔衮地位的上升 / 059
2. 功勋卓著，备受信任 / 061
3. 性格坚毅，沉稳睿智 / 063

二、整肃政治 / 065

1. 杀宗室稳定政局 / 065
2. 斥政敌，加号"皇父摄政王" / 066
3. 分化两黄旗大臣 / 067

三、定鼎中原 / 069

1. 制定合理的战略与政策 / 070
2. 天赐良机 / 071
3. 明朝为什么迅速崩溃？ / 074
4. 为什么清朝能够抓住这个机会入主中原？ / 077

四、百年后的平反 / 081

1. 死后被追论 / 081
2. 乾隆帝为何为多尔衮平反？ / 082

乾隆皇帝：站在历史发展十字路口的一代君主

一、乾隆帝即位后的转变 / 087

1. 即位之初的铁腕 / 088
2. 平反旧狱 / 089
3. 乾隆十三年的政治风波 / 090

二、为何一定要平定准噶尔？ / 094

    1. 蒙古准噶尔部的挑战 / 095
    2. 平定西北，故土新归 / 098

三、乾隆为什么要频频发动文字狱？ / 101

    1. 康熙皇帝的先礼而后兵 / 101
    2. 雍正帝对文狱的精心设计 / 102
    3. 乾隆时期专制皇权对学林之肆虐 / 103

四、乾隆帝关上中国走向世界的大门了吗？ / 109

    1. 清代中国在全球贸易中的地位 / 109
    2. 该不该拒绝英国使团？ / 112

五、乾隆时代到底是"盛世"还是"衰世"？ / 114

    1. 盛、衰之争论 / 114
    2. 对"盛""衰"的语境分析 / 115

孙嘉淦：当经世派官僚遭遇文狱高压

一、风骨大臣孙嘉淦与《三习一弊疏》 / 119

    1.《三习一弊疏》/ 119
    2."风骨大臣"的炼成 / 124
    3. 乾隆初期的班底重臣 / 126

二、"理学官僚"孙嘉淦的经世致用 / 128

  1. 位列封疆，经世济民 / 128

  2. 身处 18 世纪经世学派群体中 / 130

三、在"伪稿案"旋涡中 / 133

  1. 伪稿案的爆发 / 134

  2. 身处政治暴风眼中 / 136

四、在文狱风暴的边缘 / 139

  1. 清帝之勤奋好学 / 139

  2. 清代皇帝与士大夫在争什么？ / 141

和珅：满族权臣巨贪的一种形态

一、平步青云：一个满族没落贵族少年的逆袭 / 146

  1. 勤奋善学的咸安宫学生 / 146

  2. 和珅的官场"逆袭" / 148

二、和珅的宦海荣耀 / 149

  1. 立于不败 / 150

  2. 和珅何以受宠于乾隆？ / 152

  3. 作为满族精英的和珅 / 155

三、嘉庆帝为何一定要速杀和珅 / 160

  1. 关于和珅之罪 / 160

  2. 和珅动了谁的奶酪？ / 164

四、作为一个符号的和珅 / 167

    1. 清朝在和珅之后的政治调整 / 167

    2. 成为一个符号 / 169

林则徐：时代转折中的经世精英

一、经世思想的形成与实践 / 175

    1. 初涉官场，奠定经世思想 / 175

    2. 经世济民，成为经世改革的中坚者 / 179

二、禁烟抗英：从鸦片到"夷务" / 186

    1. 严禁鸦片 / 186

    2. 如何回顾鸦片战争？ / 189

三、风雨飘摇的晚年 / 194

    1. 流放新疆期间的作为 / 194

    2. 后人评说 / 197

曾国藩：儒家士大夫在近代变革中的再塑造

一、办湘军，安清朝江山 / 203

    1. 书生筹军 / 204

    2. "剿发"刽子手 / 212

    3. "平捻"留憾 / 217

二、兴洋务，推动中国近代化进程 / 219

1. 力行"洋务"经世 / 219
2. 重视新式人才培养 / 222

三、道德文章，为世所尚 / 224

1. 湖湘学人重经世 / 224
2. 身陷天津教案困局 / 228

李鸿章：中国近代化的开创者

一、儒生而戎马 / 234

1. 中进士前程似锦 / 234
2. 赴国难投笔从戎 / 237
3. 独当一面克天国 / 239
4. 平捻军奠基"中兴" / 242

二、李鸿章与中国近代化的开局 / 244

1. 培养洋务人才，收其效于将来 / 245
2. 修战守之具，办民用工业，为近代工业之祖 / 246
3. 筹备北洋水师，甲午付之东流 / 250

三、与外交相伴的半生 / 253

1. "痞子腔"与订约 / 253
2. 以夷制夷终成空 / 255
3. 联俄以自重，自"重"国轻 / 256

康有为："传统与现代之间"的改革者

一、"经世"思想的养成 / 262

    1. 早年好学 / 262

    2. 讲求"通经致用"/ 264

二、维新变法前的准备工作 / 266

    1. 寻求变法之道 / 266

    2. 走向政治前台 / 268

三、"百日维新"中的康有为 / 271

    1. 变法维新政策的制定 / 271

    2. 变法背后的政治斗争 / 273

    3. 变法的意义 / 275

四、戊戌前后的人际网络 / 276

    1. 结识帝党——与翁同龢之关系 / 277

    2. 同床异梦——与光绪帝之关系 / 278

    3. 师徒际遇——与梁启超之关系 / 281

    4. 从"友"到"敌"——与张之洞之关系 / 283

五、贯穿"尊王攘夷"思想的"保皇"行动 / 285

    1. 从维新转向保皇党的内在逻辑 / 285

    2. 不成熟的政治家 / 287

慈禧太后：女主当国与晚清变革

一、身世之谜，女主出生地疑点重重 / 291
  1. 出生地谜团 / 291
  2. 山西情结 / 292

二、执掌大清权力，如日中天 / 294
  1. 辛酉政变，掌舵"大清号"旧轮 / 294
  2. 戊戌变法背后的权力挑战 / 296

三、清末新政，最后无力的修补 / 299
  1. 推行新政 / 300
  2. 预备立宪 / 301
  3. 复杂的心态 / 304

四、崇奢靡、重权力、要面子，慈禧的为政败笔 / 306
  1. 不合时宜的六旬盛典 / 306
  2. 狼狈西狩与光鲜回銮 / 307

五、脱离政治，慈禧何许人也？ / 310
  1. 素养颇高之女子 / 310
  2. 作为普通人的一面 / 312

努尔哈赤

大清宏业的奠基者

努尔哈赤履历表

姓名	爱新觉罗·努尔哈赤
本名	努尔哈齐
民族	女真（满族）
庙号	太祖
籍贯与出生地	赫图阿拉（今辽宁省新宾满族自治县境内）
家庭出身	建州左卫一小部落酋长之子
生卒年及所处时代	1559—1626，明朝末期人，后金政权建立者
生平履历	嘉靖三十八年（1559），努尔哈赤出生在建州左卫的赫图阿拉（今辽宁省新宾满族自治县境内）
	万历十一年（1583），努尔哈赤以"十三副遗甲"起兵，克图伦城
	万历十四年（1586），努尔哈赤擒斩尼堪外兰，称"淑勒贝勒"，都"佛阿拉城"（今辽宁省新宾满族自治县）
	万历三十五年（1607），努尔哈赤派兵征伐东海瓦尔喀归附部众，与乌拉部激战于乌碣岩（今图们江畔钟城附近）；努尔哈赤率师灭辉发部。八旗制度肇始，先有四旗
	万历四十三年（1615），八旗制度完成建制；努尔哈赤正式创建议政会议，又设理政听讼八大臣
	明万历四十四年、后金天命元年（1616），努尔哈赤称"汗"，建金国，号"天命"；遣兵征萨哈连部和虎尔哈部
	明万历四十六年、后金天命三年（1618），努尔哈赤以"七大恨"攻明，下抚顺，攻清河堡等地
	明万历四十七年、后金天命四年（1619），萨尔浒之战。努尔哈赤征服叶赫部；统兵四万攻开原、铁岭；明廷命熊廷弼重整边防，杨镐下狱
	明天启六年、后金天命十一年（1626），努尔哈赤攻宁远城，败。努尔哈赤训谕八固山王，强调"八分"；八月，病死

曾经傲视天下的大明王朝怎么也不会想到，它会被一个生活在帝国东北边隅、整天被人追着打的弱小部族取而代之。但历史就是这样极具讽刺性。给大明王朝致命一击的，恰恰就是生存在几大势力夹缝中的女真人（他们后来改称"满洲"），而这从努尔哈赤起兵时就渐渐注定。

在世界古代历史上，任何一个政权的开创者大概都要具备三个基本条件：首先必须勇武有力、能征善战，如此才能击败众多对手。其次要拥有足够的智慧去驾驭部众，形成强有力的政权组织。最后还必须有足够好的运气，能够抓住宝贵的机遇。世界上不乏孔武有力、善于征战的人，如亚历山大大帝，但一时之勇并不能保证帝国的长治久安；历史上也不乏高智商的谋国者，如诸葛亮，无奈时运不济，终究只能偏安一隅。而能够拥有足够好的运气的人，则属凤毛麟角。努尔哈赤，作为大清王朝的奠基者，被尊称为"太祖""武皇帝"，不仅表明他具有开创之功，也表明他具有能征善战的特点。可努尔哈赤以十三副遗甲起兵，三十多年间几乎打下整个东北，把偌大的明朝在辽东的驻军打得一败涂地，靠的不仅是勇猛与智慧，还有更多的好运气，他总是能够抓住转瞬即逝的宝贵机遇。

一、攘外先安内：努尔哈赤统一女真各部

努尔哈赤起兵之前的女真人分为三大部落，最北部位于松花江、黑龙江一带直至库页岛范围内的女真人被称为"野人女真"（又称东海女真）；位于辽河东西两岸、与东部蒙古杂处的属于"海西女真"，也称扈伦四部，其中东部、南部为哈达、辉发，西部为叶赫，北部为乌拉。努尔哈赤所属的"建州女真"则生活在开原城以东、以南直至鸭绿江流域的范围内。

女真人在中国历史上有着辉煌的发展历程，被史学家称赞为"千年之内，三建其国，愈扩愈大"。在唐代，女真人被称为"靺鞨"，曾建渤海

国,并受到唐王朝的册封,后被契丹族建立的辽政权控制。宋辽时期,处于契丹族统治下的女真人在完颜部率领下逐渐崛起,建立金国政权。他们先后攻灭辽和北宋,占领整个中国北部,统治范围由东北一隅扩展到淮河流域,与南宋、西夏等形成对峙局面。后随着蒙古人兴起,金、宋都被蒙古人攻灭,纳入统一的元帝国之内。元朝在东北地区南部设辽阳行省,北部设置奴儿干征东元帅府,统辖女真各部。明朝驱逐元势力后,在东北地区承袭元朝制度,仍设辽东都指挥使司和奴儿干都司,管理女真人所居之地。不同的是,明朝在辽阳都司辖地设州县、卫所,直接驻军,而在北部的奴儿干都司实行羁縻政策,通过册封女真各部头人为卫所首领进行治理,其中在建州女真驻地先后设置建州卫、建州左卫和建州右卫三卫。努尔哈赤的世系即可以追溯到明初建州女真的猛哥帖木儿。

1. 统一女真各部

对清代历史的追溯一般都以1583年努尔哈赤以十三副遗甲起兵为起点,这看似非常艰难、非常"草根",但并不能掩盖努尔哈赤身上的女真贵族血统。永乐时期,明朝先后在女真人所居之图们江、鸭绿江一带设置建州卫、建州左卫,并以其首领任都督佥事管理部众。努尔哈赤六世祖猛哥帖木儿(又称孟特木,满族尊为肇祖)为第一任建州左卫都督佥事。建州左卫后迁至苏子河流域,形成以现今赫图阿拉为中心的势力范围。1433年,猛哥帖木儿战死,由于其子董山远在他处,明朝任命猛哥帖木儿之弟凡察为都督佥事,统率建州左卫部众。1437年,董山回归,明朝亦任命他为指挥使,后升任都督佥事。但一卫二印,董山、凡察难以相容。1442年,明朝又专设建州右卫以处凡察。1467年,董山因屡犯明朝边境,被明军剿杀,明朝让其子脱罗袭职。脱罗"悔过来朝",此后对明朝一直保持忠顺。他死后,其子脱原保继袭建州左卫都督佥事之职。努尔哈赤四世祖锡保齐篇古为董山之子、脱罗兄弟,其祖父觉昌安、父亲塔克世都在建州左卫内任职,皆忠心事明。觉昌安联姻建州卫首领王杲,塔克世的妻子即努尔哈赤的母亲，是王杲的孙女，生努尔哈赤、舒尔哈齐和雅尔哈齐等三子一女。

当时的明朝对女真人实行分化统治、众建而分其势的政策，利用各部之间的矛盾，让他们互相攻杀，以便驾驭。所以各部"皆称王争长，互相战杀，甚至骨肉相残，强凌弱，重暴寡""各自雄长，不相归一"。每当一个部落发展壮大到一定程度时，明朝便会找借口大规模出兵剿杀。1574、1583年，辽东总兵李成梁率大军先后两次征剿势力逐渐强大的建州右卫王杲及其子阿台，使建州右卫几乎灭族，王杲被俘送京师，磔刑处死，其后代也被斩杀殆尽。在这两场战争中，努尔哈赤的父、祖投靠明朝，引明军来攻王杲、阿台，但不幸的是，觉昌安父子在战乱之中也因图伦城主尼堪外兰的唆使被明军误杀。事后，明朝让努尔哈赤袭祖职任建州左卫都指挥，归还敕书20道、马30匹，以示安慰。所谓敕书，是明朝发给女真各部首领的任职证明，也是他们进京觐见明朝皇帝的资质证书。由于明朝实行薄来厚往的朝贡制度，拥有敕书的首领不仅可以通过向朝廷进贡获得丰厚的奖赏，而且可以沿途进行贸易以获得巨大利益。因此，这种凭敕书进贡的活动被东北女真各部视为获得经济收益的重要途径。各部族之间的争斗目标之一就是夺取对方手中的敕书，而掌握敕书的数量，也成为一个部族强大与否可以量化的重要标志。如当时的建州卫王杲在被剿灭之前掌握敕书700道，可谓实力强大。努尔哈赤因父、祖被误杀，获得父、祖原有的20道敕书，并被任命为建州左卫都指挥，虽然实力有限，但终究是得到一个可以号令部众的合法身份，在女真各部中的政治地位大大提高。正是在1583年这一年，努尔哈赤以父祖十三副遗甲起兵，兵不满百，征讨尼堪外兰，占领图伦城，开启了征讨女真各部的历程。

从1583年到1588年，经过五年多征战，建州女真的苏完部、哲陈部、董鄂部、完颜部等先后归附到努尔哈赤麾下，至1593年，努尔哈赤又南下征服鸭绿江部、朱舍里部、讷殷部，建州女真得以统一。随后，努尔哈赤挥师西向，剑指海西扈伦四部，向北用兵征讨野人女真（东海女真）。

努尔哈赤势力的迅速发展，引起海西女真的不安。海西扈伦四部，指哈达、辉发、叶赫、乌拉四部。他们东接建州女真，西邻蒙古各部。各部势力此消彼长，都曾强大一时。在努尔哈赤起兵后的十余年中，叶赫部实力较强，并一度受到明朝的支持。1593年，叶赫部首领卜寨与其弟那林卜禄结盟乌拉部、哈达部、辉发部，联合嫩江卦勒察部、科尔沁部及锡伯部，又收罗建州女真朱舍里部、讷殷部各部首领，组成九部联军，进攻努尔哈赤。努尔哈赤毫不退缩，率军与九部联军激战于古勒山，由于九部联军各自为政，缺乏统一指挥，结果两军接战后，卜寨竟被斩于阵前，众军皆溃，建州军乘胜掩杀，虏获甚众。乌拉部首领布占泰被俘，四年后才被放归。

此役之后十余年间，努尔哈赤迈开了统一海西各部的步伐。1601年征服哈达部，1607年攻灭辉发部，1613年收服乌拉部，海西四部中唯叶赫部尚存。1616年，努尔哈赤在赫图阿拉称汗，建立后金政权，而后集中力量进攻叶赫部。1619年叶赫城被努尔哈赤攻占，叶赫部亡。海西女真至此全部并入后金版图。

值得一提的是，在努尔哈赤统一海西四部的过程中，一直穿插着一个女人的传奇，她就是名倾一时的叶赫老女。

女真各部之间，不管如何互相征战、攻击，联姻亦不断。联姻往往成为一个部族首领笼络、联合其他部落的重要手段。1588年，努尔哈赤就曾娶叶赫部首领清佳努之女、金台吉之妹孟古哲哲，即皇太极之母。

叶赫老女是叶赫部首领卜寨的女儿、布杨古之妹，被认为有倾国倾城之美，女真各部首领争相聘娶。1593年，为组建征讨努尔哈赤的联盟，布杨古将此女许配乌拉部首领布占泰，布占泰当即允诺联盟。无奈九部联军败于古勒山。战后，努尔哈赤势力如日中天，布杨古为避免努尔哈赤报复，背弃与布占泰之约，将此女许配努尔哈赤。努尔哈赤喜出望外，当即与叶赫部结盟退兵。但叶赫老女视努尔哈赤为杀父仇人，坚决不允，并发誓谁杀努尔哈赤她就嫁给谁。此时哈达部渐趋强大，首领孟格布禄向叶赫老女求婚,并宣战于努尔哈赤,结果被努尔哈赤杀死,之后哈达部灭。1607年,新崛起的辉发部首领拜音达里在夺得该部贝勒之后,挑战努尔哈赤,并与叶赫部订婚,但很快在努尔哈赤的攻击下身死部灭。布扬古眼见辉发、哈达先后被灭,自己势单力孤不足以抵挡努尔哈赤,便故技重演,再次许婚于乌拉部布占泰。吃过一次大亏的布占泰则是好了伤疤忘了疼,应允了叶赫部的条件。之前几年中乌拉部本来与努尔哈赤关系越来越好,布占泰将妹妹阿巴亥嫁给努尔哈赤,两年后阿巴亥被立为大妃,后生下阿济格、多尔衮、多铎三个儿子。布占泰也娶了舒尔哈齐的女儿。但在叶赫老女的诱惑下,布占泰再次背弃与努尔哈赤的盟约。他派兵伏击舒尔哈齐及努尔哈赤之子褚英、代善于途中,结果仍被打败。1613年,努尔哈赤亲率大军进攻乌拉,乌拉城破。布占泰只身逃往叶赫城,意图践履婚约,但被拒之门外。

为进一步拉拢联盟,布扬古还试图将叶赫老女许配蒙古首领暖兔贝勒的儿子吉赛,但此女坚决不从。1615年,已经33岁的叶赫老女终于嫁给蒙古喀尔喀部达尔汗贝勒长子莽古尔岱。努尔哈赤手下诸大臣贝勒闻讯后,要求征讨叶赫部。努尔哈赤不许,他说:"征讨,国之大事。若以负婚之故,怒而兴师,则未可也。盖此女之生,衅所出启,实非偶然。哈达、辉发、乌拉三国皆因此女兴兵构怨,相继灭亡。是此女召衅亡国,已有明验。今明又助叶赫,不以此女与我,而与蒙古。天殆欲亡叶赫,以激怒我而启大衅也。若奋力征之,继得此女,徒致不祥。即归他人,亦必不永年,吾知此女,流祸已尽,死期将至矣!"1618年,努尔哈赤以"七大恨"攻明,其中有一条就是"遣兵出边戍,援助叶赫,将我已聘之女,转嫁蒙古,其恨四也"。或许,努尔哈赤真的一语成谶,第二年,叶赫老女就去世了。又过三年,叶赫部被努尔哈赤攻灭,女真各部终得统一。

2. 取信明朝,乘势而为

努尔哈赤能够完成对女真各部的统一,不仅是依靠几十年的战场拼杀，更是由于他通过高超的政治智慧，把握住难得的发展机遇。如前文所述，明代女真各部实际上处于明朝严密的军事监督之下，明朝乐见女真各部彼此攻杀而不愿看到他们走向联合统一，所以一旦某一部落强大，明军必定对其进行绞杀，使其回到分散、零落的状态。努尔哈赤的祖上董山，以及叶赫部、哈达部都曾屡受其祸，努尔哈赤同时期的王杲也是这样被剿杀的。明军在辽东不但军堡林立，而且自永乐至万历初期，又修建了西起山海关、东至鸭绿江，长达近 1000 公里的辽东边墙，试图将女真各部隔绝在边墙之外。这种辽东边墙基本就是长城向东的延伸。根据比较新的研究成果来看，长城自先秦时代开始，就不仅是防御工事，也是农耕民族向草原民族发动攻击的桥头堡，实质上是一种进攻性工事。从明军不断主动出击、剿杀女真各部的情况来看，辽东边墙也属于进攻性军事工事。面对这种强大的军事压力，女真人要么继续臣服，要么走向联合进行反抗。而女真人最终在努尔哈赤的领导下走向联合与统一，正是对这种外来压力的回应。

现在很多研究表明，中国北方民族在经济上对长城以南的农业区存在很强的依赖性。以女真人为例，他们虽然可以采集人参、木耳，靠狩猎取得动物皮毛，但粮食、丝织品、铁器、茶叶等，都需要从与汉人的贸易（边境贸易或入贡贸易）中获得。所以他们总是要求明朝在边境扩大互市点。反言之，一旦与汉人地区的互市贸易受阻，他们的生活就会受到直接影响，"掳掠"由此成为他们在贸易之外获得汉人产品的一种重要途径。辽东边墙的修建对女真人的经济极具杀伤力。它不仅阻断了女真人在辽东的自由往来，而且严重制约了边境贸易。此外，16 世纪后期的东北地区各种天灾不断，也严重威胁着女真人的生活。对努尔哈赤来说，必须有足够大的军事力量才能维持生存，而要维持军事力量，就必须有足够的物资。征伐越多，军队越多，就需要更多的征伐掳掠来维持投附者的利益。所以，当辽东边墙在万历时期接近合龙时，恰恰是努尔哈赤以十三副遗甲起兵之际。

努尔哈赤之所以没有像以往的女真各部那样在走向强大的过程中被明军扼杀，得益于他应对明朝的政治智慧。在统一女真各部过程中，努尔哈赤一直保持对明朝的恭顺，按时纳贡、俯首听命。他曾任明朝辽东总兵李成梁的亲兵，受其信任，与其关系密切。

同时，明朝在万历时期对辽东的防守日渐松弛，也是努尔哈赤成功的重要原因。一是明朝在万历年间进行援朝抗倭的战争（1592—1598），明军精锐集中于朝鲜，无暇顾及女真。二是万历朝鲜战争后，明朝在东北布防涣散，缺少规划。镇守辽东的李成梁于1591年被罢官，之后的十年，明朝在辽东无得力主将，1601年李成梁复职，但此时他已经76岁。李成梁于1606年强驱数万边民于内地，尽弃数百里边地于女真。时明朝派往辽东的巡按御史熊廷弼弹劾李成梁"通房"，认为李成梁应获死罪，但弹劾亦无果。而随着李成梁的年老退休，明朝对东北地区基本失控。主持辽东军务的总兵官更换频繁，常有任职不到数月即被更换者。明朝东事日疲，为努尔哈赤的崛起留下广阔的空间。恰恰在这二三十年的时间中，努尔哈赤完成了统一女真各部、建立政权的过程。当明朝意识到努尔哈赤的威胁时，可谓为时已晚。后来的萨尔浒之战，也是明朝试图对女真人进行更大规模剿杀的一种努力。如果明军获胜，努尔哈赤会重蹈其五世祖董山和建州右卫王杲之覆辙，其部属将被明军剿杀殆尽，而辽东女真人又将恢复以往那种各部族极为零散的状态。但与以往不同的是，努尔哈赤更加强大，彻底粉碎了明军的进攻，保卫了自己几十年苦心经营的征战成果，使历史没有重演，后金政权愈发强大。之后，努尔哈赤便进一步向看似强大的大明王朝主动叫板了。

3. 结好蒙古

努尔哈赤在统一女真各部的过程中，也将触角逐渐向西部的蒙古各部延伸。当时，蒙古人自元朝以后退回草原，虽然名义上还有全蒙古共同的大汗，但实际上各部分立，难以统一。西部为卫拉特蒙古（明代称瓦剌，清代称厄鲁特蒙古），占据天山以北、西至巴尔喀什湖一带游牧区。中部是以察哈尔部为核心的鞑靼部，东部为接近辽河流域、大兴安岭一带的兀良哈三卫。兀良哈各部曾在明初归附明朝，但很快反叛，向南不断侵扰中原，向东则时常压迫女真各部。16世纪晚期，土默特部在俺答汗的领导下迅速崛起，西侵卫拉特，东迫察哈尔。蒙古大汗的势力在其压迫下不得不向东迁移，而察哈尔部的东迁则给原来一直游牧于大兴安岭、辽河一带的东部蒙古如科尔沁、扎鲁特等部造成压力。努尔哈赤的崛起，使科尔沁等部处于双向压力之中。

由于地缘方面的因素，在努尔哈赤势力发展过程中，蒙古各部中最早投附后金的是东部的科尔沁部、扎鲁特部。科尔沁部曾参与叶赫部组织的反努尔哈赤的九部联军，战败后很快就归降努尔哈赤，随后扎鲁特部也表示归附。努尔哈赤极为看重擅长骑射的蒙古人，努力与他们维持良好关系。而随着努尔哈赤的儿子相继成人，联姻成为努尔哈赤密切与蒙古科尔沁部等各部关系的重要手段。1612年，蒙古科尔沁部首领明安与努尔哈赤联姻；努尔哈赤次子代善娶蒙古扎鲁特部钟嫩之女为妻。五日后，第五子莽古尔泰娶蒙古扎鲁特部首领内齐之妹为妻。第八子皇太极娶蒙古科尔沁部首领莽古斯之女为妻，第十子德格类娶蒙古扎鲁特部首领额尔济格之女。和中国历史上汉、唐等王朝与边疆民族的通婚政策相比，清代的满蒙联姻更具实际效能。与以往常以冒名顶替的公主远嫁相比，清代的皇帝都把自己货真价实的公主嫁到草原上，有的也迎娶了蒙古各部首领的女儿为后为妃。皇太极有三个后妃来自科尔沁部，顺治皇帝有两任皇后为蒙古女子。康熙帝有6个女儿、一个养女嫁到草原上，乾隆帝的女儿中亦有两个嫁给了蒙古人。满蒙联姻无论在数量还是质量上，都远迈汉唐。根据杜家骥先生的研究，那些远嫁的皇室公主，即使在草原上也保留着皇室的尊严，她们犹如散落在草原上的一颗颗明珠，将桀骜不驯的蒙古人安抚在各自的领地内。① 另一方面，努尔哈赤对待蒙古人的主要政策就是分化笼络。他曾经说蒙古人如同天上的云彩，聚则成雨，所以必须分而治之。他与蒙古各部分别联姻的策略非常有效，强化了蒙古各部对他的效忠，也防止各部走向联合。自他以后，满蒙联姻成为清朝坚定不移的一项国策，皇太极及其后历代诸帝都对此坚持落实，一直维持到清末。蒙古人成为非常充足的兵源、满洲军事力量的补充和八旗组织的一部分，在之后的征战中，他们与满人一起出现在几乎所有战场上，成为清朝争夺天下、开疆拓土的利器。而随着蒙古衙门（后改为理藩院）在皇太极时期的建立，清朝对蒙古人及蒙古事务的管理也日趋正规化、制度化。

在这里还应当看到，努尔哈赤女真政权制度、文化的早期发展状态，与蒙古文化在一定程度上具有相通之处，借鉴了诸多蒙古文化元素。如满人的骑射传统与蒙古人非常接近，且满文的创制，努尔哈赤称"汗"、儿子称"贝勒"等都源于蒙古文化。另一方面，蒙古人在归附大清后，也接受了满洲的各种制度。例如，在封爵制度上，蒙古王爷的爵位等级与满族皇室非常接近。密切的满蒙联姻一方面巩固了蒙古人的忠诚，另一方面也将众多蒙古人带入清朝的宫廷与国家政治中。如后来的孝庄皇太后就倾向于将科尔沁本族的贵族女子纳入宫中，给顺治皇帝做皇后，以此来巩固其家族在清朝的政治地位。直到19世纪60年代，科尔沁部的王爷僧格林沁仍是清朝极为重要的大臣。

二、八旗制度的创立与汗权至上的政权体制

对于后金政权来说，天时地利固然重要，但如何把自己的资源更好

---

① 杜家骥：《清朝满蒙联姻研究》，人民出版社，2003。

地组织到一起，即"人和"的因素更为关键。

努尔哈赤在其收服各部、建立女真政权的过程中，秉持的一个一以贯之的原则是部属必须对他个人绝对效忠与服从。他对属下具有绝对权威和生杀予夺的权力，弟弟不从则杀之，儿子不从亦杀之。下例能够很好说明努尔哈赤与部属之间的关系。

额亦都乃努尔哈赤五大臣之首，早年与努尔哈赤征战四方，不仅自己功勋卓著，还有四个儿子、一个孙子战死沙场，其余子嗣则依靠军功及额亦都的荫庇出将入相，可谓满门勋贵。在私人关系上，额亦都与努尔哈赤多次联姻。他娶了努尔哈赤的族妹，其女也嫁给了皇太极。但即使如此，额亦都始终清楚，对努尔哈赤而言最重要的就是忠诚。他的次子达启，少年时勇武有力，深受努尔哈赤喜爱，被努尔哈赤养育宫中。达启长大后，努尔哈赤将自己的女儿嫁给他。达启则怙宠而骄，有时遇到诸皇子竟也表现得傲慢无礼，额亦都对此非常担心。一日，额亦都召集诸子宴饮。其间，额亦都忽然站起来，命人将达启捆绑起来。众子都非常惊讶。额亦都拔出腰刀指向达启，对诸子说："天下安有父杀子者，顾此子傲慢，及今不治，他日必负国败门户。不从者血此刃！"大家听后才知道事情的严重性，于是一起把达启拉到内室，用被子捂死了他。事后，额亦都到努尔哈赤处谢罪。努尔哈赤听后极为惊愕，好半天才缓过神，慨叹道，像额亦都这样为国深虑者，实在无人能及。以额亦都功勋之著，看到儿子对努尔哈赤的儿子不够恭顺，仍极为担忧。为表现忠诚，他不惜杀子谢罪，以表现自己对努尔哈赤奴仆般的忠心。在他看来，自己一家功勋再大，也是爱新觉罗家的奴仆，达启对皇子不恭，以下犯上，早晚会引祸上身，只能及早处理以绝后患。

那努尔哈赤这种无上权威是如何确立起来的呢？这就需要了解努尔哈赤在统一女真各部过程中，是如何将众多的部属组织起来的，即牛录组织到八旗体制逐渐建立的过程。

1. 建立牛录组织

包括女真人在内,生活在中国东北境内的古代诸多族群,与生活在草原地区的蒙古等游牧族群,虽然有很多接触,并且在文化上有诸多互相影响之处,但本质上却非常不同。草原游牧民族总是处于迁移状态,对自然条件的依赖程度更强,因此并不容易走向联合,即使在特定条件下一度统一,也难以长时间维系,很快便会陷入分裂状态。历史上许多游牧民族的发展历程都证明了这一点。而东北地区的各部族虽然依赖于采集、狩猎,但过的是定居生活。面对外部压力,他们表现得更加具有组织性和纪律性,也更容易通过严密的组织走向联合和强大。因此,相比而言,鲜卑人、女真人入主中原的概率和建立政权的稳定性要大于很多游牧民族。①

处于黑水白山之间的女真人,依赖农业、采集、狩猎等经济生活方式,长期过着一种族屯党寨、相对定居的生活。由于生存环境恶劣,各部之间征战不断,这些屯寨都以家族为核心聚集族人,地缘、血缘为其重要纽带。屯寨相接,则多靠婚姻关系结成联盟,由此形成女真各部。各部人员多少不一,势力大小不同,但各部都有本部的首领,部众对本部首领的忠诚度也比较高。

随着努尔哈赤征伐战争的不断胜利和势力的迅速发展,各地归降、投附者日众,用一种什么样的方式把女真各部组织起来,对努尔哈赤至关重要。如果完全保留归附的各部人员旧有的部落组织,那就难以改变各部部众对本部首领的忠诚,难以保证努尔哈赤对归降各部的控制权和指挥权,由此而形成的潜在离心力对努尔哈赤来说是极其不利的。但如果将归附的各部人员彻底打散重组,剥夺各部首领对自己部众的所有权,必然违背各部首领的根本利益,会遭到首领们的抵制,由此难以维系这些部族首领的忠诚。努尔哈赤必须在维系各部族对他的忠诚和保证各部族首

---

① 巴菲尔德:《危险的边疆:游牧帝国与中国》,江苏人民出版社,2011。

领的根本利益之间找到平衡点。

建立牛录组织，实际就是采取了一种改造加妥协的方式。1601年被认为是努尔哈赤创建牛录组织的开始之时，他把归附各部的人丁家属全都编为牛录，每牛录300丁，即300名士兵，各丁家属也都属于这个牛录。如果某部人员众多，可以编为数个牛录。这些兵丁闲时生产，战时随首领出征。每个牛录的首领称牛录额真，即箭长、十人之长之意，仍由原来的部族首领担任，如果该部有数个牛录，则由部族首领及其子侄分别担任这几个牛录的额真，且牛录额真的职位可以世袭，以保证首领家族拥有自己的部众，但同时必须服从努尔哈赤的号令。

牛录组织将努尔哈赤所有部众由自由组合的打猎小组转变为军事、政治、经济一体的常设性组织，它是女真人编审人丁、签派赋役的行政单位，更是军事单位：每遇战事，按牛录抽丁，以均摊为原则，组建出征队伍。这种组织有着严格的纪律，凡遇狩猎、出兵、戍台、应役，则传箭于各部首领，按牛录编组，定数分派。各牛录必须严守号令，不得任意来去。牛录组织是建立在一种原始共产主义经济分配方式的基础之上的。各牛录必须将狩猎品、战利品等所有财产上缴努尔哈赤，由努尔哈赤统一分配。各牛录所得的财产都由本牛录额真统一分配给所有部众，私藏财产者将被处以重罪。牛录额真既是一种政治地位，也是经济地位的体现，它成为后来整个八旗组织乃至后金政权的基本单位。同时，各牛录部众及财产都归额真所有，牛录额真是所属百姓的"主子"。因此，牛录组织也保持了很强的私属性，这构成后来整个八旗组织的基本特点。

2. 八旗制度的创立与八王共治格局的形成

八旗制度是满人入关前后金－清政权核心的政治、军事、社会及经济制度。八旗组织建立的过程是努尔哈赤将收服的部众纳入牛录，再纳入四旗、八旗的过程，这一过程一方面确立了努尔哈赤及其诸子对各旗的私属性质；另一方面，努尔哈赤如何分配八旗，将哪一个子侄、孙子确立为旗主贝勒、议政贝勒的过程,也奠定了后金到清政权最初的高层政治格局。其结果是,以牛录形式编入八旗的女真各部落,成为爱新觉罗家族子孙的忠实部众,而旗主又服从大汗的绝对权威。由此,一个大汗具有绝对权力的政治体制逐渐创立。但这个创立过程中也充满着爱新觉罗家族内部为争夺对各旗的控制权而展开的激烈斗争。

随着建州女真势力的壮大,努尔哈赤开始在牛录的基础上建立"旗"这种组织。1607年,努尔哈赤将所有的牛录归并在四个"旗"下,分别由他自己统领黄旗,其弟舒尔哈齐统领蓝旗,长子褚英统领白旗,次子代善统领红旗。之后,当努尔哈赤的势力进一步扩展,当他的其他子侄们陆续长大成人,努尔哈赤组建了更多的牛录,并将四旗扩展为八旗,然后像析分家产一样分给自己的子侄们,让他们成为新的旗主。各旗旗主成为本旗所有部众的主人,对部众拥有私属权。

建州女真的迅猛发展得益于努尔哈赤与其同母弟舒尔哈齐同心协力,使建州女真一直保持着内部的团结,避免了力量的自我削弱。但随着势力的扩张,在发展过程中如何处理内部矛盾与冲突成为摆在努尔哈赤及其后继者眼前的重大问题。女真各部多分城而居,各自为政。努尔哈赤兄弟二人一直同居一城,但随着部众增多、势力扩展,努尔哈赤、舒尔哈齐兄弟二人之间的嫌隙、隔阂日积月累,渐趋严重,二人的矛盾也逐渐尖锐,冲突渐多。居于弱势的舒尔哈齐曾表示:"吾岂以衣食受羁于人哉?"并筹划离开努尔哈赤,迁居他地。他派人到一个名为黑扯木(又称赫彻穆,位于浑河上游,北接叶赫)的地方准备伐木造房。这些言行被视为一种严重的离心倾向。到1609年,舒尔哈齐向努尔哈赤公开表示要率部离开,由此二人之间矛盾爆发。努尔哈赤担心舒尔哈齐离开后会投附明朝,故大开杀戒,诛杀舒尔哈齐长子阿尔通阿、三子扎萨克图,及舒尔哈齐手下亲信将领乌尔坤蒙兀,并将舒尔哈齐本人囚禁起来。舒尔哈齐之后死于囚禁之所,传为努尔哈赤所杀。舒尔哈齐次子阿敏,由于自幼被努尔哈赤抚养在身边,与努尔哈赤诸子关系密切,在褚英、代善等苦苦求情下，才逃过一劫，得以保全，并承袭舒尔哈齐在八旗中的势力。努尔哈赤因禁亲弟，同室操戈，手段残忍，但终得大权独揽，建州女真内部矛盾得以缓解，其统一大局得以维护，强劲发展的势头得以继续保持。

然而，此事了结后，随着儿子们长大成人，如何在儿子们之间分配家产和权力，又成为努尔哈赤所面临的最核心的政治问题。

努尔哈赤先后有四任正妃，数名庶妃，共有16个儿子。其中有由元妃佟佳氏所生的褚英（其子为杜度、尼堪）和代善（其子有满达海、岳托、硕托、萨哈廉、瓦克达），由第二任正妃富察氏所生的莽古尔泰和德格类，由第三任正妃叶赫那拉氏所生的皇太极（其子有豪格、硕塞、福临、博果尔）①，由第四任正妃乌拉那拉氏所生的阿济格、多尔衮和多铎。皇太极的母亲孟古哲哲生前并未被立为正妃，但由于极受努尔哈赤钟爱，在1616年努尔哈赤称"大汗"建立后金政权时，被追封为正妃，所以皇太极仍被视为嫡出。其他庶妃所生的儿子，比较有名的有阿巴泰（有子岳乐和博洛）、巴布海、巴布泰、汤古岱等。另外，舒尔哈齐也有几个儿子，即前面提到的长子阿尔通阿、次子阿敏、三子扎萨克图及幼子济尔哈朗。

在八旗家产的分配过程中，努尔哈赤基本遵循"子以母贵"原则。1615年努尔哈赤将部众由四旗扩展为八旗，即正黄旗、镶黄旗、正红旗、镶红旗、正白旗、镶白旗、正蓝旗、镶蓝旗。其中，努尔哈赤自领两黄旗，三名幼子阿济格、多尔衮、多铎与他共在两黄旗，代善与其子岳托共领两红旗，皇太极任正白旗旗主，褚英之子杜度任镶白旗旗主，莽古尔泰任正蓝旗旗主，阿敏承袭舒尔哈齐的地位任镶蓝旗旗主。1616年，努尔哈赤称大汗，以赫图阿拉为都城，建立后金政权。此时他已处死长子褚英，为了防止褚英专擅、跋扈的那种局面再次出现，他命令"四大贝勒"代善、阿敏、莽古尔泰和皇太极共同理政。到1622年的时候，后金历史上出现

---

① 皇太极的母亲孟古哲哲生前并未成为正妃，死后被追封。详见下一节《皇太极：大清王朝的构建者》。

四大贝勒与四小贝勒共同理政的局面。四大贝勒是谁非常明确,但谁是四小贝勒,努尔哈赤时代留下来的史籍记载并不清晰。现在的史家认为,四小贝勒应该是指岳托、阿济格、多铎和杜度。①

这一年,在沿袭氏族部落时代酋长议事会的基础上,努尔哈赤正式创建议政会议,即议政王大臣会议,作为后金政权的最高议政与决策机构。议政王大臣会议由诸贝勒、大臣构成,每五日一次,聚集衙门议事,处理讨论与决定军机事务、制定国策、裁决要案、推举新汗等重大事务,成为未来国家的核心中枢机构。入关以后,清代内阁、军机处等权力中枢机构的演变,都以议政王大臣会议为起点。

随着努尔哈赤诸子长大,他们争夺的对象不仅是在八旗中的地位,更核心的是"储位"。储位之争,一直是努尔哈赤后期后金政权内部最激烈的政治斗争。

正是在努尔哈赤解决舒尔哈齐问题的几年后,建州女真贵族内部纷争再起,长子褚英首先与努尔哈赤发生矛盾。褚英生于1580年,他作战勇猛,深受父亲喜爱。1601年努尔哈赤组建四旗时,褚英作为努尔哈赤的嫡长子,独领一旗。随着年事渐高,努尔哈赤有意让褚英承袭其位。1612年,已经54岁的努尔哈赤将属民各五千户、牧群各八百、银各万两、敕书各八十道分予褚英与次子代善,并任褚英为执政,实际上是将治国理政大权交给了褚英。此时的褚英因功劳卓著、位高权重,日渐跋扈。史书记载,褚英"不恤众",还胁迫诸弟于星空下盟誓,对其尽忠,否则诛杀不忠于己者。同时,曾随努尔哈赤一起打天下的五大臣——额亦都、费英东、何和礼、安费扬古和扈尔汉,也都受到褚英的排挤乃至欺负。褚英的所作所为被诸弟及五大臣讦告到努尔哈赤那里,努尔哈赤痛斥褚英之不端。其后,建州女真数征乌拉,皆令褚英守城,不使将兵。褚英以兵权被夺,极为愤恚,将父汗、诸弟、五大臣之名书于咒文,望天地焚之。此事

---

① 杜家骥:《八旗与清朝政治论稿》,人民出版社,2008,第27页。

亦被告发,褚英以诅咒父汗并诸弟罪,被幽禁木栅高墙之内。褚英被禁,仍桀骜不知悔改,并扬言报复父汗,于两年后的1615年被处死,年三十有六。

努尔哈赤与褚英反目成仇,褚英被杀,固然有褚英桀骜不驯的一方面原因,但可能也有被构陷的成分在其中。最新研究表明,从褚英被废直到努尔哈赤去世,皇太极应该是参与了所有的宫廷内斗,并且成为最大的受益者。1613年身为储君理政多年的褚英被诸兄弟、大臣告发。在这场激烈的政治斗争中,22岁的皇太极是"倒太子"最为积极的一个,他不仅自己向努尔哈赤揭发褚英的跋扈,而且极力促成诸兄弟、大臣联手倒褚。

褚英死后,努尔哈赤一度立代善为储君。但1620年,另一出宫廷斗争大剧拉开帷幕。这一年小福晋德因泽告发当时的大妃乌拉那拉氏阿巴亥与代善有私情,且私藏财物。这些事后来被努尔哈赤证实,他不仅搜出大妃所藏匿的各种金银珠宝,而且不再与她同住,暂时"休"了阿巴亥。代善则因此名誉扫地,太子之位不保。有的史学家认为,这场"宫斗剧"的背后仍然有皇太极的身影。

处死嫡长子褚英、废黜次子代善,也给年届六旬的努尔哈赤自己带来极大震撼。褚英虽跋扈,但归根结底,事情走到如此地步,还是由于诸弟和五大臣不满褚英成为太子,他最后挥泪处死与自己一起征战二十余年的长子,是不得已的选择。褚英与其他诸子和五大臣之间的矛盾已经不可调和,努尔哈赤身死,褚英必然与其他诸子和大臣骨肉相残、兵戎相见,到时努尔哈赤一生建立的功业必然毁于一旦。

这里我们不得不略微谈谈努尔哈赤的第八子皇太极。皇太极生于1592年,母亲是叶赫部首领之女。皇太极特别善于笼络人心,形成自己的势力。他在当时与代善之子岳托、硕托兄弟关系密切,与莽古尔泰的幼弟德格类过从甚密,阿敏幼弟济尔哈朗也唯其马首是瞻,可以说他在宗室之中团结了一批年轻的王子。随着年龄增长,这些人在后金政权中的政治地位越来越高。另外，一些位高权重的大臣也开始站到皇太极这一边，包括文臣之首、满文的创始人额尔德尼，乌尔古岱额驸等人。皇太极势力的膨胀在当时也引起了努尔哈赤的警觉，在大妃事件三年后，皇太极及岳托、德格类、济尔哈朗等因处理乌尔古岱案件不当，被努尔哈赤严厉训斥："尔若贤良，则凡事秉公从宽处之。兄弟之间皆平等以待，相互敬爱。尔果独善其身，超越他人而行，置众兄于不顾，尔欲为汗乎？聚朝而散时，尔送众兄，则众兄之子弟必报尔，送尔至家，此方合礼仪耳。尔不送众兄，而众兄之子弟送尔，尔何故默然受之？尔之贤明何在？德格类、济尔哈朗、岳托，尔等为何超越父兄而过分放纵？尔等如此过分而行者，皆乃谗言致恶而已，何益有之？四贝勒乃为父我之爱妻所生之唯一之后嗣，故不胜爱悯。尔之贤哲何在？何其愚也！"

努尔哈赤这段话讲得非常尖锐，直白地揭露皇太极与德格类、岳托、济尔哈朗等结为一党的状况，也直接点明皇太极觊觎汗位的野心。这几个人是努尔哈赤嫡子、嫡孙、侄子，是四大贝勒之外地位最为显赫的宗室。德格类在正蓝旗，岳托在镶红旗，济尔哈朗在镶蓝旗，再加上皇太极的正白旗，他们若结为一党，其势力可想而知。努尔哈赤这次训斥这几个人实际上是把话挑明了，并采取了措施打击皇太极一党。事后这几个人都受到处分，而且1623年额尔德尼因私藏财物被处死，乌尔古岱额驸则因收受贿赂被革职，不久死去。

努尔哈赤经历了两次立太子的失败。先是褚英，后是代善，都难以保住储君的地位。四大贝勒中的二贝勒阿敏是舒尔哈齐之子，自然没有继承汗位的资格，而三贝勒莽古尔泰则因为亲手杀死母亲富察氏而饱受诟病，名誉扫地，也被排除在汗位人选之外。唯有四贝勒皇太极笼络年轻贝勒与大臣等各方势力，对汗位虎视眈眈。此时的努尔哈赤也意识到诸子之间为争夺汗位而产生的尖锐矛盾难以调和。他虽然怒斥皇太极等人不安分，但年事已高的他又能怎么样呢？总不能把儿子们都杀掉吧。

有学者提出，正是诸子之间激烈的斗争，彻底动摇了努尔哈赤再立太子的决心，促使他谋求在其身后建立一种新的权力分配体系，以避免同室操戈的萧墙之祸。因此，努尔哈赤在1622年进一步明确了"八王共治"的政治构架，放弃了再立储君的做法，为防止一人专权，他只能将八旗平均分配给诸位嫡子，使之互相制衡，以免出现宗室之祸。

具体而言，努尔哈赤试图在八旗制度的基础上，构建一个"八王共治"，即由八旗旗主共议国政的国家政体，而非传位给一人。其主要原则包括：共推国主；议政时应服从众议，不得各行其是，否则可以削其爵位；遇事需集体奏告国君，不可单独入奏；官员设置由八贝勒最后裁定；所得人口财物，八家平分。这种八王共治的政体建立在以"八分（读fèn）"为基本原则的经济基础之上，即"有人必八家分养之，地土必八家分据之""预定八家，但得一物，八家均分公用，毋得分外私取"。由此派生之"入八分贝勒"，则是特定的特权集团，即大汗家族内有资格参与"八家均分"的诸贝勒。确切言之，"入八分贝勒"，是包括领旗的和硕贝勒、不领旗的议政贝勒以及虽无议政资格但具备参与"八家均分"条件的诸小贝勒在内的同姓贵族集团。

八旗制度是努尔哈赤为适应当时的政治经济形势而创建的融政治、经济、军事于一体的制度，对后世影响巨大，在有清一代近三百年的历史中一直是国家的根本制度。但在努尔哈赤时代，八旗制度最重要的特点是它的私属性。女真所有部众都被编入牛录，分别隶属各旗旗主，努尔哈赤承认各旗旗主对本旗部众的私属权，相当于将自己的家产分成八份平均分配给八个子侄、孙子。努尔哈赤利用八旗私属、八王共治防范了君主的跋扈，但矫枉过正的是，作为君主的大汗并没有制约各旗旗主的有效机制。四年后，努尔哈赤去世，他留下的这份政治遗产曾在短暂时间内得到贯彻，但很快使后金政权再度面临分裂的潜在威胁，这证明这种政治体制过于理想化。他之后继位的皇太极将重新走上专制集权的道路。

三、满族共同体的渐趋形成：
从"七大恨"看努尔哈赤政权的性质

在基本完成了对女真各部的统一后，1616 年，努尔哈赤称大汗，建国号为"金"，建都赫图阿拉，史学家习惯称之为"后金"。

1. "七大恨"的发布

1618 年，努尔哈赤以"七大恨"攻明，下抚顺、攻清河堡，拉开与明朝之间战争的序幕。据《满文老档》记载，所谓"七大恨"，其内容如下：

> 我父、祖未损明边一草寸土，明于边外，无故起衅，杀我父、祖，此其一也。
> 虽杀我父、祖，我仍欲修好，曾勒碑盟誓云：凡明国、诸申（即女真）人等，若越帝界，见者即杀其越界之人，倘见而不杀，殃及不杀之人。然明军渝誓出边驻戍，援助叶赫，其恨二也。
> 明人于清河（今辽宁省本溪满族自治县清河城村）以南、江岸以北，每岁窃逾边境，侵扰劫掳诸申地方。我遵前盟，杀其越界之人。然明置前盟于不顾，责我擅杀，执我前往广宁（今辽宁省北镇市）叩谒之刚古里、方吉纳，并缚以铁索，挟令我献十人解至边上杀之，其恨三也。
> 遣兵出边戍，援助叶赫，将我已聘之女，转嫁蒙古，其恨四也。
> 不准数世驻守帝边之柴河（今辽宁省开原市柴河堡乡柴河堡村）、法纳哈（即汛河，在铁岭县西南）、三岔（铁岭县横道河子镇三岔子村）三处诸申收获耕种之粮谷，并派明兵驱逐，其恨五也。
> 边外叶赫，受天谴责，乃从其言，遣人致书，以种种恶语辱

我，其恨六也。

哈达人曾助叶赫，两次来侵，我反攻之，天遂以哈达畀我。其后，明帝（万历）又助哈达，胁迫我以还其地。我遣释之哈达人，又屡遭叶赫人遣兵侵掳。遂使天下诸国人互相征伐。天非者败而亡，天是者胜而存也！岂有使死于兵者复生，所获之俘遣归之理乎？若称天授大国之帝，宜为一切国家之共主，何独为我之主？初扈伦合攻于我，天谴扈伦启衅，而以我为是。该明帝又如此上抗于天，偏助天谴之叶赫。何以倒置是非，妄为剖断？其恨七也。

明欺我太甚，实不堪忍，因此七大恨之故，而兴师征伐。

从以上所列"七大恨"来看，除了父、祖被杀，努尔哈赤在征明檄文中讲得最多的就是明朝不守盟约，过多干预女真事务，且支持哈达、叶赫等部与后金为敌，"欺我太甚，实不堪忍"，因此要与明朝兵戎相见。也就是说，努尔哈赤建立政权主要追求的是女真人的民族自决、自主性。

2. 满族共同体的形成

后金政权是建立在八旗制度基础之上的一个边疆民族政权。它以谋求女真人的政治自主性为目标，凸显女真人的族群利益，这种政治特点甚至贯穿后来已经完成大一统的整个清代，正是在这层意义上，钱穆先生把清朝也视作一个"部族政权"。纵观女真人的历史，女真人在13世纪被蒙古人灭国后，在以后将近四个世纪中，一直处于元、明两大王朝的统治之下。如前所述，14世纪以后，女真人虽然归附明朝，接受明朝的管理，但明朝在其强盛时的进攻性剿杀政策对他们也造成了极大的伤害，直到16世纪末17世纪初，随着明朝政治腐败、边政废弛，女真人才在努尔哈赤的领导下获得更多的发展机会。

中国古代的边疆民族与中原王朝之间，既相互依存、相互融合，又存在频繁的战争,恰如一个硬币的两面不可分离。以努尔哈赤建立的后金政权为例,这样的政权生存环境比较艰苦,因为它在经济、文化上的发展依赖中原地区。如前文所述,从经济上来说,女真人过的是采集、狩猎、游牧和农耕混在一起的混合经济生活,自然条件恶劣,丝、茶、棉等经济作物的匮乏以及精致手工业的缺乏,决定了他们必须从中原地带大量引入这些产品。而他们狩猎和采集获得的皮毛、珍珠、人参等产品,也只有通过交换,输送到中原地区,在江浙地区成为奢侈品,才能凸显其价值,转换为利益。他们的经济生活与中原存在着巨大、天然的互补性。至于文化,中原王朝的儒家文化独步天下,其政治文化、历史经验之丰富,通俗文化之流行,犹如水之漫溢,源源不断地渗透到周边的地区。因此,女真各部都以能获得明朝的敕书为荣,敕书数量也是他们实力的象征,争夺敕书成为部族战争的主要目标,目的就是为了获得与中原地区更大的贸易权,通过出售自己的产品来获得汉地的产品。一个北方民族政权越是强大,对中原地区的经济文化需求也就越大,如果正常贸易根本无法满足需求,掳掠、战争就成为必然,这也是自然的选择。先后强大起来的建州左卫董山、建州卫王杲、叶赫部清佳努等,都因此毫无例外地去骚扰、抢掠明朝边地,掳掠其百姓,只是也毫无例外地被明军剿杀。努尔哈赤比较幸运的是,他利用明朝东北边防松弛的二十余年时间迅速壮大并统一了女真各部。之后他必然展开与明朝的战争,与明朝分庭抗礼。

在这种背景下发展壮大的努尔哈赤,时常表现出一种族群观念,特别是对汉人,他采取了不少高压政策。从 1621 年攻占辽沈地区开始,面对汉人的反抗,努尔哈赤的统治手段变得非常残酷。他首先下令将辽西的汉人迁往辽东,凡拒绝者则惨遭杀戮,锦州、义州等地因此被血洗。1624 年,努尔哈赤又下令对无粮、少粮的汉人进行抓捕、杀戮,号曰"杀穷鬼"。而对于逃亡到朝鲜等地的汉人,他也派兵追杀。1625 年,努尔哈赤又以防范奸细为名,下令对辽东一带的汉人,特别是衿绅、秀才等读书人进行大肆屠戮,原明朝的诸多官员,辽东各卫、各州学校的生员数万人成为刀下之鬼。然而，努尔哈赤的高压政策并没有解决后金政权面临的各种危机，反而遭到当地汉人更激烈的抵抗。人心不稳、矛盾重重的后金政权仍处于内忧外患之中。皇太极执政后，立刻放弃了这种残酷落后的政策，不但优礼汉族士人，还建立汉军八旗，将大量新投附的明朝官员、将士编入八旗，不仅提高了这些汉人的地位，更进一步增强了八旗军队的战斗力。后金政权由此扩大了族群基础，由努尔哈赤时期狭隘的部族政权，发展为融合满、蒙、汉及索伦、锡伯等不同族群于一体的新政权。放弃狭隘的族群性，展开与其他民族包括汉人的联合、融合，才是满人发展壮大的重要原因。

四、金戈铁马：努尔哈赤对明朝的战争

1615年，当努尔哈赤建立起完整的八旗制度后，除了叶赫部和黑龙江流域的一些女真部落尚未完全归附，大部分女真部族已经被努尔哈赤收入囊中，各部的军民也都被编入八旗之中，使努尔哈赤的实力大大增强。按照一牛录300兵丁计算，八旗满员的兵额接近6万人。精于骑射的女真人以骑兵为主，极善野战和运动战，当时即有"女真不满万，满万不可敌"的谚语。而且，努尔哈赤在常年作战过程中积累了丰富的战术经验。据《清太祖朝老满文原档》记载，努尔哈赤总结了八旗兵的主要战法："淑勒昆都仑汗说：昔日于战争狩猎之时，法令严禁喧闹。战争时若闹嚷，敌人即知觉了，行猎时若闹嚷，声音出来山谷应之，野兽即惊走而各处逃避。应该预先教谕众兵丁使其切记实行。将五牛录编为一队，行则一处行，止则依次下马，攻战时一处进攻，穿厚甲执长枪、大刀的人在前面进攻，穿轻网子甲执弓箭的人，自后面射击。另选精兵骑马伏于他处守护，战而不胜处相助进攻，如此则无战不胜了。"

1. 攻取辽沈

1619年，明朝调集重兵围剿努尔哈赤，萨尔浒大战拉开序幕。面对明军的四路围攻，努尔哈赤采取"凭尔几路来，我只一路去"的战术，集中优势兵力，各个击破明军，明军惨败。随后，努尔哈赤统兵四万攻下开原、铁岭等地，明军不能守，明朝边地门户大开。随后明朝开始调整战略，经略杨镐下狱，熊廷弼受命重整辽东边防。

熊廷弼的到来让努尔哈赤收敛了几分。

熊廷弼为明末名臣，出身进士，曾于1603年受命巡按辽东，对辽东一带的军事形势了然于胸。萨尔浒之战后，明朝为重整辽东防务，擢升熊廷弼为兵部右侍郎兼右佥都御史，代杨镐为辽东经略。熊廷弼抵达辽阳后，督促士兵打造战车，置办火器，开挖战壕，修筑城墙，积极御敌守城，并提出"坐困转蹙"方案。他向万历皇帝提出调集18万军队，分布在云阳、清河、抚顺、柴河、三岔、镇江等战略要地，首尾呼应，小的战事各自拒敌防守，大敌来时则互相接应、援助。另外再挑选精兵悍将组织游击，乘机出动，攻略敌人的零散兵马，扰乱他们的耕种和放牧，轮番出击，使敌人疲于奔命，然后寻机进兵剿敌。熊廷弼为人刚正，令出必行，很快将辽东的防务归置整齐。他又不避严寒，冒险巡视沈阳、抚顺等地，极大地鼓舞了明军士气。面对熊廷弼井井有条的军事部署，努尔哈赤也一时间避而不出，不敢西向进犯明军。他将都城由界藩城迁至萨尔浒城，坐等时机。

但是，辽东明军的好日子没有持续太久。1620年，明神宗万历皇帝去世，明朝开始陷入新一轮政治危机。泰昌帝朱常洛继位仅一月便因吞食红丸毙命，之后朱由校继位，是为天启皇帝。朝堂之上党争迭起，互相攻讦，一片混乱。身在塞外的熊廷弼也不能幸免。泰昌元年（1620）九月间，由于被散布流言，无端罗织了罪名，遭到诸多攻击，熊廷弼不得不连连上疏自辩，据理力争，但无济于事，明廷下令罢免熊廷弼辽东经略之职,令其回籍,以袁应泰为辽东经略。

这一年,辽东大旱,树木尽萎,使后金的生存环境更加恶劣,努尔哈赤也更加需要靠进一步的胜利来缓解天灾的压力。新上任的袁应泰给他提供了机会。

与熊廷弼坚守待敌、寻机反击不同,袁应泰主张全力进攻,并制定了作战方案,调整了兵力部署,将熊廷弼原有的战略布防完全废弃。

明天启元年、后金天命六年(1621)三月,努尔哈赤率兵进攻辽沈地区。当时明军在辽东布防,以辽阳为中心,位于东部的沈阳、奉集堡互为犄角,为辽阳屏藩,明朝分派重兵把守。三月初十,努尔哈赤率大军进攻沈阳,明朝辽东经略袁应泰亲赴前线指挥,明军不再在城中固守,而是列阵于东门前,出城应战。经过激战,明军总兵贺世贤、尤世功力战而死,沈阳城门被后金内应打开,至三月十二,沈阳城失陷。来援的明军在总兵朱万良等人率领下,亦与后金军鏖战于浑河南岸,发挥火器威力,杀伤后金兵甚众,但终究力战不敌,被击溃。随后奉集堡也很快陷落。辽阳遂失去东部屏藩,袁应泰率军退至辽阳据守。

随后,努尔哈赤马不停蹄,集结人马,挥师西向,兵临辽阳城下。三月十九,后金军拥炮车径渡太子河结营。袁应泰指挥总兵侯世禄、李秉诚、朱万良等率兵列阵于东门外。时后金军见辽阳城池险固,兵众甚盛,加上在沈阳已经连日征战,很多将领有怯阵退却之意。但努尔哈赤志在必得,曰:"一步退时,我已死矣。尔等须先杀我,后退去。"经过两天多激战,后金军从辽阳小西门杀入城中,辽阳遂破。袁应泰自杀殉国,巡按张铨被俘后,任凭努尔哈赤等如何劝降亦不为所动,最终慷慨赴死。其意志之坚定,连女真人也称赞其为忠臣。努尔哈赤亦为之色动,对手下众将领说:汝等事我,当如张按察之事南朝。命以棺木安葬张铨,并为他建祠于北门外。辽阳既下,其辽河以东等大小七十余城俱归后金国所有。而明朝则将自广宁(今北镇市)、宁前(今绥中县西南)一带的居民全部西徙,退守至广宁、宁远一带。

辽阳失守后，后金军队通往辽西地区的门户洞开。明天启二年、后金天命七年（1622）正月，努尔哈赤指挥八旗军队分三路西渡辽河，先克西平堡，很快兵临广宁城下。明朝以王化贞为辽东巡抚，镇守广宁一带。沈阳、辽阳失陷后袁应泰自杀身亡，明朝天启皇帝重新任命熊廷弼出任辽东经略。熊廷弼认为后金军队善于野战，明军必须依托坚城利炮进行防守，寻机反击。然而巡抚王化贞争功心切，虽不谙军事，但事事冒功，熊廷弼难以施展，无法统筹全局。

正月二十二，努尔哈赤率军逼近广宁城，王化贞倾全城军队以出，遭遇金军，接战之后明军溃败，几乎全军覆没。王化贞闻讯后未等金军攻城，便弃守而逃。熊廷弼无奈也只得后退，撤入山海关内。当时，明失广宁，军兵尽溃，撤入关内者约二百八十万，关门连续敞开四昼夜以接纳逃亡者，京师为之震撼。之后，明廷逮捕辽东巡抚王化贞，罢熊廷弼辽东经略职，改命大学士孙承宗督师，经略山海关及蓟辽、天津、登莱军务，袁崇焕防守宁远城。不久，熊廷弼遭到审讯，之后他行贿司官之事被揭发，天启帝震怒，立即下旨处斩熊廷弼，传首九边。七年后，王化贞也被崇祯帝处死。

熊廷弼是晚明辽东前线一位极为开明、极具谋略的大臣。他主张的据城坚守，不轻易出战，从后来的历史来看，是一种非常有效的军事策略。故此战明军初败时，时人有言："使廷弼在辽，当不至此。" 熊廷弼被冤杀很大程度上削弱了明朝在辽东的防御力量。崇祯帝继位后，为熊廷弼平反，追谥襄愍，但于事难补，无法挽回辽东败局。及至后来，袁崇焕获罪，洪承畴也在皇帝的严令之下贸然出战，惨遭失败，重蹈熊廷弼覆辙，这几位能征善战之臣都因难容于皇帝、难容于朝廷党争，难有作为，最终或死或败，明朝因此离败亡也就不远了。由此可说，明朝之亡，不在外而在于内。

2. 宁远激战

广宁城失守后，明朝在山海关外仅剩下宁远一座孤城。明廷内部对于如何防守宁远，产生重大分歧。新任兵部尚书、辽东经略王在晋主张彻底放弃关外，据守山海关，并主张建第二重关城以资防御。但大学士孙承宗主张强化宁远至觉华岛（今辽宁省兴城市东南菊花岛）一带的防线，使之与背后的山海关构成纵深防御。廷议结果是孙承宗占据上风，王在晋被解职，由孙承宗以大学士身份兼任辽东经略，指挥宁远防御。孙承宗赶往山海关，整顿军队，修筑防御工事，前后筑城堡数十，练兵十一万，造甲仗数百万，开屯田五千顷，军声颇振。同时，他重用袁崇焕据守宁远，并雇用葡萄牙人建造红衣大炮，强化防守。

此时，努尔哈赤的进攻节奏也慢了下来。一则后金军队攻入辽西后后援难继。二则战线过长，八旗兵不得不分守各地，进攻的兵力不足。当努尔哈赤看到明军迅速构建了宁远一带的防线，军队聚集达十余万，士气振作时，为避明军兵锋，他弃收辽西之地，退回辽东，把都城由兴京（赫图阿拉）迁至辽阳，又迁回沈阳。之后的两年时间中，努尔哈赤着力进行内部整顿。而明朝天启帝又以毛文龙为平辽总兵官，赐尚方剑、玺书关防，毛文龙驻守朝鲜皮岛，不时扰掠金国边境，与宁远构成掎角之势。明朝在关外的防守稳定下来。

明天启六年、后金天命十一年（1626）正月，努尔哈赤再次率大军西渡辽河，进军宁远，准备拿下山海关外明军的最后一个据点。此时的明朝内部再起纷争，孙承宗在阉党攻击下去职，阉党亲信高第出任辽东经略。高第不懂军事，到山海关上任后，即令将关外宁远等处的军民全部撤回山海关内。袁崇焕不从，据理力争，高第便将宁远周围其他城堡中的军民撤回，使宁远完全成为孤城。

正月二十三，金军抵达城下，次日开始攻城，宁远大战开启。随后两天多的时间中，袁崇焕依仗坚城利炮，屡屡击退后金军队。战至正月二十六，后金军队死伤惨重，无计可施，努尔哈赤无奈只能撤军。明军获得守城战役的胜利。

这年八月，努尔哈赤病逝。

努尔哈赤一生戎马，征战四十余年。他以十三副遗甲起兵，征战四方，统一女真各部，联络蒙古，并兴师叩关，几乎攻占明朝在关外的所有地域。他创立八旗制度，形成一个强大的政权，为后世子孙留下庞大的基业。然而，在这个基业之内外，仍存在诸多隐患：外有明朝重整旗鼓，伺机反攻；内有诸子争斗，暗中角力。尤其是他留下的八王共执国政的政治遗产，将会为后金政权带来很多隐患。因此，努尔哈赤去世时的后金政权，还没有渡过一个政权兴起过程中的瓶颈时期，这一切还要等待皇太极来整肃和变革。

参考文献

1.《清通鉴》，太原：山西人民出版社，1999年。

2.《清实录》（第1册），北京：中华书局，1986年。

3.《明经世文编》，北京：中华书局，1962年。

4.《清太祖高皇帝实录》。

5.《明神宗实录》(《神宗显皇帝实录》)。

6.朱诚如、白煜文主编：《清朝前史》第二卷，沈阳：辽宁师范大学出版社，2017年。

皇太极

大清王朝的构建者

皇太极履历表

姓名	爱新觉罗·皇太极
别名	黄台吉、洪太主
民族	女真（满族）
庙号	太宗
生卒年及所处时代	1592—1643，明末清初，清朝的建立者
生平履历	万历二十年（1592），皇太极出生，为努尔哈赤第八子，母为叶赫那拉·孟古哲哲
	万历四十三年（1615），努尔哈赤完善八旗制度，皇太极被任命为掌管正白旗的贝勒
	明万历四十四年、后金天命元年（1616），努尔哈赤建立大金国，皇太极被任命为四贝勒
	明万历四十七年、后金天命四年（1619），参加萨尔浒之战，立功
	明天启六年、后金天命十一年（1626）八月，努尔哈赤去世，皇太极继汗位，安抚百姓；四大贝勒共掌国政。后金国以蒙古内喀尔喀扎鲁特部背盟，遣兵破之
	明崇祯五年、后金天聪六年（1632），皇太极南面独坐，以正黄旗、镶黄旗、正红旗、正白旗、镶红旗、镶白旗、镶蓝旗、正蓝旗为序朝见。二征内蒙古，林丹汗败逃，达海创新满文
	天聪十年（1636）五月，皇太极称帝，定国号"大清"，改元崇德，改族名女真为满洲
	明崇祯十年、清崇德二年（1637），由于清军败朝鲜各路军队，朝鲜国王李倧称降，皇太极纳降班师
	明崇祯十三年、清崇德五年（1640），发动松锦之战
	明崇祯十六年、清崇德八年（1643），皇太极病死

努尔哈赤在东北地区虽已建立稳固的政权，也将明朝势力压缩到山海关、宁远一带，然而他去世时的后金政权仍然面临众多危机。明朝在关外一败再败，但经过袁崇焕的整合，通过宁远大捷击退后金军队，将关

宁、锦州一带的防线稳固下来，且关宁铁骑兵强马壮、火器精良，反而可以对沈阳的后金政权形成威胁。在辽东南部，鸭绿江对岸的朝鲜政权仍然是明朝的忠实藩属国，如果配合明军从侧翼攻击后金，也会对后金造成巨大威胁。同时，在大兴安岭以西草原游牧区，蒙古察哈尔部首领林丹汗近在咫尺，他控制了东部蒙古诸多部落，虽然无法号令蒙古各部，但仍保留较强实力，是后金的劲敌。1627年年初，皇太极以朝鲜支持明军毛文龙部为由，派阿敏等征伐朝鲜，以消除后方威胁。后金军在朝鲜所向披靡，大获全胜，逼朝鲜国王李倧签订城下之盟，然后班师。到后金天聪元年（1627）五月间，皇太极等带着强烈的复仇情绪，再次挥师南下进攻明朝，宁、锦一带硝烟再起。但由于此时袁崇焕已经充分利用后金分兵朝鲜的机会强化了明军防御体系，并积极整军备战，后金军先后攻宁远、锦州不下，损兵折将，再次铩羽而归。

然而，对年轻的后金政权来说，更大的威胁还是来自自身内部的矛盾。在努尔哈赤看来，后金政权起于弱小，故必须保持团结，绝不能分裂，否则一切努力都将归零，前功尽弃。为此他不惜杀掉弟弟舒尔哈齐和长子褚英，废掉次子代善太子之位，痛斥皇太极，以图消除隐患，维持内部团结和稳定。为了防止诸子之间互相杀戮，努尔哈赤生前将八旗按照家产分配的原则，分给了自己的八个子侄、孙子，希望以八王共治、八家平分的体制维系平衡，防止某一个人势力过大，屠戮兄弟。但实际上，他的这些做法反而将后金政权置于危险境地。八旗具有很强的私属性，八王共治的体制难以对八旗旗主形成约束力，这意味着每个旗主都有可能率部属离开，自立门户，其他七旗则无可奈何。因此，当皇太极继任为大汗时，摆在他眼前的是一系列的难题。

一、皇太极即汗位与强化集权的政治变革

1. 谋得汗位

经过诸多史家考证,现在看来,皇太极的得位名义上是众人拥立,实际上则绝非偶然。

皇太极是努尔哈赤的第八子,母亲孟古哲哲是叶赫部首领清佳努之女、金台吉之妹。1583年,清佳努死于明军围剿叶赫部的战斗中。1588年,明军将领李成梁再次率军攻剿叶赫部,叶赫部损失惨重,元气大伤。为了缓和与努尔哈赤的关系,金台吉将其妹妹,即时年14岁的孟古哲哲嫁给努尔哈赤。孟古哲哲貌美聪慧,深得努尔哈赤喜爱,于1592年生下皇太极。孟古哲哲生前很可能只位列庶妃,但她非常懂得远离政治以避祸的道理。即使后来叶赫部与努尔哈赤血海深仇,孟古哲哲亦坚持不问政治,唯以侍奉丈夫、抚养皇太极为己任。孟古哲哲不仅养育自己的孩子,还抚养了被努尔哈赤收入宫中养育的代善之子岳托(1599—1638)和舒尔哈齐的幼子济尔哈朗(1599—1655)。这些行为使努尔哈赤打消了疑虑,对她无比眷爱。1603年,孟古哲哲病重,但由于部族仇恨,她始终不能回叶赫部探望母亲,最终含恨而死。

孟古哲哲死时,皇太极年仅12岁,后宫环境对他并非有利,但皇太极继承了父亲的勇武和母亲的聪慧。据载,他7岁时便能够在母亲的指导下把家里的各种事务打理得井井有条。母亲去世后,他独自一人处理家事,每每得到努尔哈赤的赞赏。随着年龄增长,他不仅精通骑射,在战场上作战勇猛,在灭乌拉、取抚顺、萨尔浒之战中功勋卓著,而且勤于读书,智谋出众。1616年努尔哈赤称汗建立后金政权时,以皇太极为四贝勒,领正白旗,使皇太极得以与代善、阿敏、莽古尔泰并称四大贝勒,共掌八旗最高权力。而且努尔哈赤在去世前最后一次调整八旗时,让皇太

极的儿子豪格取代褚英的儿子杜度成为镶白旗旗主[①],排斥了褚英一系的旗主地位,让皇太极一支领有正白、镶白二旗,势力仅次于努尔哈赤和大贝勒代善。

1626年努尔哈赤去世,留下八贝勒共执国政的政治遗言。但皇太极对汗位的觊觎由来已久,早已经开始布局,褚英之死,代善、莽古尔泰汗位继承权的丧失,应该都与皇太极有关。阿敏是努尔哈赤的侄子,更无资格继位。而且在努尔哈赤去世之前,皇太极早已将诸多年轻的贝勒笼络到自己手下,结为一党。所以,在推选大汗时,代善的几个儿子岳托、硕托、萨哈廉等没有支持自己的父亲,德格类也没有支持自己的大哥莽古尔泰,反倒一致支持皇太极。至于济尔哈朗,更是皇太极的亲信,是他早已布局在镶蓝旗的一颗棋子,后来阿敏倒台,最大的受益人就是济尔哈朗。尽管努尔哈赤生前曾怒斥皇太极对最高权力的觊觎之心,甚至不惜除掉与皇太极关系密切的几位大臣,但他的这些良苦用心并没能阻止皇太极走向权力巅峰的脚步。所以,所谓皇太极乃众人拥立,更多是指这些年轻贝勒拥护他,代善、阿敏、莽古尔泰虽有大贝勒之尊,但已经无法与皇太极抗衡。

努尔哈赤死后,后金政权内部一系列的权力整合马上开始。首先,皇太极等人借努尔哈赤遗命之名,逼令努尔哈赤的最后一任大妃乌拉那拉氏阿巴亥殉葬。阿巴亥乃乌拉部公主,地位高贵,史载她饶风姿,深受努尔哈赤宠爱。12岁嫁给努尔哈赤,两年后富察氏亡故,14岁的阿巴亥即被立为大妃。她后来生下阿济格(1605—1651)、多尔衮、多铎三个儿子,后宫地位非常稳固。1626年努尔哈赤伤重疗养时,专门把她和几个孩子召过去陪伴。当时阿济格年龄稍长,已经22岁,多尔衮仅有15岁,多铎13岁。按照北方民族析分家产的习俗,其他长大成人的儿子们都已经分得各旗,唯有阿济格等年龄最小的三人一直留在努尔哈赤亲领的正

---

① 杜家骥:《八旗与清朝政治论稿》,人民出版社,2008,第26页。

黄旗和镶黄旗内。努尔哈赤死前将阿济格和多尔衮封入镶黄旗，年龄最小的多铎与父亲一起在正黄旗，一旦努尔哈赤去世，多铎自然成为正黄旗的旗主。同时，阿巴亥将成为太后。当时她年届四旬，青春正盛，以太后之尊，加上三个亲生儿子统领大汗的班底亲信两黄旗，其势力绝非一般人能够抗衡。而且，阿巴亥在努尔哈赤去世前的最后几个月，一直陪伴在他身边，应该是真正掌握努尔哈赤政治遗言的人，一旦借此发号施令，必定极具政治威力。对皇太极来说，必须杀掉阿巴亥，使三个兄弟群龙无首，便于驾驭，才能免除潜在的威胁。

最终，皇太极如愿以偿，袭得汗位。虽然此时他需要遵循父亲留下的八王共治政治遗言，与代善、阿敏、莽古尔泰四人"南面共坐"，共同执政，但这些无法阻止皇太极勃勃的野心、坚定不移的策略和超强的执行力。权力集中仍是一种难以阻遏的趋势。

2. 权力斗争

努尔哈赤留下的八王共治政治遗产，在皇太极继位后很快就暴露出缺陷。首先，自1616年开始实行的四大贝勒"南面共坐"、共同理政的制度，此时愈发难以贯彻落实。皇太极虽为大汗，但论年龄他最小，因此每日上朝，身为大汗的他要先给三位兄长行礼请安，显得权威扫地。几大贝勒各掌一两旗部众人马，必然各有私心，乃至分裂的苗头逐渐显露，表现最为突出的就是二贝勒阿敏。

阿敏是舒尔哈齐的儿子，当年其父被圈禁、兄长被杀时，阿敏24岁，多亏代善等人苦苦求情，努尔哈赤才放过阿敏。此事对阿敏的影响很大，虽然后来他位列四大贝勒，拥有镶蓝旗一旗人众，但从他后来在皇太极时代的种种行为来看，他对努尔哈赤的仇怨一直埋藏在心中，他一直在等待时机自立门户。1627年后金军由阿敏、岳托等率领攻伐朝鲜，一路势如破竹，连陷定州、安州、平壤，朝鲜国王被迫请和，订"江都之盟"。之后阿敏继续挥师进攻，直至江华岛，在朝鲜国王一再恳求下，方才讨论班师之事。但阿敏表示准备留在朝鲜，不想回去了。他说："吾恒慕明帝及朝鲜王城郭宫殿，今既至此，何遽归耶？我意当留兵屯耕，杜度与我叔侄同居于此。"阿敏此举无异于一种分裂行为，杜度马上变色反驳说："上乃我叔，我何肯远离，何为与尔同居？"① 岳托、济尔哈朗等也极力反对。阿敏考虑若其他各旗人马都撤离，仅留自己镶蓝一旗，势单力孤，无奈只得回师沈阳。外居朝鲜的目的虽未实现，但阿敏仍在寻找其他时机。当初他父亲准备移居黑扯木而不得，最终被幽杀，阿敏便冒着极大的风险，移驻黑扯木，终于了却其父当年之心愿。当皇太极责怪他违规越界时，阿敏一言不发，但这种分离倾向犹如当年阿敏的父亲舒尔哈齐准备离开努尔哈赤择地另居一样，足以引起皇太极的警惕。1630 年，阿敏因为弃城等罪状，被皇太极下令革职圈禁，丧失一切权力，数年后死于禁所。镶蓝旗则交给济尔哈朗统领。

另外一个难以驾驭的大贝勒是莽古尔泰。1631 年，莽古尔泰在大凌河之战与皇太极发生争执，御前露刃，被革去和硕贝勒称号，次年死去。

两大贝勒或死或禁，剩下的代善名义上有两旗之众，但实际上他的儿子岳托、硕托、萨哈廉等早都站在皇太极一边。四大贝勒共理朝政的格局已经难以维系，1632 年，代善恳请皇太极一人南面独坐，主动放弃与大汗南面共坐的权力。

皇太极的这些措施虽然会得到诸多年轻贝勒的支持，但也遭到失去权力和地位者的反抗。1635 年，莽古尔泰的妹妹莽古济格格等密谋造反，被告发，皇太极大开杀戒，处死莽古济和莽古尔泰之子侄等多人。此后皇太极将原来的正黄旗改为新的正蓝旗，交由其子豪格统领；又将原来的正蓝旗拆分，并入镶黄旗，形成新的正黄、镶黄两旗，由他自己统领。② 正如当初努尔哈赤剪除舒尔哈齐势力，皇太极消灭正蓝旗核心势力并对该旗进行重组，虽然手段残忍，但意味着再次消除了即位以来宗室内部的离

---

① 《清史稿》卷二百一十五《阿敏传》。
② 杜家骥：《八旗与清朝政治论稿》，人民出版社，2008，第 151—159 页。

心势力。这不仅使其个人地位更加稳固，后金政局也终于摆脱了统治者高层一直潜藏的分裂危险，这对这个新生政权的发展至关重要。八旗体制仍然存在，但皇太极在八旗中独领三旗，奠定了优势地位，这也成为上三旗形成的起点。此外，统领镶蓝旗的济尔哈朗和统领镶红旗的岳托为皇太极亲信，至于两白旗中的阿济格、多尔衮、多铎兄弟，年纪尚幼，也只能唯皇太极之命是从。

皇太极所做的这些政治斗争与实施的改革措施，虽然没有改变八旗私属的性质，但结束了努尔哈赤晚年以来八王共执国政的局面，使后金政权的权力得到集中，保证令行禁止。更重要的是，这些斗争与变革，防止和避免了潜在的分裂危险，使后金政权能够保持统一，并最大限度地整合、集中有限力量，这是后金能够与蒙古、朝鲜，甚至是大明王朝一决高下的关键所在。否则，一旦各旗各自为政，陷入分裂与内斗，不要说与其他势力角逐，自保亦难。

3. 攻伐朝鲜和蒙古察哈尔部

与努尔哈赤不同的是，皇太极在宁锦战败后没有再去劳师袭远，攻击明朝，而是将后金的战略重点放在了清除左右两翼对其后方的威胁上。左翼就是指朝鲜，而右翼则是指蒙古大汗林丹汗及其统率的察哈尔等部。

朝鲜一直是明朝的藩属，特别是在万历时期，明朝出兵帮助朝鲜击退日本的侵略，使朝鲜更加忠于明朝。努尔哈赤与明朝开战后，朝鲜在萨尔浒之战还直接派兵加入明军对女真人进行征伐。明军毛文龙部一直驻扎在朝鲜的皮岛，对后金国后方形成威胁。朝鲜一直为这支明军提供补给。努尔哈赤和皇太极屡屡告知朝鲜，希望朝鲜停止对明朝的支持，驱逐毛文龙部。但朝鲜人告诉后金国：大明与朝鲜犹如父子，焉有子对父兵戎相见者？为解除这一威胁，皇太极继承汗位的第二年就派阿敏等人率兵出征朝鲜，朝鲜不敌，被迫签下盟约，承诺不再支持明朝。1636年，皇太极称帝后，朝鲜以自身为明朝藩属为理由，拒绝向清朝称臣，引发皇太极对朝鲜的第二次征伐。朝鲜的平壤、汉城、江华岛先后失陷，国王李倧再次被迫投降。皇太极敕令去大明封号，改奉大清正朔，并遣朝鲜世子为质。自此以后，朝鲜成为大清的藩属国，直至近代甲午战争后为日本所侵。

同时，皇太极也对蒙古林丹汗进行了彻底的征讨。努尔哈赤崛起时期的蒙古各部依然保持着形式上的联合，然而自元代退守草原以后就已经处于各个部落各自为政的状态。尤其是最后一个作为共同领袖的大汗林丹汗在位时，他只能直辖以察哈尔部为核心的力量，实力强大的土默特部一直在挤压察哈尔部的生存空间，林丹汗被迫不断向东迁移，但这又形成对东部地区科尔沁等弱小部落的压力，也威胁到大兴安岭以东地区的女真人。随着后金政权的强大，那些势力较弱的蒙古部落开始寻求与女真人联合，甚至投附后金政权。然而，只要林丹汗的察哈尔部存在，后金就必然感到如芒在背，很难放手进攻明朝。所以，皇太极在执政以后加大了进攻蒙古地区的力度。

1628年，受到察哈尔部压制的蒙古喀喇沁部向皇太极求援，皇太极亲率大军前往征讨。察哈尔部战败，被后金俘获一万余人。此后，科尔沁部、巴林部、扎鲁特部等相继归附后金。1631年，蒙古阿鲁诸部受到林丹汗侵掠，求救于皇太极，皇太极先派萨哈廉、豪格率兵前往支援，次年，他又率军亲征林丹汗。而科尔沁部、巴林部、扎鲁特部、敖汉部、奈曼部、阿鲁诸部等都加入其中，随皇太极一起征讨察哈尔部。林丹汗闻讯，不及接战便仓皇西逃，又派人驱赶归化城（今呼和浩特）的富民、牲畜西渡黄河。后林丹汗在青海大草滩去世。皇太极进入归化城后，派军攻击、掳掠宣府、大同以北的察哈尔部民，并陈兵张家口外，威胁当地的明军。明朝守将亦不敢接战，被迫议和，献上大批财物。至天聪五年（1631）七月，皇太极率兵东返，回到沈阳。自此以后，宣、大以北的察哈尔之地尽归后金。天聪九年（1635）二月，皇太极命贝勒多尔衮、岳托、萨哈廉、豪格等为统兵元帅，率精骑一万，再次出兵草原。四月，后金大军渡黄河向西，林丹汗之子额哲及苏泰太后归降，据说向皇太极献上"传国玉玺"。后金政权对蒙古察哈尔部的征讨第三次大获全胜，从此，"察哈尔国"灭亡，漠南蒙古归入金国版图。

这次兼并产生了这样一个重要结果：林丹汗的遗孀将元朝皇帝留下来的"传国玉玺"献给皇太极后，这个玉玺被认为是皇太极称帝的合法依据，有了它才有后来满族宗室诸王、蒙古归降各部的反复"劝进"，以及皇太极于1636年的称帝和建立大清。这个问题延伸到当代的学术界，一些日本和西方学者据此说，皇太极建立大清并称帝的法理依据是从蒙古大汗那里得到的传国玉玺，而此时距离清朝入关还有八年之久，所以清朝是继承了元朝而非明朝的政治衣钵，因而并非处于中原王朝的传承序列之中，而是处于内陆亚洲政权的谱系之中。这就是所谓的"清朝非中国论"。

然而这种论调是根本站不住脚的。第一，皇太极得到传国玉玺这件事本身就是难以考证的，基本可以断定是皇太极编造的一个故事，是他为自己称帝制造的"合法性"依据。第二，即使这件事可以成为皇太极称帝合法性的来源，那么接下来的问题是，蒙古人的传国玉玺又是从哪里来的呢？以玉玺传国，这本身就是中原王朝自秦汉以来形成的一种政治传统，它影响了入主中原的各民族建立的王朝。如果用这件事来作为清政权的法理依据，那恰恰证明皇太极在用中原王朝的政治文化塑造自己的合法性，而非所谓"内陆亚洲的法统序列"。实际上，对皇太极和他即将建立的大清来说，并不存在什么内陆亚洲的法统，击溃林丹汗、将察哈尔纳入版图的战略目的是为入主中原服务，因此清政权并没有像一些游牧民族那样沿着草原向西无休止地前进，而是有节制地点到为止，转而继续南下。入主中原，成为中国的皇帝，才是皇太极主动的选择和最向往的政治理想。

无论如何，皇太极已经比努尔哈赤走得更远，在从一个部族大汗到号令天下的皇帝、从部落到国家构建的征途上，他仅余一步之遥。那时的皇太极想必志得意满。

二、皇太极称帝与大清的国家制度设计

1636年，在诸王、大臣等的一再劝进下，皇太极登基皇帝位，改国号为"清"，改元"崇德"，改族称为"满洲"。清朝的历史开始进入"崇德时代"。

如果说皇太极继汗位时，仿效努尔哈赤"天命"年号，改元"天聪"，还主要体现他对努尔哈赤的承袭关系的话，那么他称帝时改元"崇德"，则体现了他对努尔哈赤时代的体制进行彻底变革的决心。由依赖天命所归，到推崇道德，年号本身的变化体现了清朝两代领导人不同的治国思路。相比而言，皇太极更加推崇儒家思想和文化，接受汉文化时更加主动。因为他知道，要把原来的后金政权从一个"部族"改造为一个"国家"，别无他途，唯有汉文化可资借鉴。

1. 封爵制度与官僚制度的建立

如前所述，皇太极继位之初，最大的威胁来自八旗内部，即八旗的私属性。因此，他执政后，一方面利用各种政治手段削夺、压制旗主的权力，以维持自己对八旗的全面控制；但另一方面，他又必须保证八旗王公贵族的利益，以保证他们对自己的效忠。为此，他通过仿照中原王朝逐渐建立完备的国家制度、礼乐制度来推动八旗国家化的进程。

首先，皇太极通过封爵制度在抑制旗主权力和保证其政治经济利益之间寻求平衡。

就在称帝这年四月，皇太极对八旗旗主、贝勒及大臣等进行了第一次正式册封，奠定了八旗宗室封爵的基础。其中，册封大贝勒代善为和硕

礼亲王，贝勒济尔哈朗为和硕郑亲王，墨尔根戴青贝勒多尔衮为和硕睿亲王，额尔克楚虎尔贝勒多铎为和硕豫亲王，贝勒豪格为和硕肃亲王，岳托为和硕成亲王，阿济格为多罗武英郡王，杜度为多罗安平贝勒，阿巴泰为多罗饶余贝勒。这次分封了亲王、郡王七人，贝勒两人。另外，代善第三子萨哈廉原为贝勒，此前一直卧病，未及封爵即已病逝，皇太极前往祭奠，"入哭者四"，悲恸不已，随后追封他为颖亲王，以其子阿礼达袭爵为郡王。此次分封形成了清朝最早的"八王"，宗室王爵制度渐成雏形，它一方面延续了努尔哈赤时期嫡庶分别的原则，另一方面也成为清朝入关后顺治元年册封诸王的基础，以及乾隆时期重新确定宗室"世袭罔替"制度的基础。所谓世袭罔替，也就是封爵永不降等，即民间所谓的"铁帽子王"。

除了宗室诸王、贝勒获得封爵，异姓功臣根据其功绩也分别获得各种爵位，而爵位的高低成为他们在大清王朝中政治地位高低的一个重要标志，这一制度为清代后世所力行，直至清朝结束。封爵制之下，满族王公贵族在国家政治、经济生活中具有巨大优势，他们的子孙很容易获得位高权重的官职及充分的经济保障。然而，在封爵制下，清朝又实行爵位与职权的分离，有爵位未必有职位、职权，有权力者也不一定必须有爵位。例如，清代自乾隆时期形成不成文规定，宗室诸王不得进入军机处，此规定在乾隆、嘉庆、道光、咸丰时期得到严格遵守，直到同治初年辛酉政变，随着恭亲王奕䜣出任首席军机大臣才被打破。因此，封爵制是皇太极建立的国家制度的一个重要部分，它意味着八旗旗主的政治地位及相应的经济地位都将依赖国家的封赏获得，而不是由原有的天然形成的地位决定。

其次，皇太极极力推进国家管理和八旗管理的官僚化。

努尔哈赤时代，后金政权以大汗主持的议政王大臣会议为最高国家机构，其他事务基本由各旗处理，还不存在真正意义上的国家机构。皇太极执政后，随着对八旗诸王势力的打击，后金政权中掌握最高决策权的议政王大臣会议的角色和作用也开始发生实质性变化。皇太极使用"掺水"的手段，不断扩大议政王大臣会议的规模，将一些年轻的王、贝勒充实其中。1637年，皇太极谕命固山贝子尼堪、罗托、博洛等参议国政，其他非旗主贝勒阿巴泰、萨哈廉、杜度、硕托、阿拜等人，也都是会议成员。另外每旗各设议政大臣三员，均参加会议。如此一来，议政王大臣会议的人数逐渐达到数十人之多，每次开会，吵吵嚷嚷。当时一名叫阿什达尔汉的大臣记载，每次开会，与会者往往"彼此观望，庇护其身，无有精白乃心，为国陈奏者。不知果无可言耶，抑有所畏忌不敢言耶？"。在这种状况下，皇太极本人逐渐退出议政王大臣会议，会议方式逐渐由"上集诸王大臣会议"，改为"上令诸王大臣会议"，议政王大臣会议由原来的决策机构变为议政机构，逐渐丧失实际决策权力。皇太极作为皇帝超然其上，轻松驾驭。

在削夺议政王大臣会议权力的同时，皇太极接受汉族官员宁完我等人的建议，参照明朝制度典故，建立中央官制和礼制，"设六部，立谏臣，更馆名，置通政，辨服制"，着手设立相应的国家机构。这包括设立内三院，即内国史院、内秘书院、内弘文院，分别负责上谕起草、国史修纂和档案管理等事务，内三院在清朝入关后演化为内阁，还包括了以后设立的翰林院、詹事府等机构的职能；仿照明朝设立吏、户、礼、兵、刑、工六部，分别由各王管理部务，每部之下设立满洲承政一人，以下酌设左右参政、理事、副理事、主事等各级官职；设立都察院，设置谏臣言官，负责官员监察；又将原来的蒙古衙门改造为理藩院，专门处理蒙藏地区的事务。这些部院名义上仍由各旗中的诸王、贝勒管辖，但具体事务上已经开始官僚化。

皇太极在八旗内部也开始设置官员。早在皇太极继承汗位之初，就开始设立管旗大臣，开始将八旗事务交给由他任命的大臣，而非仅仅依赖旗主。八旗中的牛录，除了早期归附、投附的仍然维系牛录额真的世袭之外，大量新建的牛录开始成为"公中牛录"，这类牛录的牛录额真不具世袭性，而是由国家委派的官员担任。

最后，对中原儒家礼制的推崇也是皇太极接受汉文化的一个重要表现。

随着中央六部和内三院的设立，皇太极本着效仿中原王朝"明尊卑，辨等威"的原则，对官民服制、官员祭丧制等礼制问题，都进行了改革和规范。后金天聪六年（1632）十二月，皇太极鉴于后金官服制度不明确，官民衣着混同，贵贱难辨，常有奢靡僭越之风，下令确立"国家服式之制"，"以辨等威，定民志，朝野各有遵守"。皇太极还规定了诸贝勒大臣官员祭丧制，区分等级尊卑亦为其明显特点。第二年六月，皇太极再发更定朝服的命令，"特定入朝官服之制"，以"辨服色，正名分""以肃观瞻"。至于朝廷官场的言语书词，则是在清崇德元年（1636）得到规范的，这年六月，皇太极在谕令中说："我国之人，向者未谙典礼，故言语书词上下贵贱之分，或未详晰。朕阅古制，凡上下问对，各有分别。自今俱宜仿古制行之。"遂议定：凡其文上报，达于皇帝者称"奏"，达于诸王者称"禀"，达于其他官员者称"告"。皇帝言语或书写，都称为"上命"或"圣旨"，臣工对皇帝问答，谓之"奏上"。可以看出，礼制的推行，是女真政权建立国家制度的一个重要环节，更易于确立鲜明的等级制度，突出皇权独尊的地位，是皇太极通过移风易俗来抑制诸王权力、强化皇权的一个重要手段。

皇太极变革八旗制度的一个主要方向就是推动八旗的国家化、官僚化，削弱直至去除八旗的私属性质。在八旗中设置大量官职是使八旗逐渐官僚化的一个重要途径，而封爵制度的建立则是保证旗主利益的手段。由旗主到封爵，中间隐含的重大变化是八旗的国家化，也就是说，旗主贝勒、王公大臣的利益，不再由他所掌握的旗或牛录的数量决定，而是由他的爵位决定，这种爵位是国家封赏的，其相关待遇也由国家提供。虽然皇太极还不能完全消除八旗的私属性，但他开启并推动了这个进程。这意味着八旗王公贵族将逐渐失去对所属旗、牛录的绝对拥有权，八旗士兵成为国家的军事力量，没有皇命，任何人都无法调动。八旗百姓也将成为国家的编户齐民，而不是王爷们的属民。这一进程随着第一代旗主贝勒们的凋零而基本完成，到雍正时期，八旗所有官员的任命权都被国家收走，大部分"八旗王公"称号成为一种地位的标志与符号。

2. 编设八旗蒙古和八旗汉军

后金政权非常重视对蒙古人军事力量的利用。蒙古各部投附后金政权，自努尔哈赤时期已经开始，而投附的蒙古人也被编成牛录，列入各旗之中。天命年间，蒙古牛录已经有40个左右，大概每旗5个。皇太极时期，经过几次征伐蒙古察哈尔部的战争，蒙古各部归附后金政权的人员大大增加，速度大大提升。到1615年，八旗之中的蒙古牛录大概有70个左右。但此时的蒙古人并未独立成旗，他们战时随军出征，以独立的蒙古牛录出战，而平时仍附于各旗之中统一管理。

天聪九年（1635）二月，皇太极下令正式编设八旗蒙古，把陆续归附的蒙古人编成独立之旗，分立镶黄、正黄、正红、镶红、正白、镶白、正蓝、镶蓝八旗，每旗各设一名固山额真，分别附于八旗满洲之下统辖，听从主旗贝勒的号令。但八旗蒙古总计大概有80多个牛录，每牛录约150人，军队人数大概在12000人左右。除此之外，还有一部分未入牛录的蒙古人，共7000余人被编入八旗蒙古之中。如此，1635年的时候，在八旗之中的蒙古人总计约19000人。

与编设八旗蒙古相比，后金政权在更早的时候已经开始尝试将汉人编入八旗之中，其过程更为复杂、漫长，其目的也有所不同。蒙古人与女真人都善于骑射，所以吸收蒙古人入八旗，是为了增强八旗军队的骑射战斗力。但吸收汉人入旗，重要目的之一是为了弥补八旗军队在火器、水战方面的短板。

努尔哈赤时期后金政权已经将一些归附的汉人纳入八旗，如攻占抚顺后，俘获人畜30余万，归附者如李永芳等人被编入八旗，获得重用。努尔哈赤在颁布《计丁授田令》时，也规定汉人之中每20人有一人当兵，编入八旗。但总体而言，努尔哈赤对此不够重视，八旗之中汉人数量少、不成系统。

宁远战役的失败，让皇太极深刻认识到火炮的重要性，但女真人只习骑射，不懂火器，要发展火器，必须依赖汉人。所以，如何发挥汉人的力量，显得至关重要。对皇太极来说，他必须改变努尔哈赤排斥汉人的政策，转而重视和优待归附、归降的汉人，对有才能者予以重用，以充实和扩大后金政权的力量。

实际上自沈阳、辽阳之战后，后金便开始使用缴获的明军火炮，并且优待明军俘虏中的炮手和火器工匠，谋求自建火炮。至1631年，后金国铸成红衣大炮，镌曰"天佑助威大将军"，额驸佟养性专门负责此事。当时后金汉人十丁抽一，组成军队，分设六甲喇，附入八旗之中作战。天聪五年（1631）八月，佟养性率汉军拥40余门炮参加大凌河之战，初建功勋，这是后金军第一次大规模使用火器作战，后金军队决胜战场的方式从此发生转折性改变。大凌河之战后，后金将此战所获的火炮，并鸟枪及大量汉族军士等编入佟养性的军队之中，使之扩展至一旗的规模，是为汉军八旗之始。1633年孔有德、耿仲明率一万多人投降皇太极，带去大量火炮、辎重等，进一步推动了后金对火器和汉人军队利用的进程。这一年，佟养性死，皇太极将汉军分为两旗，以马光远、石廷柱分统之，称Ujencooha（"乌津超哈""乌真超哈"），即"重兵"的意思。1639年，分汉军为四旗。1642年，编汉军为八旗，以祖泽润等八人为固山额真，以祖可法、祖泽洪、裴国珍、祖泽远为正黄、正红、镶蓝、镶白诸旗梅勒章京。这些将领原本都是大凌河之战后的降将，他们在投附后金之初一直任部院职务，至此才开始重新统领军队。

八旗汉军的编设也得益于大量明军成建制地归降，使后金政权很容易获得火炮武器、相关技术及数量充足的军事人员。充任八旗汉军的，都是明朝在关外的精锐，其首领如祖泽润等都是祖大寿家族的成员，是当时明军中的精英，皇太极利用八旗汉军的建制，将这些人妥善安置，予以重用，极大地增强了后金的实力。我们在很大程度上可以说，清朝继承了明朝在火器上的成就，使之成为自身入主中原甚至开疆拓土的利器。

汉军炮兵部队的重要性对清朝来说不言而喻。到入关之前，清军拥有的火炮数量已经超越明朝，彻底扭转了关外战场的形势。清军能够在山海关外战场上摧枯拉朽，击破固若金汤的关宁防线，火器在其中发挥了不可替代之作用，可以说八旗汉军火炮部队功不可没。

1644年年底，清军主力在多铎率领下追击李自成大顺军至潼关，李自成亲率大顺军剩余三万多主力据险固守。在战斗过程中，清军主要依赖八旗汉军红衣大炮而获得战场上的优势，迅速击溃大顺军。直到康熙、乾隆时期，清朝曾与蒙古准噶尔部展开几十年的持久战争，其间每每遇到鏖战，火炮的运用往往起至关重要的作用。如在乌兰布通之战中，噶尔丹并不担心清军的骑兵，却在八旗汉军的重炮轰击下损伤惨重，不得不连夜撤退。

无疑，八旗蒙古和八旗汉军的编设扩充了八旗军队的力量，大大提高了其战斗力。清朝能够争夺天下，并最后完成大一统，得益于八旗汉军对火炮技术的掌握。但清朝完成统一后，并没有继续改进火炮，而当时西方的军事技术则日新月异、一日千里，等清朝人意识到与西方国家在这方面的差距时，已经到了鸦片战争时期了。但是，皇太极在这方面却表现出超越其父亲的战略眼光，为清朝留下了一笔宝贵财富。

3. 接受多元文化

皇太极建立的大清政权，一改以往努尔哈赤时代排斥其他文化的保守主义特点，采取了非常包容、开放的文化政策，即在保持满族传统文化优先地位的同时，大规模接受汉文化，广泛吸收蒙藏文化，从而构建一个多元的文化共同体。

天聪三年（1629）九月，后金国征召、校试儒生三百余人，取二百余人。皇太极下令：所取的二百人，凡在汗、诸贝勒户下，及诸申、蒙古家为奴者，尽皆拔出。一等者赏缎二匹，二等、三等者赏布二匹，俱免二丁差徭。到1634年，皇太极下令恢复科举，由礼部考纳通满洲、蒙古、汉书文义者为举人。取中满洲习满书者刚林、敦多惠，满洲习汉书者查布海、恩格德，汉人习满书者宜成格，汉人习汉书者齐国儒、朱灿然、罗绣锦、梁正泰、雷兴、马国柱、金柱、王来用，蒙古习蒙古书者俄博特、石岱、苏鲁木，共十六人，俱赐为举人。各赐衣一袭，免四丁。这些人后来在清政权中发挥了重要作用。正如很多史学家所言，自皇太极以后，举行科举考试，尊崇士人，成为清朝坚定推行的一项政策，也成为清朝获得汉人承认和鼎力支持的关键所在。

在皇太极看来，若要获得与明朝争天下的实力，必须得到汉人的支持，所以他极力优礼汉人的各派力量。而要获得汉人的效忠，就必须尊崇儒家文化，广泛接受汉人的典故制度。我们以后金、大清政权的都城沈阳城建筑礼制为例加以说明。

沈阳，位于沈水北岸，为明末明军与后金政权对峙的要地，明代曾设沈阳中卫，归辽东都指挥使司所辖。1621年沈阳城为努尔哈赤攻占。努尔哈赤曾想以明代在东北地区的军政中心辽阳为都城，并大兴土木建设了四年时间，但随着明朝军事力量逐渐重新集结，努尔哈赤意识到辽阳暴露于明军的直接威胁之下，且与自己的后方距离太远，遂于1625年力排众议，将都城迁移到沈水北岸的沈阳，以便拉开与明军的距离，使自己处于一个更加安全的位置。

努尔哈赤时期对沈阳城的建设以汗王宫、大政殿、十王亭及诸王府为主。近些年来对这些遗址的发现与发掘已经成为盛京城考古最大的亮点，特别是汗王宫遗址，展现了当时女真人的民族特性：一是宫殿分离，汗王宫仅为努尔哈赤的住址，并非朝议办公场所，这与一般的皇宫非常不一致，甚至后来皇太极在盛京修建的皇宫也遵循宫殿合一的原则。二是从位置上看，汗王宫紧邻沈阳城的北门内侧，而非城市的核心位置，这也不符合一般王宫或皇宫的选址特点。如何解释这些现象？考古和历史学界的学者大多认为，这应该反映了努尔哈赤所建立的后金政权的性质和女真人对本民族的政治认同，反映了当时女真人在由部落向国家转变过程中的形态。

皇太极执政后，对沈阳城的建筑布局进行了一番彻底改造，充分地展现了他在文化政策上与努尔哈赤的巨大不同。

与努尔哈赤初步改造的沈阳城相比，皇太极时期所规划、建设的沈阳城规模更大，象征国家体制的衙署更加完备。此时的宫、殿合而为一，且位于盛京城的核心位置，在宫前设置六部和两院，城外修建天坛、地坛、堂子、太庙、社稷坛等礼制建筑，使城市布局十分接近"面朝后市，左祖右社"的中原传统格局。城内庙宇、民宅及道路、排水系统等均有所考虑，都城形制基本完成，非常符合儒家的都城礼制。

由此可以看出，沈阳城的建筑礼制犹如皇太极要打造的国家制度，一方面保持本民族的文化特色，另一方面则大量吸收汉族的文化、制度。皇太极主动、广泛接受汉文化，重用汉人的政策，对大清政权的发展起到至关重要的作用：大量明朝军队投附、归降，被编入八旗汉军之中，极大增强了皇太极的军事力量，使得在与明朝对峙的战场上力量逐渐朝着有利于清政权的方向转化。而诸多汉族文臣的投附则为大清国家制度的建设储备了大量人才，其中以范文程、洪承畴、宁完我等人最受礼遇。从后来的历史发展状况来看，这些汉族文臣的作用在皇太极以后，特别是满族入关后平定全国和国家制度建设中，发挥得淋漓尽致。

除了接受汉文化，皇太极也大量吸收蒙藏文化。

地理位置上的毗邻，让满蒙之间不仅在骑射、语言等风俗上接近，而且在宗教上接近。尊重藏传佛教之黄教以及弘扬藏传佛教文化，是其中最明显的一个相似文化特征。在盛京城的遗迹中，环绕盛京城而矗立的四座黄教寺庙有力地展现着清政权与蒙藏之间错综复杂的关系。崇黄教以安抚众蒙古，起源于皇太极在盛京城做出的决策，是清朝最高统治者皇太极与黄教走向联合的开始。自此以后，清朝统治者对黄教尊崇有加，并借助黄教的支持，终于在乾隆时期称雄于蒙藏地区。

后来的历史证明，皇太极对藏传佛教的联合态度极具战略性。这维系了蒙古各部对清政权的认同，巩固了满蒙联盟，因此尊黄教以安众蒙古成为有清一代坚持不渝的一项重要国家战略，在维护蒙藏安定、构建大一统多民族国家方面具有重要意义。

然而，对皇太极来说，倾慕甚至在很大程度上接受汉文化和蒙藏文化，并不等于要放弃自己本民族的文化，相反，他极力维护满族文化的核心地位。

曾有倾慕儒学的满族大臣劝皇太极彻底放弃满族衣冠风俗，全部改从汉人服饰制度。皇太极不同意，并以12世纪的金朝为例，向属下阐明恪守本民族服饰、骑射风俗的重要性。他说："如我等于此聚集，宽衣大袖，左佩矢，右挟弓，忽遇硕翁科罗巴图鲁劳萨挺身突入，我等能御之乎？若废骑射，宽衣大袖，待他人割肉而后食，与尚左手之人，何以异耶？"所以他颁布严令，官民服饰必须遵照满族式样，男人不许穿大领大袖，而需戴绒帽，务要束腰。女人不许梳头、缠脚。否则治以严罪。满族人在入关之前就已经开始防止因过于汉化而丢掉本民族的风俗文化，并使之成为一种严格恪守的祖制，以至于入关后颁布严厉的剃发令。由此也可以看出，"汉化"和接受汉文化有着本质的不同。

同样，皇太极虽对蒙藏文化，特别是黄教礼遇尊崇，但亦极力避免被彻底同化。皇太极曾明确表示："蒙古诸贝子自弃蒙古之语，名号俱学喇嘛，卒致国运衰微。"言外之意是如果满族人也都去尽心事佛，后果不堪设想。因此，在修建黄教寺庙的同时，皇太极严禁满洲人私建喇嘛庙，也严禁官民私邀喇嘛至家，满族人对黄教的这种戒心直到乾隆时期仍然十分明显，以至于"满洲喇嘛"大多以锡伯人充当。乾隆皇帝对此的解释是：满洲人无人愿为喇嘛。正如赵志强教授所言，满洲人为何不愿为喇嘛值得研究,然而有清一代满族人并没有像蒙古人那样大规模出家为僧,确是事实。①

皇太极的多元文化思想在盛京城的建筑布局上得到充分体现。黄教寺庙虽受重视,但毕竟位于盛京城的外围,真正的核心是位于城中心的皇宫、十王亭、宗庙、官署等建筑群。盛京城这种以体现满洲习俗、儒家礼制的建筑为核心,以黄教寺庙为外围的总体布局,体现了这位设计者对未来国家政权结构的想象,展示了北方民族政权的一种典型发展路径。努尔哈赤和皇太极一直非常重视保持本民族文化风俗,但同时他们对接受、借鉴汉文化充满热情。尤其是皇太极,在他执政的18年中,他既强调保留满族自身的风俗特点,又主动大量吸收和接受汉文化,仿效汉人建立各种典章制度,以官僚制度代替过去的八旗旗主政治,凸显了皇权的至高无上,把女真人的后金政权打造成一个融满、蒙、汉等各族人为一体的国家政权,奠定了清朝入主中原、争夺正统地位的政治基础。

三、改变与明朝作战的策略

皇太极在左征朝鲜、右讨蒙古以稳定后方的同时,对明朝的打击也一阵紧过一阵。但与其父亲努尔哈赤相比,皇太极对明朝的进攻,无论战略目标还是战争方式,都已经大相径庭。

皇太极称帝,意味着他准备与明朝争天下。表面上看,皇太极时期对明朝的战争并没有突破山海关防线,没有夺得明朝更多的领土,但是皇太极通过征伐蒙古、朝鲜,大大拓宽了统治范围,又通过建立八旗蒙古、八旗汉军,不仅极大提高了八旗的战斗力,也扩大了清朝的统治基础。如果说努尔哈赤更注重建立一个女真族的族群政权,那么皇太极的大清则

---

① 赵志强:《北塔法轮寺与蒙古族满族锡伯族关系述论》,载《满族研究》1991年第3期。

成为一个爱新觉罗家族领导，融满、汉、蒙以及东北地区诸多民族在内的多民族政权。他极力改革八旗制度，也大力推动国家制度的建设，有利于把不同族群的人才吸收到政权之中。所以，他称帝后的大清不再是一个准备寓于东北一隅的部族政权，而是以逐鹿中原、争夺天下为最终政治目标。

1. 入关掳掠

从战术上来看，在经历了宁远两次战败之后，皇太极一改努尔哈赤攻城略地的战争方式，不再与明朝争夺山海关至宁远一线，而是先后七次派大军从其他关口入关，大肆掳掠，以削弱明朝。1629年，皇太极统率后金军绕开山海关，从喜峰口入关攻击明朝京畿地区，威胁京师，袁崇焕被迫回师救援，皇太极施以反间计，使袁崇焕被杀。之后后金军掳掠大批人口、财物出关而去。1630年，阿敏率军入关，攻占永平、滦州、遵化等地，掳掠一空。1634年，皇太极亲征蒙古察哈尔部，借机派兵掳掠宣化、大同地区。1635年，称帝后的皇太极派阿济格掳掠关内京畿地区，掠夺人畜十八万。1638年，皇太极以睿亲王多尔衮为奉命大将军、贝勒岳托为扬武大将军，分统左、右翼兵分道征明。这次征伐时间长，规模空前。清军先攻略京畿，明大学士孙承宗死难。到1639年，清军又转至山东，下济南，杀掠殆尽，再转而向沧州，不久尽出塞。在此期间，皇太极亲自征明，攻锦州、松山、杏山，以牵制关内明军。此次清军入关五月，转掠两千里，蹂躏畿辅、山东数十州县。左翼多尔衮军克城三十四座，降者六座，败敌十七阵，俘获人畜二十五万七千有奇。右翼杜度（岳托去世后杜度总领右翼军事）军克城十九座，降者二座，败敌十六阵，俘获人畜二十万四千有奇。明臣虽羽书屡捷，实际未尝稍挫其锋。1642年，松锦之战后，清军又由黄崖口入塞，掠京畿、山东。

清军每次入关内掳掠，都获得极大成功。由于清军具有很强的机动性，所到之处如狼入羊群，各处明军皆军力不足，援救不及，无力抵挡；

各地守城官员、将领非死即降。大量人口、财物、牲畜被裹挟而去，给内地百姓带来巨大伤害，也给明王朝的经济造成极大冲击和损失。对此，皇太极非常明确地告诉手下亲王、贝勒和大臣们："尔等建议直取燕京，朕意以为不可。取燕京如伐大树，须先从两旁斫削，则大树自仆。朕今不取关外四城，岂能即克山海？今明国精兵已尽，我兵四围纵略，彼国势日衰，我兵力日强，从此燕京可得矣。"

实际上，皇太极大肆入关掳掠，在很大程度上与努尔哈赤杀戮后金政权内部无粮的汉人目的一致，就是为了解决后金、大清政权的经济短板问题。任凭皇太极如何在政治、军事上有所作为，满族人脆弱的经济基础并没有好转；相反，部众越多，势力越大，对经济的需求就越大。对于皇太极时期的清政权来说，女真人原有的采集人参、狩猎动物等经济活动已经如杯水车薪，无济于事。要解决这一多民族庞大政权的经济问题，只能从中原地区着手。皇太极也多次向明朝表示，只要明朝每年向清政权输送经济利益，即可划界而治，不再进犯，但这种要求不会也不可能被明朝接受。此外，对皇太极来说，既然推行封爵制、官僚制，以弱化旗主制度的影响，那作为皇帝的他就必须掌握足够多的经济资源来保证属下的利益。所以，从经济的角度来看，当一个北方民族政权强大到一定程度的时候，必然要通过更多的军事征服来获得足够的经济资源，直到能够稳定地控制一个赋税充足的地区，建立一个稳定的赋税制国家，才能够保证皇权制度的稳定。从这个角度来看，清军屡屡大规模入关掳掠，不但给明朝畿辅地区造成极大混乱，甚至导致袁崇焕这种名将被杀，而且也使清朝有了扩充自己经济实力的权宜之计。通过这种方式，清朝不仅获得海量财物，也获得大批人口，这些人可以作为包衣从事农业生产，其中也包括各类工匠和大量的手工业者，以及儒生秀才等知识分子，有利于清朝提高自己的生产水平和文化水平。

2. 松锦之战

经过多年提高实力的准备和对明朝的不断打击后，皇太极终于在 1641 年对山海关、宁远、锦州一带的明军主力发起进攻。

在明朝这边，大凌河之战后，明军将领祖大寿退守锦州。1641 年，清军在多尔衮、济尔哈朗等人的指挥下，对锦州城展开猛烈攻击。当时明朝在锦州城中精锐尚存，粮饷也较为充足，因此祖大寿一面向宁远的明军主力告急，一面指挥城中军民发挥火器威力，竭力抵抗。清军虽然将锦州分三层包围，但面对奋力抵抗的明军，损伤惨重，一时间也无计可施，双方处于对峙状态。此前，明朝派洪承畴驻守宁远，总督关外军事。洪承畴沿袭袁崇焕利用坚城利炮进行防守的思路，筑松山城、杏山城，与宁远城三地互为犄角，彼此呼应，易于防守。同时，洪承畴判断，清军围困锦州，战线太长，粮饷不济，很难持久，所以他力主坚守不出，以逸待劳。当时清军的确粮饷紧缺，骑兵每日两餐，步兵每日仅能一餐。然而，明朝兵部尚书陈新甲认为锦州危在旦夕，洪承畴守城不出，十几万军队劳师糜饷，因此坚请崇祯皇帝逼洪承畴出师迎战清军。崇祯帝本来对洪承畴之策充满信心，但禁不住陈新甲在跟前反复说，转而密敕洪承畴出兵。洪承畴无奈，只得移师杏山、松山一带，寻机与清军决战。

清朝方面，皇太极高度重视锦州之战，看到前线战事长时间没有进展，他御驾亲征，并下令征召各旗青壮年。八旗军倾巢出动，必欲下锦州。于是，明、清双方精兵猛将尽集于松山。明军约 13 万，清兵或与之相当。八月二十日，两军接战，胜负未分。皇太极命自锦州西往南，穿越松、杏间大道，直抵海口，掘大壕三道，各深八尺，宽丈余，人马不得过，断绝明军饷道。二十一日，明军进攻不利，撤退。皇太极对诸将说：敌军人数众多，见我断其饷道，必然丧失斗志，我军需做好伏击对方的准备，则敌人必将全军覆没。果然，至此日夜间，明军总兵王朴率部下首先逃离战场，引发多米诺效应。明军各将领争先恐后率军逃窜，以至于自相蹂践，弓甲遍野。清军趁机在黑夜中对明军展开截杀，十几万明军一败涂地。松锦之战以明军完败告终。是役，清军斩杀明军五万三千余，缴获马匹七千四百余，军资器械堆积如山。明兵赴海死者数万，海中浮尸漂荡，多如雁鹜。

松锦之战后，明军在关外的据点几乎被拔除殆尽，至次年，清军破松山，擒洪承畴、祖大寿等明军统帅。昔日孙承宗、袁崇焕倾心打造的关宁防线仅剩下宁远一座孤城，明朝花巨资训练而成的十几万关宁铁骑，在清军的屡屡攻击下，几乎丧失殆尽。除了山海关和吴三桂所领三万余人，明朝京畿几乎丧失了所有的防线。

现在看来，皇太极部署攻明战争的策略是非常有效的。与努尔哈赤不同的是，他不再一味追求正面战场上的胜利，而是避其锋芒，乘虚而入，攻略防守薄弱的关内京畿地区、山东地区，因为清军机动性强，而明军难以集结优势兵力应对清军。从明朝角度来看，天启、崇祯时代朝政混乱、党争严重，严重影响关外前线战略、战术的实施。谋略出众的熊廷弼传首九边，宁远之战屡立战功的袁崇焕被凌迟处死，孙承宗蒙冤退休，明朝一时间难以找到出色的将帅。可以说，政治上的混乱，导致明朝的战争组织能力大打折扣，而临阵斩杀主帅又加大了前线明军的离心力。祖大寿等将领正是看到袁崇焕被抓下狱才溃逃出关，最终叛明降清。直到松锦之战，洪承畴本可以像袁崇焕那样，坚守城池，以逸待劳，或可挽狂澜于既倒。但在皇命屡催之下，他不得不出城应战，终被皇太极一举攻破。因此，明亡清兴，不是明朝没有翻盘的机会，而是浪费太多机会，一再自毁长城、损兵折将。相反，清朝皇太极一方则越战越勇，一再叩关攻城，扫荡内地，步步进逼。

松锦之战后，明朝在关外的军事力量、军事据点几乎被扫除干净，清朝彻底稳固了在东北地区的统治，大批明朝兵将投诚清朝，进一步壮大了其军事、政治力量。尤其在火器使用方面，经过多年的积累，清朝八旗汉军炮兵实力大增，已经能够在松锦之战这种大规模战役中与明军抗衡，奠定了入关后攻城略地的基础。

然而，似乎是命运弄人，正当皇太极按部就班筹划，实施不断打击、削弱明朝的计划时，他的生命却戛然而止。明崇祯十六年、清崇德八年（1643）八月初九，未及安排任何后事的皇太极猝死于沈阳宫中，将正在冉冉升起的大清帝国留给一群在山海关前厉兵秣马的八旗将士。

皇太极执政27年，剪除异己，排除了潜在的分裂力量，并在充分吸收汉人制度的基础上，推动八旗制度降低私属性质，向官僚制度转变，实现了由八王共治到皇帝集权的转变。他改革了八旗制度，扩充八旗蒙古与八旗汉军，增强了后金-清的军政实力。皇太极左击朝鲜，右征蒙古，又联络藏区，不但稳定了清朝的大后方，而且极大增强了实力。在与明朝对峙的战场上，皇太极虽然没有占领更多土地，但他步步为营，逐渐拔除明军在关外的几乎所有力量，实现了力量对比的反转，将后金—清政权打造为一个地域辽阔，融满、蒙、汉等各族为一体的国家政权，为清朝入主中原做出军事、政治和意识形态各方面的准备。然而，此时的清朝内部，八旗旗主实力仍然强劲，皇权初建，尚无一个稳定的传承规则。此外，政治、军事力量虽然迅速扩充，经济基础脆弱仍是清朝无法摆脱的一个短板。因此，当时的清朝还需要借助大规模的对外扩张来解决内部的政治、经济矛盾。随着皇太极的突然去世，一场新的政治斗争、一系列新的整合，将随着清朝入关的步伐、围绕帝位之争而展开。

参考文献

1.《清史稿》。

2.《清通鉴》。

3.《清太宗实录》。

多尔衮

创制规模,奠基大清

多尔衮履历表

姓名	爱新觉罗·多尔衮
别名	
民族	满族
庙号/爵位	成宗/睿亲王
生卒年及所处时代	1612—1650，明末清初，清朝的摄政王
生平履历	万历四十年（1612），多尔衮出生，为努尔哈赤第十四子，母为乌拉那拉·阿巴亥
	明万历四十八年、后金天命五年（1620），九岁的多尔衮被努尔哈赤立为和硕额真，封入镶黄旗，共议国政
	明崇祯元年、后金天聪二年（1628），多尔衮随皇太极征讨蒙古，被赐号"墨尔根戴青"
	明崇祯八年、后金天聪九年（1635），多尔衮率军征蒙古察哈尔部，获林丹汗妻、子及传国玉玺以归
	明崇祯九年、清崇德元年（1636），皇太极称帝，多尔衮受封为睿亲王
	明崇祯十六年、清崇德八年（1643），皇太极去世，多尔衮拥立福临为顺治帝，与济尔哈朗共同摄政
	明崇祯十七年、清顺治元年（1644），多尔衮指挥清军入关，进入北京。九月顺治帝车驾入京师，之后封多尔衮为叔父摄政王，令为多尔衮建碑纪功，"永垂功名于万世"
	顺治二年（1645），多尔衮晋为皇叔父摄政王
	顺治五年（1648），多尔衮晋为皇父摄政王
	顺治七年（1650），多尔衮病死于古北口外喀喇城（今河北省承德市滦河镇）

1643年，农历癸未年的八月十四，当中原地区的百姓准备过中秋节时，关外沈阳皇宫大殿周围却戒备森严，盔甲鲜明的两黄旗八旗护军在大臣索尼等人的率领下，张弓挟矢，环立宫殿周围。大殿中坐着大清宗室诸

王,大贝勒代善、睿亲王多尔衮、豫亲王多铎、肃亲王豪格、郑亲王济尔哈朗等,每个人都一脸严肃,气氛显得很紧张。

他们正在讨论的议题对这个新政权来说极为重要——谁来承袭皇位。五天前,后金—清政权的第二代领导人清太宗皇太极突然病逝,未及留下立储遗言,这使发展势头正盛的清朝一下子群龙无首,人心惶惶。如果不尽快决定谁来承袭皇位,年轻的大清政权可能会陷入混乱与内斗的局面。但该如何推选皇位继承者,又该选谁呢?这成为清朝的燃眉之急。

皇太极有豪格等九个儿子,也有多尔衮、多铎等很多兄弟、子侄,这些人都身经百战,可称是一时豪杰。当时,皇太极的长子豪格得到正黄旗和镶黄旗将领的拥护,也得到大贝勒代善和贝勒济尔哈朗的支持;而贝勒阿济格、多铎等两白旗的旗主、将领则支持多尔衮。双方分歧严重,会前都做了充分的准备,特别是正黄、镶黄两旗将领率精锐护军,手握佩刀,站在殿外,焦急地等待着殿内诸王商议的结果。他们按刀向前,表示必须册立先帝的儿子为帝,否则宁可死!

爱新觉罗宗室新近崛起,还没有积累足够的政治经验来解决皇位承袭这个重大的问题。皇太极于1636年由大汗晋位皇帝,强有力地整合了满族人的力量,然而1643年他死得过于突然,未来得及立储。更重要的是,满人刚刚建立皇帝制度,努尔哈赤时代遗留下来的八旗旗主共执国政、拥立大汗与皇帝的习俗仍然有很大影响。皇太极执政二十多年,也不敢贸然打破,他没有像中原政权统治者那样指定太子,很大程度上也与满人的这种政治风俗有关。所以,这次如何确立皇位继承者对清政权的稳定至关重要,对其以后的发展也将会产生深远影响。

殿内的会议最终陷入僵局,见此剑拔弩张的状况,豪格退去,代善、多铎亦拂袖而去。危急之下,多尔衮提出一个折中的方案:由皇太极年仅六岁的幼子福临即位,多尔衮和济尔哈朗则为摄政王,分掌八旗左右翼,等幼帝长大再行归政。

一番话语化解了危机,这似乎是一个各方面都可以接受的方案。一场潜在的流血冲突消失于无形。这次会议有惊无险,满族人又一次通过妥协保持了满族宗室贵族的内部团结,避免了分裂和兵戎相见。多尔衮以大清摄政王的身份登上历史舞台,在未来的八年时间中,他将成为大清实际上的最高统治者,清朝的历史也将进入多尔衮的时代。八旗兵得以继续整装前进,进逼山海关,谋划更大的宏图伟业。

一、走上大清的权力巅峰

1. 多尔衮地位的上升

多尔衮是努尔哈赤的第十四子,母亲阿巴亥,即努尔哈赤的第三任大妃乌拉那拉氏,英亲王阿济格为多尔衮同母兄,多铎为其同母弟。努尔哈赤去世前几个月,到温泉疗伤时,一直由阿巴亥母子相陪。去世前,努尔哈赤出于对阿巴亥母子的宠爱,准备将八旗中的三旗分给多尔衮兄弟,阿济格领镶黄旗,多尔衮亦在此旗。多铎则在正黄旗。

努尔哈赤去世时,阿济格22岁,多尔衮15岁,多铎13岁。在兄弟三人中,与鲁莽的阿济格和稍显荒唐的多铎相比,多尔衮不但聪明伶俐,更是少年老成,深受努尔哈赤喜爱。现代有学者认为,努尔哈赤生前有意让多尔衮袭位。多尔衮在执政以后也曾明确表示过这种意思,认为皇太极得位不正。这在一定程度上成为皇太极死后多尔衮属意皇位的原因。但目前的史料很难证明这一点。在先后将褚英、代善两位既定太子废黜后,努尔哈赤晚年极力强调要构建一种八王共治的政治体制,不再指定某一人大权独揽。而努尔哈赤死时,多尔衮附属于阿济格为旗主的镶黄旗,仅领整个旗一半的15个牛录,并非一旗之主。按照当时努尔哈赤留下的八旗析产遗训,正黄旗由多铎任旗主。所以多尔衮那时的地位其实不如阿济格、多铎。不过,经过多年的打拼,多尔衮最终成为摄政王,走向权力巅峰。这一过程，还要从他在皇太极时期的地位说起。

皇太极继立为大汗后，将自己的两白旗与两黄旗互换旗色，这样阿济格与多尔衮换为镶白旗，多铎在正白旗。他们兄弟三人与两黄旗的皇太极、豪格，两红旗的代善、岳托，镶蓝旗的阿敏、济尔哈朗，正蓝旗的莽古尔泰同为旗主贝勒。在皇太极一朝，围绕八旗控制权的政治斗争极其激烈，阿敏被惩处后，镶蓝旗由济尔哈朗掌管。莽古尔泰死后不久，其势力被彻底清剿，正蓝旗部众被收入皇太极手中，皇太极自己掌管两黄旗，派豪格掌管正蓝旗。或许是出于对努尔哈赤遗训的敬畏，抑或是八旗为旗主私产之观念太深，从后来的实际情形来看，皇太极对八旗的攘夺也就到此为止了。他维护着代善父子两红旗旗主的地位，同时对年轻的多尔衮兄弟三人一直采取笼络、交好的手段，没有动摇他们在两白旗中的地位。

实际上，正是皇太极的崇信与极力栽培，保证了多尔衮在后金－清政权中政治地位的不断攀升。天聪二年（1628），多尔衮、多铎跟随皇太极征伐蒙古察哈尔多罗特部，破敌于敖穆楞。因二人有功，皇太极赐多尔衮号"墨尔根戴青"，即"智者"的意思，汉语翻译为"睿"；给多铎赐号"额尔克楚虎尔"，并专门为二人获此封号设宴庆贺。实际上，当时的多尔衮、多铎一个年仅17岁，一个年仅15岁，谈不上有多大的战功。不久，皇太极又借故革去阿济格之爵位，将阿济格镶白旗旗主贝勒的身份转授给多尔衮，使多尔衮成为一旗之主，而其原因竟是阿济格私自给多铎做媒相亲，未向皇太极奏报。以如此细故将阿济格旗主的身份撤销，可知此时的皇太极对勇武却鲁莽的阿济格并不十分放心。从感情角度，他更喜欢多尔衮这个被他称为"墨尔根戴青"的弟弟。从此以后，多尔衮几乎参与了皇太极时期所有的政治变革与军事活动，地位不断攀升。1631年，皇太极设置六部，并以贝勒管理各部事务。其中，多尔衮管理吏部，德格类管理户部，萨哈廉管理礼部，岳托管理兵部，济尔哈朗管理刑部，阿巴泰管理工部。德格类去世后，由豪格接管户部事。虽然多尔衮等人在八旗中的地位远不如大贝勒代善、莽古尔泰，但能够管理实际部务的这六个小贝勒，显然都被皇太极视为亲信。

1636年，皇太极称帝，分封宗室诸王，多尔衮晋封亲王，获得与代善同样的地位。从政治、军事上的作用来看，皇太极给他的机会大大多于其他人，多尔衮在皇太极时期其他几次重要战争中，也都被委任为最高统帅，战功显赫，其实际地位与能力远高于代善、济尔哈朗。如崇德三年（1638），清伐明，以"睿亲王多尔衮为奉命大将军，统左翼兵，贝勒豪格、阿巴泰副之；贝勒岳托为扬武大将军，统右翼兵，贝勒杜度副之，分道伐明。"多尔衮统兵一路下数十城、俘获数十万人以归。征察哈尔，多尔衮获林丹汗妻子、玉玺以归。第二次征朝鲜，多尔衮获朝鲜国王之子以归。至于数次伐明战争，多尔衮往往一马当先。甚至皇太极要修盛京至辽河道路，也"以睿亲王多尔衮、饶余贝勒阿巴泰董其役"。

2. 功勋卓著，备受信任

十几年的征战使多尔衮功勋卓著，也使他获得日渐崇高的政治地位。1643年，皇太极去世时，努尔哈赤子侄辈八旗诸王健在的有掌管两红旗的礼亲王代善、郑亲王济尔哈朗、英亲王阿济格、睿亲王多尔衮、豫亲王多铎。第三代的王爷则有褚英的儿子尼堪，代善的儿子满达海、硕托等人，皇太极的长子肃亲王豪格，阿巴泰的儿子博和托、博洛兄弟。第四代宗室王爷有萨哈廉的儿子郡王阿达礼、勒克德浑等人。显然，阿济格、多铎是多尔衮的铁杆支持者，兄弟三人在八旗之中，形成了一股强大的势力。以辈分、地位和军功而言，能与多尔衮抗衡的只有代善、济尔哈朗、豪格几个人。而即使在其他旗中也有不少暗中支持多尔衮者，如硕托、阿达礼等。何况代善在努尔哈赤时代就被废除了继承人的权利，无法与皇太极抗衡，此时更是年岁偏高，亦无法与多尔衮争权。济尔哈朗是努尔哈赤的侄子，对皇太极忠心耿耿，得以袭爵，但相对于努尔哈赤子孙一系，他属于"外人"，势力有限。唯有皇太极长子豪格既年富力强，又屡立战功，加上两黄旗将领的支持，实力较强。但皇太极生前并没有表现出立豪格为接班人的倾向，甚至没有给豪格独当一面的机会。在崇德年间，豪格曾因过错被皇太极处分了两次，一度被降爵为贝勒，并处以罚金。而且，豪格虽然比小叔叔多尔衮年长三岁，但每每出战，多由多尔衮、阿济格、岳托等人一起统兵，其位序无论按辈分还是制度，都在多尔衮之后。

由此来看，在皇太极的有意扶植下，经过 18 年的磨炼，多尔衮不但功勋卓著、地位显赫，而且位列名王，掌议国政。皇太极也曾直接对多尔衮表示："朕爱尔过于群子弟，锡予独厚。"由上述可见，皇太极所言不虚。而多尔衮之所以能够得到皇太极的青睐，主要还在于他的智勇双全以及不懈努力。

1631 年，皇太极问年仅 20 岁的多尔衮，要征伐明朝、蒙古和朝鲜，应该孰先孰后。多尔衮回答：应该集中兵力入关掳掠明朝，围攻京师，歼灭明朝救援军队，毁坏其军事堡垒，为以后进驻中原做长久计划，让明朝的实力逐渐消耗殆尽。这种战略与皇太极的构想非常接近，皇太极也认为攻伐明朝就像砍一棵大树一样，很难一下子砍倒，必须慢慢地、持续地砍，让其逐渐仆倒。也大概从这一年起，多尔衮开始统领一方，独当一面。

多尔衮有谋略，且英勇善战，几乎参加了皇太极时期所有的重大战争。他先后两次跟随皇太极征伐察哈尔部，参加了后金－清 1629 年、1631 年、1634 年、1638 年的历次伐明战争。在战场上多尔衮披坚持锐，冲锋陷阵。1631 年围攻大凌河时，明军火炮威力巨大，后金死伤惨重。多尔衮一直奋不顾身，勇往直前，以至于皇太极都担心他被明军火炮击中，责怪其他将领怎么不阻拦多尔衮。在 1642 年的松锦大战中，明清双方之间的厮杀更是昏天黑地，血流成河。多尔衮在战场上仍是往来突击，勇猛向前。此役他身负重伤，皇太极赶紧命人将他换下。多年以后，多尔衮对投附清朝的洪承畴谈起此事时仍心有余悸，他表示很钦佩洪承畴在松锦之战中的排兵布阵，只有在与洪承畴的交战中他才受伤如此严重。

顺治七年（1650），年仅39岁的多尔衮英年早逝，或许也与他在战争中留下的创伤有直接关系，甚至多尔衮无子可能也与此有关。有一种学术观点认为，无子之忧在很大程度上制约了多尔衮觊觎皇位的野心。

3. 性格坚毅，沉稳睿智

多尔衮英勇善战，且不惧险战恶仗，在战场上敢于攻坚犯险，其性格也必然是有主见、敢于斗争、刚毅强硬的。这种性格一旦用到执掌国政方面，那么这个人必然表现得志向远大、多谋善断，足以成为一个团队的主心骨。明末清初的西方传教士卫匡国就曾这样评价多尔衮："他具有超人的谋略和精明，并以勇武和忠实著称。他的聪明才智使最有学识的中国人都钦佩不已，他的公正仁慈赢得了平民百姓的爱戴。"

但多尔衮有主见、勇于犯险克难性格的另一面，是刚愎自用、威福自专、咄咄逼人，顺我者昌，逆我者亡。

另外，虽然皇太极对多尔衮兄弟三人极力笼络、扶植，使他们为己所用，但多尔衮他们是真心顺从、忠于皇太极的吗？他们从内心深处又如何看待皇太极呢？

至少有一件事会让多尔衮兄弟三人终生难忘，那就是他们母亲的死。多尔衮、多铎当时虽尚年少，但目睹了母亲阿巴亥被逼殉葬的残酷事实，从感情角度必是痛彻心扉。他们出生的时候，努尔哈赤事业已经渐成气候，不用亲自上阵拼杀，所以多尔衮与多铎一直环绕父母膝下，未受过任何挫折。特别是努尔哈赤临死前，一直在养病，始终与他们母子相伴。他们习惯了这种富贵傲气的王子生活，却在突然间遭遇父母双亡的横祸。父亲离世尚可理解，毕竟已经久病在床，但风华正茂的母亲也转瞬即逝，这对他们在精神、心理上的打击难以言喻。以多铎为例，世人都说多铎为人荒唐，或许确有其事，至少，他在皇太极时代确实表现得非常逆反。一次皇太极受贺，群臣想尽办法进献名贵礼品，唯独多铎竟然送给皇太极一匹瘸马。面对不以为然的幼弟多铎，皇太极也无可奈何，只得哈哈一笑。

当皇太极去世后，多铎跪求多尔衮承袭大位。多尔衮摄政期间，多铎率军南征北战，打下大半个中国，战功之著无人能出其右，极大地支持了在朝中摄政的多尔衮。与鲁莽的阿济格和不羁的多铎相比，多尔衮则表现得更为沉稳有城府。他并不公开与皇太极敌对，至少能够隐藏内心的感情，通过沙场征战，屡立功勋，以表现出顺从，从而取信于皇太极，通过向皇太极妥协换取自己政治地位的上升。

然而，摄政之后，多尔衮曾表示，自己才是太祖努尔哈赤所定的接班人，皇太极继位属于夺立，也有现代学者认同此论。此事尚无史料依据，姑且不论孰是孰非，但多尔衮口出此言，在很大程度上表现出他对皇太极极为不满的心态。这种心态甚至影响着多尔衮执政后对皇太极遗留政治势力的清算和整肃，影响着顺治初年的政治整合。

还有一件事更能展现多尔衮通过妥协把控政治局面的能力。如本文开头所述，皇太极死后的皇位之争到了剑拔弩张的地步，为什么在那样紧张的情况下最终竟还能达成一致呢？为什么两黄旗的将领竟然敢以武力威胁代善、多尔衮等宗室诸王？按照清朝的规矩，以下犯上必然是死罪，但事后竟然没有人为此受到追究。事实上，这场会议前一天晚上，多尔衮已经与两黄旗将领索尼见面了。《清史稿》记载："太宗崩后五日，睿亲王多尔衮诣三官庙，召索尼议册立。"虽然索尼明确表示"先帝有皇子在，必立其一。他非所知也"，但现在的学者指出，这次见面时，实际上多尔衮与索尼很可能已经在"排除皇太极长子豪格继位的可能性"方面达成了默契。第二天，局外人的横眉冷对甚至舞刀弄枪不过是谜底揭开前的精彩套路。①

---

① 姚念慈：《清初政治史探微》，辽宁民族出版社，2008。

二、整肃政治

1643年皇位之争中,多尔衮虽然没有得到皇帝宝座,但由他和济尔哈朗共同出任摄政王,他仍然是这场政治博弈中的胜利者。与过去相比,多尔衮的地位获得大幅提高。毕竟多尔衮最开始不是一旗之主,就地位而言,不但受到两黄旗诸王的压制,而且还排在代善、多铎、阿济格之后。现在他却一跃成为摄政王,虽然排名在济尔哈朗之后,但已经可以执掌决策大权,触摸到清朝的最高权力。随后他的一系列整肃,则进一步巩固和提高了自己的地位。

1. 杀宗室稳定政局

在当时,继位大事虽定,使会议之后的形势暂时缓和,但潜流涌动,余波未平。面对年仅六岁的幼帝,主弱臣强、亲王辅政的政治格局,很多帝室贵胄被帝位的争夺勾起的野心,远非一场会议能够彻底浇灭。很快,就有两位王爷试图搅起一场新的风波。一位是大贝勒代善的次子硕托,一位是代善的孙子、亲王萨哈廉的袭爵长子郡王阿达礼。顺治继位后仅两天,他们二人就筹谋废黜幼帝顺治,拥立多尔衮为帝。二人联络了很多人,包括内大臣和宫廷侍卫,又先后两次找大贝勒代善密谋。代善一直很不喜欢这个儿子,甚至曾想杀掉他,多亏努尔哈赤保全,他才得以活命。此时代善坚决反对这二人的阴谋,并告知多尔衮。多尔衮自然也早就知道二人的意图,当初阿达礼曾亲自找到多尔衮说:"王正大位,我当从王。"显然二人想重演当初皇太极依赖年轻贝勒的拥护得以即位的历史。但多尔衮不为所动,也没有明确表态。当接到代善的质问时,多尔衮立即命令将二人抓捕法办,裸缚至衙门,定性为扰政乱国,以叛逆论罪,并当场缢杀。硕托的弟弟瓦克达、阿达礼的弟弟勒克德浑也受到牵连,被革去爵位、开除宗室。多尔衮处理此事的果决、威猛,不仅洗清了自己,也大大震慑了铁血彪悍的满洲宗室、勋贵，多尔衮由此表现出自己维护既定政治格局的决心，进一步缓和了与两黄旗将领之间的关系，也淋漓尽致地展现出他铁腕执政的强硬作风。

如果说处死阿达礼、硕托时多尔衮还表现得比较公允的话，几天后在另外一件事情上的杀戮，则使多尔衮专断的一面表露无遗。

当时沈阳发生了一件奇怪的事情。之前曾有人投匿名帖，阴谋陷害镶黄旗固山额真谭泰，这个匿名帖被公爵塔瞻母家高丽妇人获得，她将这件事告诉了家里的包衣达哈纳。达哈纳则立刻将之报告给其主公塔瞻及谭泰本人。谭泰、塔瞻于是向多尔衮等诸王禀报，多尔衮等令法司审讯。高丽妇人供称匿名帖是宗室巴布海家的太监给的。巴布海乃努尔哈赤庶妃所生之子，虽未封王，亦为宗室。此时，多尔衮认为既然巴布海夫妇及其子阿喀喇造匿名帖，陷害谭泰，就应该按律处死。代善等诸王听了，皆认为人命关天，如此轻易将宗室之人杀掉有点过分。多尔衮则说："此而不诛，后患难防。"很坚决地将巴布海及其妻、子缢杀。巴布海家产被籍没，一半入官，一半给谭泰。与此相关的塔瞻之母、为巴布海妻隐讳之蒙古妇人、不承认曾给高丽妇人匿名帖之太监均遭弃市。杀掉阿达礼、硕托师出有名，且此二人为宗室晚辈，而巴布海则为多尔衮的同父异母弟，以往努尔哈赤、皇太极也曾惩治兄弟子侄，但多为圈禁至死，因此，这次事件让人们体会到多尔衮令人生畏的狠辣果决，这是代善、济尔哈朗等旗主亲王所难以做到的。之后根据多尔衮的意思，摄政王下令，从此以后，诸王不得再管六部之事，即使部务有错，也不得置喙，否则严惩不贷。多尔衮开始将宗室诸王从国家行政体制中进一步排斥出去。

2. 斥政敌，加号"皇父摄政王"

面对多尔衮的咄咄逼人，共同辅政的郑亲王济尔哈朗难以应对，顺治元年（1644）正月，济尔哈朗表示，此后自己的排名应在多尔衮之后。嗣后各衙门办理事务，或有应白于二王者，或有记档者，都要先报告睿亲王，公文文书也要先书睿亲王名，其坐立班次及行礼仪注俱应照前例行，这意味着济尔哈朗放弃了摄政之权。此后，多尔衮作为清朝的最高统帅，挥师入关，进入北京，并指挥大军平定全国。到这年十月，顺治帝车驾入京后，举行登基大典，清朝入主中原梦想成真。此时多尔衮功绩之盛进一步增强其地位之尊崇。同时，济尔哈朗降为信义辅政叔王。史载："郑亲王等议上摄政王仪制，视诸王有加礼。"当初共同辅政且排名在多尔衮之前的济尔哈朗已经不得不率众给多尔衮上摄政王仪制了，地位变化之大，可想而知。至1645年，多尔衮加"皇叔父摄政王"之号。1646年，以国家印玺信符储存大内，调用不便，移至多尔衮王府。1647年，随着江南等地平定，多尔衮干脆以豫亲王多铎为辅政王。随后，多铎等人提议，由于多尔衮身体不好，应免除向皇帝下拜的礼仪，于是，"以后凡行礼处，跪拜永行停止"。1648年冬，多尔衮加"皇父摄政王"之号，地位尊崇已极。多尔衮这一系列的行为，被认为是其夺位称帝之心昭然若揭。

3. 分化两黄旗大臣

多尔衮的专权跋扈，更集中地体现在他对肃亲王豪格的无情处理上。豪格作为太宗长子，自幼跟随祖父、父亲打天下，战功卓著，不仅受皇太极倚重，也极受太祖努尔哈赤喜爱。太祖晚年时，豪格已经爵封贝勒，可见祖父对他的喜爱。父子二人受到倚重，这种实力也成为皇太极后来争得汗位的重要原因之一。豪格与多尔衮年龄相仿，叔侄二人几乎共同经历了皇太极时期所有的重大战事——征蒙古、征朝鲜、进掠明朝，特别是在松锦之战中克松山，俘洪承畴以归。帝位之争中，豪格虽得两黄旗将领拥护，但面对强势的叔父多尔衮，他知难而退，放弃争夺，转而忠心辅佐幼弟福临。豪格自领正蓝旗，又得两黄旗将领之忠心，实力强大，是多尔衮十分忌惮之人。1644年，有正黄旗将领何洛会告发两黄旗的大臣扬善等人拟与豪格为乱。为此，扬善等人被杀，豪格一度被削爵，后以军功复封。何洛会本属镶黄旗固山额真，是皇太极心腹，本应忠于帝室与豪格。

但眼见多尔衮摄政大权在握，何洛会极力攀附，靠屡屡出卖两黄旗的宗室、将领，获得多尔衮青睐。不久多尔衮挥师入关，1646年初，豪格受多尔衮派遣，以靖远大将军身份统兵进攻陕西，很快击败李自成在陕西各处的余部，陕西全省底定，继而挥师南进入川。时张献忠占据四川多年，兵多将广，实力强大。豪格指挥鳌拜等人，避敌旁支，直捣张献忠所在的西充。张献忠猝不及防，所率大西军在清军冲击下四散溃败，张献忠本人也被射杀。清兵迅速占领四川各地，大胜而归。但豪格回到北京后很快被人告发徇隐部将、冒功及擢用罪人扬善之弟吉赛，何洛会再次出面附会其说，由此多尔衮下令将豪格论罪圈禁，不到一个月豪格死于禁所。据载，当豪格即将被处置之际，幼帝福临曾拉着多尔衮的手，央求叔父不要杀他哥哥，但无济于事。豪格死后爵位被废黜，所属正蓝旗八旗部众也被多尔衮夺取、置换，多尔衮重施当初皇太极吞并正蓝旗之手段，将多铎的镶白旗划归自己，以多铎为正蓝旗旗主，并以镶白旗和正蓝旗各一半部众对调。豪格的王妃则被多尔衮纳为侧福晋，其子富绶亦险遭不测。当时，富绶等被叫到多尔衮王府中测试射箭，何洛会见了对人说："见此鬼魅，令人心悸，何不除之？"好在多尔衮网开一面，没杀富绶。史载多尔衮与豪格之间有嫌隙，因而陷之于狱。然而，豪格比多尔衮大三岁，似应为儿时玩伴。多尔衮不顾豪格功勋，不顾幼帝劝阻，一定要杀王纳妃，夺其部众，也许在很大程度上是为了向皇太极报复，特别是为母亲之死报复。但不管多尔衮如何费尽心机，终究无果。这一切布置停当后一年左右，他也死了。又过了一年，顺治帝追论其罪，对多尔衮掘墓鞭尸，以泄愤恨，这岂非是他对兄长豪格冤死的报复？而顺治没收多尔衮正白旗并夺回正蓝旗授予富绶，则是爱新觉罗子弟争夺八旗的又一次轮回。

　　随着自己的权势日渐稳固，除了整肃济尔哈朗、豪格等宗室诸王，多尔衮对当初那些与自己拔刀相向的两黄旗大臣也逐渐分化拉拢。1645年，两黄旗将领图尔格病逝。图尔格乃开国功臣额亦都之子，当初支持豪格继位。另一个坚决反对多尔衮的大臣是图赖，他被多尔衮派往浙江、福建，随博洛征讨南明，1646年病死军中。当初与多尔衮达成默契的索尼因屡屡维护顺治帝而开罪多尔衮，终于在1648年被治罪，发往盛京看守昭陵。而其他几位曾誓言力保顺治帝的两黄旗大臣何洛会、谭泰、巩阿岱、锡翰等都逐渐投附了多尔衮，为其所用。当初两黄旗大臣的联盟在多尔衮的打击下彻底瓦解，只余鳌拜一人。1650年，多尔衮患病，锡翰等人竟然强制将顺治帝送到多尔衮府上，迫其探视。非常具有讽刺意味的是，鳌拜因为见到却未能阻止这些人的"犯上"行为而受到处分。

多尔衮以铁腕整肃政治，打击政敌，虽跋扈嚣张，但若将这些做法置于清朝自皇太极以来皇权构建的过程中来看，它们实际上是延续了皇太极以来的政治轨迹，即削夺宗室诸王对八旗的控制权，强化皇权，将对八旗的管理纳入官僚化体制之中。表面上看，多尔衮自己控制三旗，进位皇父摄政王，不过是皇权的一种补充形式。但从后来的结果来看，他死之后，控制八旗的主导权很自然地转移到皇帝手中，形成后世所谓"上三旗"。在这围绕着八旗控制权的几个轮回的政治斗争之中，努尔哈赤时代留下来的旗主日渐凋零，随着多尔衮等人的去世，旗主政治终告结束，对后世难以再有太大影响。

三、定鼎中原

当关外的清人在皇太极死后进行新一轮的政治整合时，大明王朝在李自成、张献忠等农民军的打击下，正急剧走向衰亡。崇祯十七年（1644）正月，占据陕西全境的李自成称王于西安，建立大顺政权，建立官制，然后派兵东出山西、河南北部，两路攻明，很快打下太原，一时间摧枯拉朽，气势如虹。二月的一天，崇祯帝上朝时竟看到大顺军的传檄。为挽回败局，崇祯帝连下罪己诏，罢三饷加派，又调驻守宁远的吴三桂回师关内，入卫京师。但此时他已经无力回天。崇祯亦曾想南迁，但朝臣议论纷纷，未果。面对仍在争执不休的朝臣，崇祯叹曰："朕非亡国之君，诸臣尽亡国之臣尔！"逡巡彷徨之际，他已经丧失了南逃的机会。三月，大顺军势如破竹，连下大同、宣府、居庸关，兵临北京城下，将北京团团包围。三月十七，崇祯帝试图化妆潜离，但已无法出京。三月十九，凌晨，大顺军攻入内城，崇祯帝散发跣足，缢死煤山，遗诏中说："朕薄德匪躬，上干天咎，然皆诸臣之误朕也。朕死无面目见祖宗于地下，去朕冠冕，披发覆面，任贼分裂朕尸，勿伤百姓。"实际上李自成也并非一定要彻底推翻明朝，他曾致信崇祯帝，若能封王陕西，即可归顺朝廷，还可以为明朝抵御关外的清军。但明朝朝堂之上众臣议论纷纷，使崇祯帝没了主意，丧失了招抚李自成的机会，加速了明朝的灭亡。如果此时明朝与李自成结盟，共同抵抗清军，历史的演变或将是另外一种景象。

此时，多尔衮正在关外厉兵秣马，紧锣密鼓地制定一套新的战略。

1. 制定合理的战略与政策

明朝大厦倾覆之际，多尔衮注意到李自成农民军的迅猛发展，曾试探性致书大顺政权，希望能够与之联合，共谋中原，"欲与诸公协谋同力并取中原，倘混一区宇，富贵共之矣"。对多尔衮来说，更直接的目的是像以往那样，乘明朝崩溃之际再次入关掳掠，获得更多的财富、人口。李自成对此未做答复，毕竟他对关外清朝还知之甚少，风头正盛的大顺军并没有把清政权放在眼里。

当时，多尔衮和满洲贵族本没有做好逐鹿中原的准备，也并没有那样的决心。满人毕竟仅有区区二十多万军队，多年来在关外与大明厮杀虽胜多负少，却也已经竭尽全力，要想入关争夺天下，实力实在不济。因此多尔衮决定继续派兵入关掳掠，发一笔横财就回来。发兵之前，他急调正在疗养的大学士范文程到沈阳商讨对策。而范文程的一番奏对，让多尔衮改变了最初的决定，也改变了中国历史。

范文程向多尔衮阐明，天下久乱思定，百姓希望有开明之主出来统治。对大清来说，逐鹿中原的主要对手不是明朝残余势力，而是大顺农民军。如果清朝仍然像以前那样入关掳掠，必然会将中原百姓推到大顺政权那一边，所以必须改变策略，争取明朝遗民、百姓支持，集中力量打击大顺军，方可谋取天下。"今日当申严纪律，秋毫勿犯，宣谕进取中原之意。官仍其职，民复其业，录贤能，恤无告，大河以北可以传檄定也。"

范文程一番奏对，明确了清军入关的政治策略和战略规划，犹如醍醐灌顶，让多尔衮开了窍。四月初九，多尔衮以大将军、摄政王身份，统率八旗主力，倾巢出动，进军山海关，往定中原。

范文程又言："好生者天之德也，自古未有嗜杀而行天下者。国家止欲帝关东则已，若思统一区夏，非乂安百姓不可。" 此时，先前投降清朝的洪承畴也建议多尔衮应以争取民心为主，先派人布告天下，说明清军入关仅以打击李自成为目的，"今所诛者惟闯贼，不屠人民，不焚庐舍，不掠财物之意。仍布告各府县，有开门归降者，官则加升，军民秋毫无犯"。由是，在范、洪二人的建议下，多尔衮改变了入关策略和目的，打出为崇祯发丧、追击李自成、民复其业的三大口号，改掳掠之暴为吊伐之仁，将清军改造为仁义之师，以图收尽天下人心。这样一来，无疑会使明末以来长期处于天灾、战火之中，饱受征服、搜刮、掳掠的明朝民众、基层官员产生众多希望和期盼。在范文程等人建议下做出的这种策略调整不仅使清军入关矛盾明晰、目标明确，而且还使得清军入关占据了道德高地，在很大程度上可以减少抵抗阻力。

不仅如此，还有更好的机会在后面等着。

2. 天赐良机

多尔衮率军入关途中，山海关将是他们面临的第一道障碍。那里有吴三桂率领的数万关宁铁骑，这支队伍长期征战辽东，极具战斗力。再加上山海关为明代九边重镇之首，地势险要，城墙坚固，易守难攻。如果硬拼，满族人必然要大费力气。恰恰此时，出发不久的多尔衮竟收到吴三桂派人送来的求援书信，意思是希望清军能够出兵帮助他一起打击李自成，恢复明朝秩序。

原来，驻扎在山海关的吴三桂看到大明王朝气数已尽，自己驻军山海关，犹如孤子一枚，左有清朝的威胁，右有大顺军近在京畿，处于危境之中。他思虑再三，向大顺政权寄书请降，欲卷甲归附李自成。李自成非常高兴，招吴三桂至京城，并派部属唐通率军前往山海关接管防务。吴三桂交接停当后，即率军回京。可半路之上突然获悉，他在京的家人包括父亲吴襄等都被大顺军捉拿，关入监狱，爱妾陈圆圆被大顺军将领刘宗敏占有。吴三桂听闻，怒发冲冠，彻底打消投奔李自成的念头，迅速回师山海关，斩杀李自成所派使者，并袭击大顺军派来的唐通部，唐通仅率数人逃走。吴三桂又传檄京畿地区，号召明朝旧部征剿大顺军。他知道大顺军很快就会掩杀过来，而自己兵力有限，遂致信多尔衮求援。

机会总是青睐有准备的人，而清朝宗室的运气又实在过于好。接到吴三桂来信，多尔衮、范文程意识到一个天大的机会突然降临：山海关唾手可得，中原门户洞开，而这一切都印证了范文程谋划之正确。多尔衮立即下令让清军日夜兼程六天，迅速赶赴山海关。他们赶到时，吴三桂与李自成亲自率领的大顺军在山海关旁边激战正酣，大顺军正从西、北、东三面进攻山海关。吴三桂统辖的关宁劲旅战斗力虽强，但毕竟多寡悬殊，几个回合下来，伤亡惨重，很快处于劣势，于是他亲自突围往见多尔衮。实际上，他最初只是希望仿照唐朝借回鹘兵平定安史之乱之先例，搬兵求救，获得清军支援，而并不想要归附清朝。但多尔衮有着既定的政治目标，要的是吴三桂彻底归顺，所以此时他倒不急于出兵了。眼看自己的关宁铁骑已经危在旦夕，消耗殆尽，吴三桂已经没有资本与多尔衮再进行博弈，只得答应剃发投降。随后八旗精兵迅速现身战场，风驰电掣一般拦腰截击李自成军队。胜利在望的大顺军猝不及防，大惊失色，一下子溃不成军，向关内败退，一路撤回北京。清军、吴三桂军随后追杀四十里乃止。战后，吴三桂率山海关军民剃发归附清朝，就这样，能征善战的关宁劲旅进入多尔衮彀中,成为清朝征战天下的急先锋。

退回北京的李自成,知道大势已去,四月二十九日,他匆匆称帝,登基于紫禁城之武英殿,入夜即下令举火焚毁宫殿。次日凌晨,大顺军携带两三个月来在京城掳掠的金银珠宝诸物及大批女子浩浩荡荡离开京城,撤军南归。李自成在京城先后共计不到五十日,史载,大顺军入京时,百姓箪食壶浆以迎闯军。可入京后,大顺军志得意满,先是刘宗敏等拷掠明朝官员,勒令其按品级交出相应数量的金银,以保不死;之后这种拷掠扩展至京城百姓,李自成无法约束部众,遂使京城百姓被掠夺一空,深受其害。

深谙用兵之道的多尔衮、范文程等人,没有给李自成任何喘息机会,他们督率各路军队在大顺军之后紧紧相随,一边追击李自成,一边收揽沿途之上的明军余部,并告示天下曰:"义兵之来,为尔复君父仇,非杀尔百姓也。今所诛者惟闯贼。吏来归复其位,民来归复其业。必不汝害。"

李自成离开北京时,清军已经接近畿辅地区,多尔衮得知李自成已离京西遁,令诸王贝勒及吴三桂等继续各率部属,分路急追。五月初二午时,多尔衮率军经通州抵达北京朝阳门。在此之前,明朝的官员及百姓老幼听说吴三桂将拥崇祯帝太子至京城嗣位,因此纷纷出城五里,匍匐道左,具卤簿焚香跪迎。谁知竟突然看到清军,乃相顾失色。多尔衮下马乘辇,入紫禁城武英殿,受明群臣之拜。

追击李自成的清军兵分两路,马不停蹄。一路由豫亲王多铎率领,向南经直隶真定,再经山西向西南攻打潼关,而后自南向北进入陕西。另一路由阿济格统率,由山西北部出塞外向西,经鄂尔多斯一带转向南,进入陕西北部的延安、榆林,自北向南,与由潼关入陕的多铎一路清军夹击李自成。李自成虽然也曾率军努力组织反击,但在真定(今河北省石家庄市正定县)等地连遭败绩,一路溃逃难止。明崇祯十七年、清顺治元年(1644)十月,清军攻克太原,大顺军退出山西全境。顺治二年(1645)

正月，多铎率军进攻潼关，李自成率重兵力战失利，潼关失守，退回西安。但此时南下的阿济格兵锋犀利，大顺军亦难以抵挡，部分将领率军退往宁夏，李自成则向南退往湖北。此后，多尔衮命多铎回师向东，过黄河直趋江南，把追击李自成的任务交给阿济格。五月，李自成逃至湖北通山县九宫山一带，被几个农民用锄头打死在田间。叱咤风云的一代枭雄就此殒命。

五月十五，多铎抵达南京，南明弘光政权诸大臣在礼部侍郎钱谦益率领下，冒着大雨出城迎降。弘光帝出逃后不久被降清的明军抓回献给多铎，弘光政权覆灭。此后，明朝宗室先后在杭州建立潞王政权，在福州建立隆武政权，在浙江绍兴建立鲁王政权，在广东肇庆建立永历政权。但除了永历政权因受到大西军余部的保护存在时间较长外，其他几个政权在清军压力下迅速崩溃。1646年，四川的大西军受到豪格所率清军的打击，张献忠阵亡，大西政权宣告结束。至此，除了在东南沿海的郑成功和在云贵一带的大西军余部、永历政权，全国基本控制于清朝手中。

多尔衮挥师入关不到三年即将南明、大顺、大西各政权悉行扑灭，用兵之顺，速度之快，在中国历史上亦属罕见。他基本消除了清朝在军事上、政治上的对手，为清朝的进一步统一和近三百年的基业打下了基础。

3. 明朝为什么迅速崩溃？

纵观历史上的北方民族，能南侵中原者甚多，而能统一天下者，仅满、蒙二族。其他民族大多难以越过长江天险，导致南北政权隔淮河、长江一带对峙。12世纪，金兵南侵，虽数次突破长江，甚至将宋高宗追到海上，但仍难以立足，在各路宋军的威胁下，不得不迅速退回北方。即使是蒙古人，也用了四十余年的时间才用迂回包抄的战术将南宋灭掉。而清朝从多尔衮入关到定鼎中原、一统天下不过二十年时间，其用兵之迅速、之顺利，历史上可谓无出其右者。这是为什么呢？

这个问题一直吸引着清代以来中外学者、政治家及历史爱好者的思考与探究，对此从不同角度可以找到诸多解释。但总体而言，人们好奇的不外乎两个方面。一是强盛的明朝为什么突然崩塌，二是居于东北一隅的满族人为什么抓住了入主中原的机会。

对于前一个问题，我们可以找到很多原因，如明朝内部的腐败、农民起义对明朝力量的削弱等。从外部环境来看，有的学者指出有两种全球性危机加速了明朝的衰亡。一是气候方面，17世纪20—40年代，世界正处于"小冰期"，气温降低，干旱严重，瘟疫蔓延，加剧了农业危机和社会矛盾，因此有大规模农民起义爆发，且明朝军事力量也因为瘟疫受到极大削弱。二是国际白银贸易突然减少，加剧了明朝的经济危机和社会矛盾。自张居正行一条鞭法以来，白银作为主要货币的地位更加稳固，明朝对白银的依赖程度大大提高。然而，中国的白银严重依赖于西班牙人从美洲贩运进口，而17世纪20—40年代，恰值欧洲贸易竞争极为激烈之时，西班牙构建的全球白银贸易体系受到打击，输入中国的白银急剧缩减，使明朝赋税缴纳、军饷支出均受限制，直接导致明朝的财政危机、社会危机和政治危机。

对明朝来说，更大的危机来源于自身内部，"大明"之号已经难以聚合人心。随着清军南下，明朝文臣武将气节扫地，争先恐后，纷纷降清，鲜有能够不遗余力抵抗清军者。相比而言，1127年，北宋灭亡，康王赵构立国于建康，是为南宋。当时，宋朝不乏降金者，朝廷亦弱，难抗金军，但各地勤王之人如岳飞、张浚、韩世忠等皆有实力，不但极力与金军作战，且能听命于朝廷，使金军终究难以在江南立足。四川吴玠等人的有效抵抗，亦使金兵虽连年累战，终不能入蜀。当时，金军虽强，但宋朝军民效忠朝廷、殊死力战之心未绝，因此才有南宋与金之间的南北对峙。而在明末清初，据守江南的南明却无法号令明军。时多铎率军由陕西南下，明朝黄河守将投降。南明在江北本有黄德功、高杰、刘泽清、刘良佐等四镇数十万军队，无奈各镇跋扈自雄、事权不一。唯有史可法在扬州倾力抵抗,空有督师之名,却无法调动四镇之兵。更有甚者,盘踞武昌的左良玉,竟挥师东下,以清君侧之名,进攻南明政权。一月之中,清军乘机破徐州、渡淮河,兵临扬州城下。其他各镇一见清军便作鸟兽散,或降或逃,导致史可法在扬州成为孤军。清军至南京后,投降清军的明朝军队马步兵总共有二十三万余人。弘光帝出逃时,追击弘光帝以求封赏的是刘良佐,争相抓捕弘光帝及其妃子向多铎请功者,亦皆为明将。及弘光帝被抓入南京,百姓夹路唾骂,有投瓦砾者。清军初至江南时尚未下剃发之令,只要求"剃武不剃文,剃兵不剃民",而南明投降之文臣竟有主动剃发以求自效者,连多铎都斥其无耻。可见明朝将领对南明政权之离心离德若是,而弘光帝之不得民心已极。南明礼部尚书钱谦益投清前,妾室柳如是劝其投秦淮河以殉故明,钱谦益则曰"水太凉",气节竟不如一风尘女子。又如陈名夏,崇祯十六年(1643)科举探花,明亡后先投李自成,后归顺清朝,并劝多尔衮登基,终获任用,可见其追逐功利之心早已将其心中的故明碾得粉碎。综观南明几个政权之抗清过程,空有数十万军队,却始终未能形成大规模抗清的气候,远不及南宋军民抗金那样同仇敌忾、波澜壮阔。各地百姓虽有抵抗者,但多为乌合之众,在清军铁蹄之下,不堪一击。尤为值得一提的是,杀戮汉人百姓最为疯狂的,反倒是那些明朝降清的军队,如制造嘉定三屠惨案的,恰恰是李成栋。后来,金声桓、李成栋、姜瓖等已投降清朝的人虽然在南昌、广东、大同等地再次举兵反清,但多为一时之私利,利益至则降,利益不至则反,不过一时军阀而已。至于永历政权,虽存在至康熙初年,但真心护卫永历帝达十多年者,竟是当初反抗明朝的大西军余部之李定国,而将永历帝从缅甸执归而杀的恰恰是明朝的山海关总兵吴三桂,岂非绝大讽刺?入清以后,常有所谓"反清复明"之口号出现,殊不知,明清交替之际,有多少士人武将早已弃明投清,寻求富贵之途,又有几人知气节为何物?

4. 为什么清朝能够抓住这个机会入主中原？

很多人认为这是由于清军战斗力强，八旗军队进入中原、江南，如入无人之境，明朝军队难以抵挡。然而，综观明清之间的战争来看，入关之后，除了在扬州等少数地方，清军所到之处，主要是在与李自成、张献忠农民军作战，与南明军队之间并没有大规模激烈对抗。明清之间最激烈的军事交锋主要是在清军入关之前，从努尔哈赤到皇太极，后金—清军与明军在萨尔浒、大凌河、宁远、锦州等地先后展开殊死之战，虽说后金—清军胜多负少，但面对明朝的城坚炮利，皇太极也是无可奈何，他们更多还是依赖入关掳掠、运动战的方式壮大自己。他们真正获得东北战场军事上的优势，还是在组建八旗汉军，大规模掌握了火炮技术以后，此时他们才敢与明朝展开攻城战。自那以后，明军倚仗火炮而在辽东战场上拥有的最后一点军事优势也丧失殆尽。

如此并不足以解释为何清朝仅以二十万人左右的军事力量就可以入主中原。毕竟无论是明朝在北京周围的布防，还是南明各政权、李自成、张献忠，各方军队都不下数十万，又是如何被清军一一击破的呢？

实际上，如前文所述，清军在中原、江南等地，很少遇到明军方面的有效抵抗，对北京、南京、杭州等地的占领，都是兵不血刃，不战而胜。所以，清朝获胜的秘诀在于"使无战""不战而屈人之兵"。战场上的格斗固然必不可少，政治上的运筹帷幄更为重要。

首先，满人得汉人之助最盛。自皇太极时期，清政权开始更大规模地收罗明朝文武降臣叛将以自强。八旗汉军作为专门掌握火器重炮的部队，就是依赖于明朝降将组建的，在战争中作用重大。多尔衮执政后进一步强化了对汉人的尊重。他知人善任，对范文程、洪承畴等寄以实权，委以重用。清军后来逐鹿中原的种种战略，大多在范、洪等人当初的筹划之中。而多尔衮亦能从善如流，力行既定之方略。这成为入关之际清朝力量迅速壮大，明清势力此消彼长、力量对比发生逆转的重要原因。以洪承畴为例，当初他在辽东统率三军，本欲据城力守，以耗清军实力，清军自不战而退。然而明朝朝堂之上党争激烈，很多人对洪承畴交章弹劾，连崇祯都质疑洪承畴，三番五次勒令洪承畴出兵交战，以免劳师縻饷，坐耗库帑。洪承畴不得不领命出师，终致松锦之败。顺治十一年（1654），清军用兵西南，与李定国交战。此时的八旗兵已经没有了往日在北方的能征善战。长江以南至西南一带天气炎热，山高林密，瘴气四起，这对驰骋在冰天雪地中的满族人来说非常致命，不用交战，军中已经疾病流行，减员严重，战斗力大打折扣。再面对用兵有方的李定国，清军连遭败绩。为挽败局，清朝此时调洪承畴前往湖南，统领江南各省军队，满汉诸将均听其节制，一切兵权尽付诸洪承畴。洪承畴仍然用据守不出之策略，屯兵湖南，调运粮饷，休养军队，调整部署，耗时达五年之久。虽有人一再参劾洪承畴，但清帝顺治竟能不听，力排众议。五年后，永历政权分崩离析，清军三路出兵，一举攻克云贵。洪承畴在辽东统明军欲守城数月而不能，在湖南竟据守五年，可见同样的策略，能否施展，关键还在当政者的气度与智慧。明朝当初人才济济，却因党争惨烈而不能用。熊廷弼传首九边，袁崇焕被凌迟处死。多尔衮入关后，尽收明朝降臣叛将，却能人尽其用。又如冯铨，他谙熟礼制，在明朝曾官至大学士。可他属于阉党成员，是魏忠贤的干儿子，道德品质为人所不齿，最终在东林党攻击下去职，赋闲在家。多尔衮到京城后，专门召冯铨入对，并仍授大学士之职。这是为何？满人初入中原，对一切礼制、朝堂仪式均感懵懂，必须依赖冯铨等汉人儒士方能重建。当时，很多东林余党投附清朝者，延续明末结党惯性，对冯铨极力弹劾，一时间党争风气再起。多尔衮对此严厉禁止，他说："故明诸臣各立党羽，连章陈奏，陷害忠良，无辜被罚，无功滥用，酿成祸患，以致明亡。……如再蹈故明陋习，不加改悔，定不尔贷。"多尔衮此举并非是保护阉党，其目的有二：一是严禁明末党争遗患清朝；二是大清初立，需要借鉴明朝建立各种制度，而冯铨等人熟悉典故，可资利用。清朝入关后在中原、江南并没有遇到太多抵抗，各地能够望风归附，与多尔衮这种积极笼络汉人的政策也有密不可分的关系。同时清朝还将明朝中央的内阁、六部制度,地方的督抚、州县制度等借鉴、承袭下来,这对于国家的稳定和良性运转至关重要。汉人不仅得到重用,保留了在明朝的既得利益,制度、典故的沿袭也增加了他们对新政权的认可程度。与以往其他入主中原后强力推行本民族制度的北方少数民族相比,满人在这一方面灵活务实,对汉人摆出重用、联合的态度,大大增强了其军事、政治实力,由此为入关之初的国家构建找到一条捷径。而这一切在很大程度上依赖多尔衮之决策。

其次,清朝统治者内部政治整合较为成功,且一直能够保持团结与向心力,避免分裂。

在中国历史上,每个朝代建立之初,特别是前两代皇帝的作为,以及统治者内部的政治斗争状况,总能形成一种政治文化,对后世子孙产生强烈影响。以唐朝为例,唐初李世民靠玄武门之变屠戮兄弟,逼父退位,才得以晋身皇位。任凭他如何开明、伟大,甚至后世史家如司马光也多因贞观之治为他隐讳此事,他杀兄逼父的行为终究是违反伦常的,这犹如一剂强烈的兴奋剂,一直在刺激着后代接近皇权者的野心。他死之后,抢夺帝位的行为被其后世子孙一再复制、模仿。大唐的社会经济虽然气象万千,但宫廷政变几乎成为家常便饭,杀宗室血流漂杵,弑皇帝如同儿戏,皇室、外戚、太监争相仿效,280年中多名皇帝被废立。再如明代,朱棣以靖难之役夺得皇位,虽然也创造出永乐时代的文治武功,但起兵夺权的传奇故事,也被后世汉王、宁王相继效仿,英宗时期还有夺门之变。直至明亡,明代宫闱之中始终不靖。

中国的北方少数民族自魏晋时期起,曾建立过很多强盛一时的政权,最具代表性的便是鲜卑人的北魏、契丹人的辽、蒙古人的元,但这些北方民族政权经常是"其兴也勃焉,其亡也忽焉",其中一个重要原因就是内讧严重,政变不断,各股势力割据一方,征战不已,常常是血流漂杵,天地变色。分裂是造成一个政权由强盛很快走向衰亡的主要原因。女真族在中国历史上曾有过"三建其国"的辉煌。9世纪时女真先祖靺鞨建渤海国，兴盛于东北，12世纪的金政权扩地万里，甚至让南宋称臣，笑傲天下。但在这两次建国过程中，内讧的刀光剑影也写满了史书，最终使强盛的局面烟消云散。到16世纪末17世纪初，女真族发展为满族，三度崛起，并建立大清政权。似乎是吸取了以往的历史教训，满族人一直保持着非常强烈的团结意识，无论其内部政治斗争多么激烈，甚至兄弟阋墙、骨肉相残，如努尔哈赤之杀弟弟舒尔哈齐、长子褚英，皇太极之整肃阿敏、莽古尔泰，却始终没有发生过分裂和大规模的军事对抗。皇太极突然崩逝后，手握重兵的满族亲贵一时间群龙无首，再次拔刀相向，但在那次危机的最后时刻，多尔衮、豪格等人还是都选择了折中和团结。这似乎成为一种家法式的政治意识，对后世影响深远。1722年，康熙皇帝病逝，皇四子胤禛在康熙晚年那场惨烈的储位斗争中登上皇位。他的即位到底是合法的还是非法的，直至今日仍然是个谜团。当时呼声最高的第十四子胤禵在康熙帝去世时，正以大将军王的身份领兵青海，很多人猜测，手握重兵的胤禵或许会兴师问罪，与雍正兵戎相见，这自然也是根基未稳的雍正帝最担心的事。但胤禵最终单骑赴京奔丧，只是在父亲的灵前与雍正帝大吵一架，然后被圈禁，直到乾隆即位他才走出高墙，从此之后再不参与政治。曾有褚英后代宗室苏努，亦受到雍正帝打压，并被流放到塞外。有人劝苏努起兵反抗，苏努则曰：我为爱新觉罗子孙，岂能反抗朝廷？

回顾这些历史可以发现，多尔衮在1643年所做的妥协决定，在清代历史上具有重要意义。他自己没有以努尔哈赤之子、皇太极弟弟的身份夺取帝位，而是拥立皇帝之子福临，不仅是确定了一个新皇帝，也确立起一种重要的皇位继承机制，即在皇帝有子嗣的情况下，排除兄终弟及继位方式的合法性，保证了清朝皇权父死子继传统得以确立，保证了清代的皇权留在皇太极一系，克服了北方民族"血腥夺位"的传统，也抛弃了靠宫廷政变夺权的方式，这对清朝的政治稳定至关重要。倘若多尔衮以皇帝弟弟的身份夺取帝位，无论他把自己夺位的理由说得如何正当，对后世来说，这必然成为一种政治文化，为帝系以外的宗室、贵族，甚至权臣夺取皇位提供范例和理由，这样一来皇室内部争夺帝位的刀光剑影也将无法避免。

放眼入关后清朝近三百年的历史，清朝入关前消除分裂、维系向心力的做法也在影响着入关后的子孙们。清朝统治者最高层内部常有萧墙之祸，但无分裂之乱，一旦新君即位，各派政治势力便很快得到整合，继续遵循祖宗留下来的政治规则，废立皇帝的宫廷政变始终没有发生，更没有兵戎相见。清朝统治者的这种团结在古今中外历史上实属罕见，这是使清朝由弱小走向强盛的重要内在因素之一。从这个角度来说，清朝在政治上的进化，超越了以往很多朝代，也超越了自己的祖先女真族建立的金国。而在其中，多尔衮处于一个关键环节。

后世很多学者认为，多尔衮由摄政王到叔父摄政王，再到皇父摄政王，足以彰显其觊觎皇位的野心，只是因为他与孝庄皇后有私情，所以才难以下手。这也是顺治帝追论多尔衮之罪的重要理由。然而，正如孟森先生所言，如果多尔衮真想从小皇帝手中夺取皇位，他又怎么会加上"皇父摄政王"的尊号以彰显其野心？岂不是故意授人以柄？无论多尔衮有无潜夺帝位之野心，他本人结局幸与不幸，清朝是万幸的。

四、百年后的平反

1. 死后被追论

1650年，多尔衮在外出打猎时死于途中。死讯传到京师后，其胞兄阿济格父子试图举兵夺权，但很快被平息处死。像中国历史上其他辅政、摄政的权臣难得善终一样，多尔衮死后不久，开始遭到顺治皇帝、济尔哈朗等人的清算。就像多尔衮利用正黄旗的将领举报豪格一样，他手下的亲信将领苏克萨哈举报了他，几位年轻的王爷在济尔哈朗的带领下也纷纷表态，要求惩治多尔衮。多尔衮当初位极人臣的尊荣顷刻间化为乌有，坟墓被掘，尸体被毁。有人说，顺治帝之所以对多尔衮如此恨之入骨，是因为多尔衮与其母后孝庄之间的不解情缘。自清代开始便有传闻，说多尔衮之所以拥立幼帝福临，乃是出于对庄妃的感情。而多尔衮摄政后，太后则下嫁多尔衮。这种说法多以南明将领张煌言之诗为证："上寿称为合卺樽，慈宁宫里烂盈门。春官昨进新仪注，大礼恭逢太后婚。"

太后是否下嫁，后世之人已经难以考证，但小皇帝福临对叔叔的仇恨的确是满满的。或许这是因为霸道的皇叔多尔衮杀了他哥哥，霸占了他母亲，给他留下了很大的伤害，如同当年年少的多尔衮目睹母亲被杀殉葬留下难以磨灭的伤害一样。至少，多尔衮与庄妃之间的感情没能阻止庄妃之子对多尔衮的疯狂泄愤。只是不知道，当得知多尔衮的尸体被挖出来时，身为太后的孝庄又做何感想。

喜欢感情用事的年轻皇帝并不缺乏政治智慧。当清算多尔衮的暴风雨过去后，皇帝掌握了上三旗，太宗一系终于稳固了帝位。顺治帝延续了多尔衮积极接受汉文化、重用汉人的政策，陈名夏、洪承畴等人继续得到重用，明代的制度得以继续保持，此后十一年中，大清王朝得以继续推进它的宏图伟业。

2. 乾隆帝为何为多尔衮平反？

在此后的一个多世纪中，或许由于其中积怨太深，或许是事情过于复杂，多尔衮的事再也无人问津，即使康熙、雍正两代帝王十分英明，也没有再提起过多尔衮。没有后代的他，墓穴自然也无人打扫，估计都荒废得难以辨认了。可在乾隆三十八年（1773），在多尔衮被鞭尸扬灰一百二十多年后，乾隆皇帝突然专门发上谕，以一种商量的口吻向大臣提起一件事。他说，多尔衮的墓荒废了很长时间了，是不是应该派人打扫清理一下。这件事情似乎有点太突如其来了,派人给多尔衮扫一下墓有什么难的,派就是了。很少有人意识到,这实际上是皇帝发出的一个试探性信号:重新评价多尔衮。

乾隆继位后,曾为前朝的很多人平了反。包括康熙末年到雍正时期皇位争夺斗争中被打倒的允禩、允禟、允禵等宗室,以及大批被雍正关押的文臣武将。他还重新评价了清朝入关前后的诸多重要历史人物。明朝很多投降清朝的大臣如钱谦益、洪承畴等,都被列入贰臣传中,多尔衮自然也会进入他的视线。乾隆帝知道,若他再不给多尔衮平反,以后就更没人敢了。派人去给多尔衮扫墓,是乾隆想试探一下宗室、朝臣们对此事的态度。又过五年,直到1778年,乾隆才正式颁布诏书,为多尔衮平反,恢复其睿亲王的爵位封号,并世袭罔替,肯定其功绩,还之以清白。

对此,乾隆是这样说的:以多尔衮当时所掌握的军政大权,想做什么不行呢?但多尔衮并未行篡逆之事,相反却征战天下,打下万里江山,对清朝居功最伟,功莫大焉。只是因为受苏克萨哈等小人构陷,他才在死后遭到清算。乾隆说,每次他读那一段实录,往往被多尔衮的所作所为深深打动,不免为之啜泣。因此,他决定为多尔衮平反昭雪,还其公道。从此,多尔衮的香火又有人承续,坟墓上的荒草也得到定时清理。

不管多尔衮与皇太极、孝庄、顺治帝之间有什么样的爱恨情仇,不管他是出于公心,还是出于私情为清朝南征北战,不管他有没有觊觎皇位的野心,在他铁腕执政的八年中,多尔衮继续削弱手握重兵的八旗旗主们的权力,继续推进八旗制度的官僚化、国家化改革,保证了清朝帝位的稳定,稳固了皇权。他也延续了皇太极以来接受汉文化、谋取天下的政策方向,入主中原,成就大业。他去世时,大清在全中国的统治已经立稳脚跟。因此,多尔衮的出现,对清朝来说是幸运的。他犹如一个足球场上的前锋,在即将倒下之际,临门一脚,将大清送入一个全新的世界。

参考文献

1.《清史稿》。
2.《清太宗实录》。
3.《清世祖实录》。
4. 魏斐德：《洪业：清朝开国史》，北京：新星出版社，2017年。

乾隆皇帝

站在历史发展十字路口的一代君主

乾隆皇帝履历表

姓名	爱新觉罗·弘历
别名	
民族	满族
庙号	高宗
生卒年及所处时代	1711—1799，18 世纪，清朝皇帝
生平履历	康熙五十年（1711），弘历出生，为雍正帝第四子，母为钮祜禄氏
	康熙六十一年（1722），康熙去世，雍正即位，第二年弘历被暗立为太子
	雍正五年（1727）七月，弘历与察哈尔总管李荣保之女富察氏结为夫妻
	雍正八年（1730），弘历的嫡子出生，名为永琏，隐含继承皇位之意
	雍正十一年（1733），弘历被封为和硕宝亲王
	雍正十三年（1735）二月，弘历与弘昼、鄂尔泰等共同办理苗疆事务
	雍正十三年（1735）八月二十三，雍正帝去世。九月初三，弘历即皇帝位于太和殿
	乾隆四年（1739），庄亲王允禄、理亲王弘皙结党营私，允禄被革去都统之职，弘皙削爵圈禁，贝勒弘昌等革降、停俸
	乾隆十三年（1748）二月，东巡泰山、阙里。三月，皇后富察氏去世，谥"孝贤"。许多官员因皇后丧仪风波受到惩治。张广泗、讷亲因延误军机，第二年被杀
	乾隆十六年（1751），第一次南巡。处理伪孙嘉淦奏稿案
	乾隆二十年（1755），派兵进击蒙古准噶尔部，两年后阿睦尔撒纳败亡，平准之战以胜利告终。次年，用兵南疆，一年后回部底定
	乾隆二十二年（1757），第二次南巡
	乾隆三十年（1765），开始用兵缅甸，至乾隆三十四年（1769），缅甸求和，清军班师
	乾隆三十六年（1771），蒙古土尔扈特部回到中国，乾隆帝令妥善安置，于避暑山庄接见渥巴锡，封其为汗
	乾隆三十八年（1773），下令编纂《四库全书》，历时十三年成书，是当时世界上最为庞大的丛书

生平履历	乾隆四十六年（1781），甘肃爆发苏四十三领导的回民起义，乾隆帝派和珅等前往平定
	乾隆四十七年（1782）四月，山东巡抚国泰、山东布政使于易简亏空库帑案发，乾隆帝杀国泰等人
	乾隆四十九年（1784），乾隆帝最后一次南巡
	乾隆五十二年（1787），乾隆派福康安入台平定林爽文起义
	乾隆五十七年（1792），两征廓尔喀之战后，定金奔巴瓶掣签制度
	乾隆五十八年（1793），英国马戛尔尼使团访华，乾隆帝拒绝英使通商请求
	乾隆六十年（1795），立皇十五子永琰为皇太子，定明年归政
	嘉庆元年（1796）正月，举行归政大典，禅位于皇太子永琰，自为太上皇帝，仍居养心殿，掌握朝政。白莲教大起义爆发
	嘉庆四年（1799）正月，于养心殿逝世，终年89岁

经常出现在影视剧及各种文学作品中的乾隆皇帝，身边总是伴随着很多传说。他在人们心中的形象可谓复杂多样：或是风流成性，或是心狠手辣，有时也被说成功不可没。然而，对于这样一位在位60年、执政63年的皇帝，对于一位在18世纪大部分时间治理着辽阔的中华大地的统治者，一言以蔽之地加以评论恐怕是难以做到的。也许，只有回到历史本身，对这位皇帝所参与的一些重大事件进行具体分析，后人才能客观认识他在中国及世界历史上不可忽略的影响。

一、乾隆帝即位后的转变

乾隆皇帝名爱新觉罗·弘历（"历"为"曆"之正体字），于康熙五十年（1711）9月25日（农历八月十三）生于雍亲王府，生母是雍正帝的妾室钮祜禄氏。1722年，雍正继位时，弘历12岁，第二年即被雍正帝暗定为储君。这是由于弘历自幼聪颖自不必说，关键是在雍正帝诸子中，弘盼、弘晖、弘昀都幼年夭折，长大成人的只有弘时、弘历、弘瞻、弘昼。其中弘时由于与雍正帝的政敌允禩结党,失欢于父亲,于雍正年间被革除宗室,不久死去。剩下的弘曕、弘昼,在才学、品行各方面,都无法与弘历相提并论,故雍正帝选择储君的余地并不大。而且,弘历还有一个另外两个兄弟无法比拟的优势,那就是祖父康熙帝的宠爱。

1. 即位之初的铁腕

乾隆皇帝经常说,自己自幼被康熙帝养育宫中,深得皇祖父宠爱。乾隆帝津津乐道的一件事是他幼时与祖父一起打猎,遇到黑熊,当时他虽一箭射中,但黑熊没死,反扑过来,千钧一发之际,康熙皇帝用火枪将黑熊击毙。仔细分析便会发现,乾隆帝一再强调的这段话背后有着深刻的政治含义。其实弘历被康熙帝接到宫中是在康熙六十年(1721),次年十一月康熙帝即去世,祖孙相处的时间不过半年多。

被皇祖父收养宫中的也并非仅弘历一人。环顾与弘历同时期的诸叔伯兄弟,有这种经历的人还有不少,其中最受康熙宠爱且年龄更长的应该是废太子胤礽的儿子弘皙。胤礽当太子四十余年,弘皙早就在宫中、在康熙帝身边,与皇祖父相伴的时间要远长于弘历。胤礽太子地位虽被废,但并没有影响康熙帝对弘皙的感情。整个雍正时期,严苛的雍正帝也仍然礼遇胤礽、弘皙父子,不但解除圈禁,还封他们为亲王、郡王。但雍正去世后,对新继位的乾隆帝来说,虽然帝位无虞,仍面临着一种合法性的问题。雍正帝继位的合法性终其一朝一直受到质疑,到乾隆初年这种政治氛围仍然存在。如果雍正帝的皇位合法性存在问题的话,那么乾隆帝即位的合法性呢?胤礽虽已去世,但弘皙的存在难免会让宗室之中很多弘字辈的叔伯兄弟议论纷纷。有一种传闻能够证明人们对乾隆继位合法性的质疑,那就是关于乾隆生母的传说。在这个传说中,乾隆的生母并非钮祜禄氏,而是胤禛做皇子时在热河(今河北省承德市)遇到的一位相貌丑陋的汉族宫女。由于喝了鹿血,胤禛迫不及待地与这位宫女发生野合,后来这位宫女生下弘历。这种传闻当然靠不住,但宫女的汉人身份和相貌丑陋等，都反映了当时人们对乾隆身世及其皇位合法性的质疑。而这传说的根源可能可以追溯到雍乾之际。现在看来，弘历肯定意识到这些谣言对自己不利，甚至威胁到皇位稳定以及宗室的团结。对已经25岁的乾隆皇帝来说，不断强调与康熙的亲密关系，就成为他应对宗室诸兄弟的重要武器，这也在很大程度上暗合了那种康熙帝因为喜欢弘历而传位给胤禛的传说。

弘历对自己皇位的维护并没有仅仅停留在对各种谣言的柔性应对上，他很快显示出他铁腕的一面。乾隆四年（1739），他处理了一大批宗室成员，包括他的叔叔、受命辅政的庄亲王允禄，还有一众叔伯兄弟弘晳、弘升、弘昌、弘晈等人，其中弘昌、弘晈为当初与雍正皇帝关系最为亲密的允祥之子，乾隆认为他们"私相交结，往来诡秘"，"渐有尾大不掉之势"，这反映了延续到乾隆初年的宗室内部斗争仍然非常复杂。最终这些人大都被革职、革爵，甚至圈禁。允禄失去了辅政的地位，弘晳失去王爷的爵位，并只能居住在当年废太子在昌平郑家庄的居所。这年年底，弘晳被削去宗室身份，圈禁景山。这与当初雍正帝处分允䄉、允䄏、弘时的手段如出一辙，意味着他们再也不可能留在宗室之中，其严厉性仅次于死刑，它有效地消除了皇帝所受到的潜在威胁。

2. 平反旧狱

除此之外，弘历执政之初的政策总体上是非常温和的，在很多方面都表现出仁政的特点。这与他自幼受到的教育有关。在弘历的众多老师中，大学士朱轼对他影响最大。朱轼是一个典型的程朱理学大臣，有着很强烈的儒家政治理念，而这一点对乾隆的影响很大。这样的成长经历和受教育背景，让乾隆一直按照儒家理想的仁政君主来塑造自己。他一改其父严苛的政治风气，把监狱中的很多宗室王爷和朝廷大臣释放出来，并恢复这些人的地位。其中包括平反被雍正帝圈禁而死的允祉、弘时，将健在的允䄉、允䄏则被释放并封以新的爵位。被禁锢的王公贵族，如新德、新福、鄂齐、讷尔苏、广宁、扬德等都被释放，汉族大臣如谢济世等也被释放并恢复官职。已经过世的延信、苏努、阿灵阿等人的子孙得以恢复宗室身份。

在经济与民生方面，乾隆帝下旨减免赋税，休养民力，禁止虚报开垦，又命永行停止清丈、清厘落地税，详审刑狱。在思想方面，乾隆帝禁止各级官员以文字罪人，提倡官员们多读书。

此外，即位之初的乾隆帝在沿用雍正时代的旧臣鄂尔泰、张廷玉等人的同时，也大力提拔重用大学士朱轼、都察院左都御史孙嘉淦、内阁学士谢济世等汉族士人，表现出"复三代"之治的政治理想，也使得朝政得以焕然一新。

3. 乾隆十三年的政治风波

然而，执政日久，步入中年后，乾隆皇帝的执政风格开始发生由宽趋严的转变，这种转变在乾隆十三年（1748）表现得尤为突出。

这一年或许是乾隆皇帝过得最不幸的一年。这一年，即将进入不惑之年的乾隆皇帝，在经历了一场深入骨髓的伤痛后，似乎真的开始"不惑"起来，开始由一个曾经崇尚仁政的青年人，转变为一个老辣的中年人，也变得更加威福自专。

从这一年春节的第一天起，乾隆就是在痛苦中度过的，因为就在前一天的除夕之夜，他一个年仅两岁的儿子突然病死，这个儿子是皇后所生的第二个嫡子。

乾隆帝的第一任皇后富察氏，出身满洲贵族，在16岁时嫁给18岁的宝亲王弘历。富察氏知书达理，非常贤惠。即使后来成为皇后，仍保持俭朴作风，并以此劝诫皇帝莫忘祖宗的淳朴旧制。弘历对结发妻子极为敬重，二人情深意切，相敬如宾。皇后先后生过二女二子，长女早逝，长子永琏自幼聪颖，深受乾隆喜爱，乾隆即位之初就将其暗立为太子，只可惜乾隆三年（1738），九岁的永琏突然病逝。八年后，35岁的富察氏又生皇七子永琮，也是性成夙慧，聪颖殊常，为乾隆帝所重。如果不出意外也会是未来的储君，可没想到年仅两岁就亡于乾隆十二年（1747）的除夕之夜。即使贵为皇帝皇后，在中年丧子之痛的打击下，乾隆夫妇也似乎难以承受。尤其是富察皇后，在失去了自己所生的四个孩子中的三个后，她几乎到了崩溃的边缘。

过了春节，天气渐渐暖和，乾隆帝东巡泰山、曲阜。即位十多年来，除了去避暑山庄外，这是他第一次出巡，或许他认为可以借机缓解一下丧子之痛吧！二月，乾隆帝带着母亲、皇后，乘船沿运河直奔山东，祭泰山，拜孔庙，然后又到济南，和皇后一起游览大明湖、趵突泉。当时春光明媚，草长莺飞的景色着实让乾隆夫妇的心情好了一点。可就在这时，皇后突然感染风寒病倒了。乾隆的心情一下子又沉重起来，或许急于回京治病，乾隆下令赶紧调船西进。可走到德州登舟不久，皇后病情恶化，竟不治而亡。中年丧子又丧妻，个中痛苦只有乾隆自己明白。而曾留下他和妻子最后一段美好时光的济南城，从此成为乾隆皇帝的伤心之地。多年后，乾隆六下江南，一直不进济南城，并写诗道："济南四度不入城，恐防一入百悲生。春三月昔分偏剧，十七年过恨未平。"回到京城后，乾隆帝以极高的规格来操办皇后的丧礼，他命履亲王允祹、和亲王弘昼及傅恒等总理大行皇后丧仪，辍朝九日。又命全国官员缟素二十七日，百日内不得剃头。

乾隆在经历感情的巨大伤痛的同时，在帝王事业上也遇到了当皇帝以来最为艰难的一年。在上一年年末，也就是在儿子去世之前，乾隆帝正为第一次金川之战伤透脑筋。所谓金川是四川、西藏交界处金沙江畔的藏人居住区，位于群山之中，地势险峻至极。此处的土司头领频繁骚扰周边，当时的四川巡抚等不断上疏请求用兵金川，武力弹压。在乾隆十年至十一年（1745—1746）曾有过瞻对之役，也是打金川一带的藏族土司，用兵一年，调兵两万，耗银百余万两，土司头目班滚据说最后被烧死了，不了了之。乾隆十二年（1747），乾隆决定接受地方大员的建议，用兵金川，派名将张广泗为川陕总督，负责指挥这场战役。这是乾隆所谓的十全武功之一，是他第一次亲自发起的战争。可是金川一带山势险峻，当地藏人又修建了大量的碉堡，易守难攻，官兵根本施展不开。打了一年，清军兵力不断增加，仍连吃败仗。就在春节前不久，张广泗又打了个大败仗，几名总兵战死阵前。过了春节，在处理完儿子的丧事后，乾隆帝决定继续增兵，并派首席军机大臣讷亲赶往前线，指挥作战，无奈讷亲身为满洲贵胄，却只善纸上谈兵，临阵懦弱退缩，不知所措。清军损兵折将，接连败绩，而且讷亲、张广泗二人将帅不和，互相推诿战败责任。

　　此时的乾隆皇帝正处于丧妻亡子的痛苦中。而前线传来的军报，大多都是想方设法隐瞒败绩，即使像讷亲这样他最信任的满洲亲贵、首席军机大臣也是如此。而且他发现，在皇后丧仪方面，所有的官员都在敷衍他、欺骗他。他下的为皇后守丧期间不得剃头的指令根本没有被各级官员、地方大臣真正放在心上，很多人早就剃头了。这件事或许成为压倒骆驼的最后一根稻草，彻底激怒了皇帝，一场大规模的政治风波陡然而起。

　　乾隆先把在皇后丧礼中表现得不够悲伤的皇长子永璜痛骂一顿，并明言他若胆敢再觊觎皇位，会杀掉他。可能是受到了惊吓，不到两年，永璜病死了。紧接着乾隆又因为一些小错，将署理刑部尚书盛安、尚书汪由敦，侍郎勒尔森、钱陈群、兆惠、魏定国六堂官全部革职，从宽留任；让刑部遵旨重拟阿克敦斩监候；吏部右侍郎德通、学士塞尔登亦受株连被革职，从宽留任；光禄寺卿增寿保、沈起元，少卿德尔弼、窦启瑛等则降职调任。之后，这场政治风波蔓延到京城以外。由于很多官员早就剃了头，乾隆听说后，下令追查，大批官员被处理。其中湖广总督塞楞额、两江总督周学健先因剃发问题被革职，后被赐令自尽。

　　虽然惩处了很多高级官员，可感情上的伤痛还得自己承受。皇后丧礼结束后，灵柩一直停放在北京的静安庄一带，等待陵墓建成后下葬，在这四年多的时间中，乾隆皇帝几乎每个月都要到这里洒酒祭奠皇后。乾隆十七年（1752）十月，陵寝建成，乾隆皇帝又亲自送皇后棺木到东陵下葬。在皇后陵旁则是嫡长子永琏，也就是端慧太子之墓。此时，后宫虚悬，佳丽虽多，又有谁能主持？谁能够替代发妻在乾隆心里的位置？直到富察氏去世两年多以后，在母亲的一再催促下，乾隆十五年（1750）八月,皇帝终于勉强立那拉氏为皇后。然而,或许是新皇后性格太急切令乾隆反感,或许是真的无人能够取代富察氏在乾隆心中的地位,在以后的日子中,帝后和睦的景象在后宫之中越来越少,争执越来越多。十五年后,这种不和达到极点。又是在一次出巡途中的船上,帝后失和,刚烈的皇后剪断了自己的头发,而这也彻底惹恼了皇帝,他下令送那拉氏回京,将她打入冷宫,之后皇帝还想废掉那拉氏皇后、贵妃等所有名号。一年后秋季,那拉氏死去,死时身边只有两名侍女。而乾隆此时正在避暑山庄围猎,他仅以贵妃的礼节给她办理丧仪。那拉氏也曾育有二子,他们也算是嫡子,可跟皇位无缘。在以后的三十年中,受宠的妃子不少,但乾隆没有再立皇后,毕竟他心中的妻子已经永远不在了。而每逢节日,乾隆一定会遣官到东陵祭奠富察氏和端慧太子,他自己也好几次亲自前去。1787年,已经77岁的乾隆再次来到东陵,祭奠祖宗和亡妻。谁能想到,皇帝此次谒陵,刚到陵门,竟然已经老泪纵横,痛哭不已,让在场的官员们也为之啜泣。十二年后,乾隆去世,在这里和富察氏合葬。富察氏生前曾问皇帝:"吾他日期以'孝贤'可乎?"在中国几千年的历史中,"孝贤"是对后宫之人最高的荣誉,而乾隆满足了她的愿望。"呜呼!悲莫悲兮生别离,失内位兮孰予随?入椒房兮阒寂,披凤幄兮空垂。春风秋月兮尽于此已,夏日冬夜兮知复何时?"这是富察氏死后皇帝亲自撰写的诗赋中的一段,可见他对富察氏感情之深。①

笔者之所以不惜笔墨阐述乾隆晚年对富察皇后的怀念,是为反观乾隆十三年(1748)那场整肃官场的政治风波缘何如此疾风骤雨。乾隆皇帝作为一个有感情的人经历了亡妻丧子之痛,加上当皇帝后第一次军事行动惨遭失败,这给他带来了双重压力,他似乎将这种难以承受的心理压力全部发泄到官场之上。感情的因素很可能影响了他的决策。当这场政治风波从皇后丧仪蔓延到遥远的金川前线,乾隆皇帝得知讷亲兵败、谎报

---

① 《清史稿》卷二百一十四《孝贤皇后传》。

军情，而张广泗在一边看笑话后，下令将二人囚送京城。张广泗到京后，乾隆亲自审问，可张广泗极力辩解无罪，乾隆给他用刑，他也不认罪。乾隆无奈，下令将其斩首，一代名将就这样死于乾隆的盛怒之下。此时，讷亲也在被押往京城的途中，他原以为乾隆怎么也不会杀他，后来却发现形势不对，自己回京后必死无疑。讷亲觉得自己为满洲贵胄、名门之后，若要像张广泗那样被公开斩首，必然愧对先人，便要在路上绝食饿死。乾隆得知后，竟派侍卫拿着讷亲祖父遏必隆留下的一把刀，快马赶赴讷亲所经之地，指示：到哪儿遇到讷亲，就在哪里用此刀斩之。不久，讷亲被斩于班拦山。尽管讷亲祖上曾是努尔哈赤手下战功最为卓著的五大臣之一，祖父遏必隆是康熙初年四大辅臣之一，他仍不免一死。乾隆十四年（1749）初，金川战事才在岳钟琪和傅恒的努力下，终于得以体面结束。然而政治动荡并未就此平息，战后乾隆又杀掉另外一个大臣庆复。庆复也是满洲贵族之后，是隆科多的弟弟。在金川之役前的瞻对之役中，庆复是川陕总督，任总指挥，他在战役之后禀报乾隆帝土司头人班滚被烧死了，可满朝文武都知道那是个弥天大谎。直到后来金川之役开始后，张广泗才向皇帝报告班滚还活得好好的。于是乾隆大怒，将庆复下狱，之后赐死。

在一年多一点的时间内，几名总督和一名首席军机大臣人头落地，大批人被撤职流放。这是乾隆惩治大臣最为密集的一年，也是乾隆经历的人生和事业最艰难的一年。现在的很多研究表明，乾隆十三年（1748）左右，乾隆皇帝正是以金川之役的战事不顺和富察皇后去世的礼仪风波为契机，对官僚机构进行了大规模的整肃与清算。这一系列事件也成为乾隆朝政治由宽转严的标志，此后的乾隆将变得越来越老辣。

二、为何一定要平定准噶尔？

乾隆在位六十多年，打了很多仗，号称十全武功，他自己也得意地自谥为十全老人。这些战争大都发生在边疆地区，包括两次平定准噶尔，一次平定回部，两次金川之役，靖台湾一次，降缅甸、降安南各一次，还有二征廓尔喀。这其中，对中国历史乃至世界历史影响最大的莫过于乾隆二十年（1755）平定新疆的战争，即乾隆所谓两次平准、一次平回之战。乾隆将整个新疆重新纳入版图，使清朝疆域达到了极盛。

1. 蒙古准噶尔部的挑战

中国北部草原之上，一直以来都生活着游牧民族。从秦汉时期的匈奴，到隋唐时期的突厥，到元朝时期，再到明清时期以蒙古族为主的游牧民族。蒙古族曾经在12—13世纪建立了强大的元朝。到14世纪的时候，随着朱元璋建立明朝，蒙古势力退出中原，回到了长城以北的草原之上。从明朝一直到清初，蒙古人一直在草原之上保持着强大的势力，但是他们中间也有分化瓦解，逐渐形成了三大部分：一部分是漠南蒙古；一部分是漠北蒙古，又称喀尔喀蒙古；还有一部分，生活在新疆天山南北一带，就是所谓的漠西蒙古，又称卫拉特蒙古，清朝称其为"厄鲁特"。

清初康熙时期，经过康熙的努力，清朝击败了西部的准噶尔部割据势力。以"多伦会盟"（发生于康熙三十年，即1691年，又称为七溪会盟、多伦诺尔会盟、康熙会盟）为标志，漠南蒙古、喀尔喀蒙古臣服于清朝。但是康熙时期清朝并没有彻底击溃准噶尔部，西部的准噶尔部在天山南北仍然保存着强大的实力。噶尔丹在位的时候，他将准噶尔汗国打造成一个极为强盛的政权。准噶尔汗国由蒙古的和硕特部、准噶尔部、土尔扈特部、杜尔伯特部四部分及一些小部落组成。他们统一了天山南北，向西击溃了哈萨克，向北一直扩展到伏尔加河流域，向东南进入青海地区，又从青海地区进入西藏。准噶尔汗国控制下的土地也非常辽阔，它是横亘欧亚之间、称霸中亚地区的一个强大政权。在当时，准噶尔汗国从地理位置来说，处于清代中国和沙皇俄国两大帝国之间，形成了非常强的地缘政治优势。从当时的国际形势来看，俄国正在向东部推进，他们即将进入西伯利亚，并从西伯利亚进入和中国接壤的地区。从这个问题上讲，当时中国和俄国两个大帝国都不愿有一个强大的准噶尔汗国存在。所以俄国在西进的过程中，多次和准噶尔汗国发生战争，只是都无法取胜，可以说，准噶尔汗国在很大程度上遏制了俄国东扩的步伐。同时，随着势力壮大，准噶尔汗国也向东发展，与清朝爆发了非常激烈的战争，此战争从康熙时期开始，以乌兰布通战役（康熙二十九年，即1690年）为开始的标志，延续到雍正时期、乾隆时期，前后延续了70年左右。以乾隆平定新疆为标志，准噶尔汗国被灭，整个新疆回到中国版图，这场战争才得以结束。那么，为什么清朝要经过三代皇帝的努力，不惜血本、如此持久地坚持这场战争，而没有像明朝那样退守长城以南呢？清朝与准噶尔到底要争夺什么呢？为什么当时的清朝一定要平定新疆，一定要把西域地区收回版图之内呢？这是因为清朝和准噶尔两个政权的发展存在着非常严重、不可调和的矛盾，这些矛盾表现在以下两个方面。

第一，双方都要争夺对蒙古地区的控制权。对准噶尔政权来说，其发展的首要目标就是要建立一个统一的蒙古政权，重现当初成吉思汗时代的盛况。因此，噶尔丹时期，在完成内部整合后，准噶尔政权便挥师向东进攻喀尔喀蒙古各部，追亡逐逃，向南进入内蒙古一带，直至距离京师仅五百余公里的乌兰布通地区。面对这种局面，清朝不得不出兵，与噶尔丹大战于乌兰布通。长达半个多世纪的清准之战就此拉开序幕。而对清朝来说，笼络与利用蒙古力量是努尔哈赤、皇太极时期就已形成并在整个清代一以贯之的国家战略。清朝能够入主中原、统一中国，很大程度上依赖于蒙古人的支持。自入关前开始，蒙古各部相继投附了清朝，极大增强了清朝的军事力量。在清朝八旗军队中，除了八旗满洲之外，还有蒙古人组成的八旗蒙古和汉人组成的八旗汉军。所以对清朝来说，如果蒙古地区不稳定，那就意味着整个国家的统治不稳定，绝对不能将对蒙古地区的控制权拱手让给准噶尔。这是事关它们之间矛盾的第一个焦点问题。

第二，争夺西藏及黄教的控制权。到17世纪上半叶，最后一个蒙古大汗林丹汗败亡后，蒙古诸部全都信奉了黄教，即藏传佛教格鲁派。清朝在皇太极时期也做出了尊奉黄教的决策，直至清末，崇黄教以安抚众蒙古一直被清朝视为重要的国家战略。在蒙古各部中，厄鲁特蒙古各部，尤其是准噶尔部，是黄教极其忠实的信众。当初蒙古和硕特部由天山一带进入青海、西藏，目的就是为了保护黄教，并不惜与反黄教势力诉诸战争。噶尔丹自幼跟随五世达赖长大，深受其影响。黄教的发源地在西藏，所以清朝和准部（准噶尔汗国的缩写）都想争夺对西藏的控制权。唯有如此才能控制黄教，才能掌握蒙古各部的这种意识形态，才能够真正领导蒙古各部。因此，清朝与准噶尔政权在这个问题上的矛盾也是不可调和的。

从双方力量对比来看，准噶尔政权向西击败哈萨克政权，可以获得充足的马匹供应。向南征服天山以南回部（维吾尔族）各城，则可以利用那里的绿洲农业为其提供粮食、布匹。同时，准噶尔通过与清朝的汉人贸易，来获得丝、茶及各种手工业品。这些物资与准噶尔的军事力量相匹配，大大增强了准噶尔的实力，使其在很长时间之内所向披靡。相比而言，清朝在入主中原后，其军事实力，以及能够获得的各种资源要远大于准噶尔。但由于清、准之间距离窎远，接仗不易，双方攻灭对方都并非易事，战争胜负并不是一两场战斗或战役能够决定的。例如，康熙时期，虽然先后通过乌兰布通之战、昭莫多之战击溃噶尔丹，但准噶尔政权依然存在，清朝的军事力量还无法攻入天山地区。雍正时期，清朝又经过几年的筹备，试图再次打击准噶尔，却在和通泊之战中遭遇惨败。虽然随后以喀尔喀蒙古的力量击溃准军，挽回一局，可清朝对准部的战争也一时间难以为继，清军很多将领已经"谈准色变"，不得不与准噶尔谈判停战。因此，清、准之战呈现出一种打打停停、停停打打的长期性，最终演变为两个政权之间综合实力的较量。这种划界而治的状况维持到乾隆时期，清朝终于抓住一次千载难逢的时机。正如历史学家孟森先生所说，乾隆的运气太好了。到乾隆十八年（1753）的时候，天灾人祸不断地降临在准噶尔汗国中。一是遭遇了罕见的天灾，导致准噶尔部经济、人口损失严重，粮食缺乏，牲畜大量被冻死。另一个是在准噶尔首领噶尔丹策零死后，因继位问题，准噶尔部出现诸子纷争与势力分裂，达瓦齐战胜对手获得准噶尔政权大汗地位后，准噶尔政权的实力已经被大大削弱。在这种分裂混战的状态之中，杜尔伯特部的三位首领车凌、车凌乌巴什、车凌蒙克率领自己的诸多部众投附了清朝。曾与达瓦齐结盟后又反目成仇的辉特部台吉阿睦尔撒纳（1723—1757，准噶尔汗策妄阿拉布坦外孙）也向清朝投降。大量厄鲁特部众的归附，使乾隆帝意识到准噶尔已经处于分裂状态，统一天山南北的机会到来了。于是到乾隆二十年（1755），清朝决定出兵西北。

2. 平定西北，故土新归

在这个问题上，乾隆帝个人表现出很强的决策力。当乾隆向大臣们提出用兵西北的时候，无论文臣武将都表示担忧，尤其是觉得粮草的问题不好解决。但皇帝认为，机会转瞬即逝，不能等待，决定转运粮饷和出兵进剿并举，于是派出清朝的主力部队进行远征，分两路，一边往前线派兵，一边运粮草。后来的历史证明，乾隆确实非常准确地把握了这次机会。清军到达新疆的伊犁以后，几乎兵不血刃占领了伊犁。当时准部的首领达瓦齐率领几千人的部队，不及接战即四散溃逃，跑到了伊犁附近的格登山上，清军很快围困了格登山。一天夜里，清军派出了一支由阿玉锡率领的24人小分队摸底准军主力。阿玉锡本身是准噶尔部人，作战非常勇猛，后因受到迫害投降了清军。他带着这支二十多人的小分队，晚上偷偷摸上了格登山。在确定达瓦齐就在其中后，阿玉锡等人趁夜放火，一通冲杀。而黑夜之中，准部达瓦齐等还以为是清军主力部队攻上来了，于是就一路狂奔，溃散而去。混乱之中，准部降者六千五百人，达瓦齐带仅剩的百骑逃窜，为乌什阿奇木伯克霍吉斯擒获，俘送京师。乾隆帝亲自到午门受降。到乾隆三十九年（1774），乾隆帝册封达瓦齐为王，并与宗室结亲，入籍八旗，使达瓦齐得以终老京师。

然而，达瓦齐势力被消灭后，准噶尔部并未消停。已经投降清朝的阿睦尔撒纳再次反叛，纠集准噶尔部众进攻清朝留守驻军，清朝大臣鄂容安、班第死难。乾隆二十二年（1757），清朝不得不再次派军入疆作战。阿睦尔撒纳虽然与清朝决裂，但由于饥荒严重、瘟疫流行，很难组织起强大的军事力量来对抗清军，所做的大多为零星的、分散的抢掠，在清军主力面前不过是乌合之众。因此，清朝的第二次用兵仍然没有遇到对方太有力的抵抗，大军很快抵达伊犁。阿睦尔撒纳败逃至哈萨克，又跑到俄国境内。乾隆帝闻讯后派兵穷追不舍，清军先击败哈萨克军队，后又强硬照会俄国，务必交出阿睦尔撒纳，否则不惜一战。时阿睦尔撒纳已经病死在俄国，次年正月，俄国方面将其尸首运至恰克图，送给清朝方面查验。至此，以阿睦尔撒纳之死为标志，持续三年的乾隆平定准噶尔之役和持续70余年的清准之战终告结束。

平定准噶尔之后，清军鞍马未解，于乾隆二十三年（1758）挥戈南下，兵锋直指回疆。经过一年多的艰苦作战，清军击败了天山南路叛乱的大小和卓。之后清朝在天山南北设置了伊犁将军、喀什噶尔参赞大臣等驻防大臣，建立起一套稳定的军府体制。

清朝击败准噶尔和回部，将新疆收回版图，拓地数千里，这在中国历史上具有重大意义。西域一直被认为对中原极具战略意义，是中原王朝遏制、包抄北方游牧民族势力的重要依靠力量。汉唐以来，历代中原王朝多次用兵西域，将实力扩展到帕米尔高原一带。然而，由于路途太过遥远，供给保障艰难，难以长期地大规模驻军，所设置的都护府大多仅能维系几十年。元朝虽然武力强大，但分封制下的汗国与中央的关系也很快疏远了。清朝则彻底解决了西域地区距离遥远造成的治理困难问题。依靠内地强大的、源源不断的物质资源和后勤补给，乾隆完成了西北用兵。

另外，清军在攻占伊犁后，曾入哈萨克境内追击阿睦尔撒纳，但很快撤出。哈萨克阿布赉汗见清军兵锋正盛，也曾表示"情愿以哈萨克全部归顺，永为大皇帝臣仆"。但乾隆认为，哈萨克与内属的喀尔喀、厄鲁特背景不同，无须也不应纳入中国版图，而宜以外藩属国相待。可见，清朝非常具有自我约束力地将军事力量维持在中国范围之内，而没有像以往的游牧民族政权那样无限制地向西进攻。西域新疆当属版图之内，而毗邻的哈萨克等只算版图之外朝贡国，在这里，乾隆皇帝清晰地表达出内外有别之版图观念和明确的中国观，自觉遵循了汉唐以来西域已入版图的政治理念。这种理念在19世纪80年代新疆建省之时，被左宗棠等人表述为"故土新归"。

战争结束后，清朝建立起一套以伊犁将军为核心的军府治理体系，并实行各省支援新疆的协济制度，以解决财政问题，又大力推行屯田和移民实边政策，以解决粮食供应问题。由此中央在新疆的"远距离治理"得以顺利展开，彻底解决了历史的遗留问题。百余年后，清朝乘左宗棠重新收复新疆之际，在新疆建立行省制度，进一步巩固了国家治理体系。以此为标志，中国由传统的"大一统"，开始向近代国家转变。

从全球史角度来看，清朝平定准部、回部，巩固了在内陆亚洲地区的统治地位，奠定了现代中国的疆域。当时，英法等欧洲列强正在全世界扩张，美洲即将迎来独立，俄国正在大力东扩，他们依赖近代化的武器，向世界各地特别是欧亚内陆的游牧政权发起势不可当的攻势，挤压了他们的生存空间。随着以明确国家边界、建立新的管理制度为标志的近代国家的形成，传统游牧政权被挤压进非此即彼的各个国家的疆域之中，逐渐走向"历史的终结"。从这个角度讲，乾隆平定准部、回部，不仅巩固了中国传统的"大一统"格局，也为中国近代国家疆域的形成赢得先机。否则，一旦俄国势力乘机南下，或者中亚势力东扩，中国将陷入极为被动的状态。即使如此，100年后，俄国觊觎新疆，中国还是丢掉了伊犁以外数十万平方公里的土地。同时，我们还应该看到，虽然噶尔丹及其后人一直在与清朝作战，然而准噶尔汗国的发展与强大，在很长时间内阻止了俄国向新疆地区的扩张，若非如此，清朝必然在康熙时期就要在遥远的西北直面俄国的压力。由于路途太过遥远，清朝打一个准部都需要六七十年的时间，若直接与俄国源源不断的东扩势力作战，其胜算如何，则不得而知。从这个角度讲，噶尔丹及准部作为中国多民族大家庭中的一部分，也为中国疆域在清代的初步形成做出了客观上的贡献。

三、乾隆为什么要频频发动文字狱？

说到乾隆皇帝，他统治中国时政治的另一面，也是被人诟病最多的地方，就是借文字罪人、以皇权肆虐士林。

纵观中国历史，文字狱自秦代以来，一直不绝于史，其对文化之破坏，对人性之摧残可谓罄竹难书。文狱犹如悬在古代文人头上的一把达摩克利斯之剑，不知何时灾难便会旋踵而至。而若选一个文狱最严重的朝代，则非清朝莫属，康雍乾时期则又是清代文字狱爆发最为频繁的时期。乾隆在执政的63年之中，制造了130多起文字狱。有人统计，清朝的文人每五个月就会被刀斧伺候一次。总体而论，康熙、雍正、乾隆这三位皇帝在处理文字狱方面也表现出不同特点。

1. 康熙皇帝的先礼而后兵

在康熙时期，有两个代表性文字狱。第一个是康熙二年（1663）结案的庄氏明史案，这也是清朝第一个重要的文字狱。顺治年间，浙江湖州富商庄廷鑨得到明末宰相朱国祯所著《明史》稿一部，庄氏在此基础上请人进行增编，其中对清朝多有指斥的文句，如指斥明将降清者为叛逆、用南明永历等朝的年号。书编成后，庄廷鑨已经去世，其父庄允诚将之刊行。不料有人向朝廷告发，庄允诚被逮入京，死于狱中，庄廷鑨被掘墓开棺焚骨，所有与此书有关的人都被处死，被杀者达70余人，被充军边疆者达500多人。然而，此时执政者为鳌拜等人，康熙帝年纪尚轻，未曾亲政，庄氏史狱在很大程度上还不算是康熙皇帝本人意愿的表达。

康熙八年（1669），权臣鳌拜被剪除，年轻的康熙皇帝得以亲政。那时他对汉族儒臣充满敬意，熊赐履、李光地等人颇受重用。康熙帝又设南书房，征召沈荃、张英等人入侍。在这些儒臣的悉心指导下，康熙帝系统学习了儒家学说及文章、书法，对汉人饱学之士充满敬意。康熙十八年（1679），随着平定三藩之乱的战事接近尾声，清朝又开博学鸿儒科，广泛征召明末遗民入仕清朝。虽然黄宗羲、顾炎武等海内大儒仍未出仕，但士林与朝廷的关系大为缓和。黄宗羲的弟子万斯同、顾炎武的外甥徐乾学、追随孙奇逢的汤斌等人，都开始加入为清朝服务的士人之列。自此以后二十余年间，朝廷与士林关系较为融洽。

然而，随着时间推移，康熙皇帝对这些儒学大臣和士人的态度开始发生改变。康熙晚年亲自处理了一个文狱大案，即《南山集》案。

戴名世（1653—1713），安徽桐城人。康熙四十八年（1709）中进士，授翰林院编修，入明史馆。他著有《南山集》，将方孝标之《滇黔纪闻》采录其中，用南明弘光、永历等年号，或曰以"世祖虽入关十八年，时三藩未平，明祀未绝，若循蜀汉之例，则顺治不得为正统"，而倡"本朝当以康熙壬寅（即元年）为定鼎之始"。康熙五十年（1711）十月，左都御史赵申乔疏参戴名世"妄窃文名，恃才放荡，前为诸生时私刻文集，肆口游谈，倒置是非，语多狂悖。今身膺恩遇，叨列巍科，犹不追悔前非，焚削书板，似此狂诞之徒，岂容滥厕清华"。康熙皇帝谕令严查。至康熙五十二年（1713），此案审结，戴名世拟凌迟，方苞等人死罪。康熙帝命只斩戴名世一人，其余涉案三百余人均免死，方孝标后人方登峄、方云旅、方世樵俱从宽免死，并妻子充发黑龙江。

2. 雍正帝对文狱的精心设计

如果说康熙时期的两个大案还事出有因，毕竟庄氏《明史》、戴名世《南山集》都有不避讳前明年号甚至鄙夷清朝之处，那么雍正时期的文字狱则更加突出皇帝的精心设计。

雍正四年（1726），年羹尧被诛后，两个文字狱紧随其后爆发。一是汪景祺案。汪景祺原来是年羹尧的"记室"（大致相当于秘书），随年羹尧西征时，写成了《西征随笔》，自名《读书堂西征随笔》，并呈给年羹尧收藏。书中大多数内容为途中见闻，特别是揭露了地方吏治的黑暗。书中也有直接触犯龙颜的句子，如"皇帝挥毫不值钱"。年羹尧被抄家后，此书落入雍正帝手中。雍正帝称其为"作诗讥讪圣祖仁皇帝，大逆不道"。结果，汪景祺被斩于市，头颅在菜市口枭示十年，其妻、子、妻亲、兄弟、叔侄被发往宁古塔，其五服以内的族人也都统统被革去官职。另一个文字狱是钱名世案。钱名世是江苏武进人，与年羹尧是乡试同年。雍正二年（1724），权势赫赫的年羹尧进京觐见，钱名世赠诗谀颂，有"分陕旌旗周召伯，从天鼓角汉将军""钟鼎名勒山河誓，番藏宜刊第二碑"等诗句。年羹尧狱后，雍正帝没杀钱名世，给他加的罪名是"曲尽谄媚，颂扬奸恶"，将其革职逐回原籍，御书"名教罪人"四字，制成匾额，挂在钱家中堂上，并令地方官每月初一、十五前往检查牌匾是否还挂着。

雍正五年（1727），权臣隆科多被幽禁，而此前一年曾爆发查嗣庭案。查嗣庭是浙江海宁人，康熙四十五年（1706）进士，入选翰林，之后经隆科多保奏授内阁学士，后兼礼部左侍郎。雍正四年（1726），主持江西乡试的查嗣庭被怀疑借科考题目影射朝廷。至雍正五年（1727）五月，案件结束，查嗣庭戮尸、枭首，亲族或被斩或流放，牵连的江西官员统统被革职，并暂停整个浙江的乡试、会试。

同年，直隶总督李绂与河南巡抚田文镜之间发生互相参劾之事。而后谢济世等科举出身的官员也参劾田文镜盘剥百姓。雍正帝则怀疑科举出身的人结党，于是李绂下狱，谢济世等被发配军前效力。

3.乾隆时期专制皇权对学林之肆虐

以上几个文字狱的处理，在一定程度上表现出雍正皇帝对党争的防范，毕竟源于皇帝的精心设计。而到了乾隆时期，文字狱的处理则更加具有随意性。乾隆发动的文字狱，无论在数量还是在频繁度上，都大大超越乃祖乃父。

为什么乾隆帝如此热衷于制造文字狱呢？

一是出于对清朝统治的维护。由于清朝统治者出身满族，他们从自东北一隅入主中原、定鼎燕京开始，其合法性就一直受到汉族士大夫的质疑。对统治者来说，维护满族在中国政治统治的合法性，是一条不可逾越的红线。清朝历代皇帝将此视为满族家法，越线者均格杀勿论。从维护清朝统治的合法性这一安身立命的根本出发，乾隆势不能容汉族文人反清思想的蔓延滋长，甚至把部分满族大臣对汉文化的热衷也视为一种威胁。

例如，乾隆二十年（1755），乾隆处理了一件名为"《坚磨生诗钞》案"的案件。主角是一位叫胡中藻的清朝重要官员。胡中藻非常有背景，他是雍乾时期的名臣，号称是鄂尔泰第一门生，即"西林第一门生"（因为鄂尔泰号西林）。他写了一本《坚磨生诗钞》，而这本书被乾隆以某种方式得到了。乾隆翻看了一下，认为里面有很多诋毁满族人统治的诗句，比如"一把心肠论浊清"。乾隆认为这本书大逆不道，于是把胡中藻斩首。这还不算，乾隆处理这件案子时还抓了另外一个人——鄂昌，他是鄂尔泰的侄子。当时鄂昌做到了巡抚的级别。鄂昌虽然是个满族人，但是特别喜欢写诗作赋，和胡中藻一门的关系非常好，经常诗赋相和。乾隆抓捕鄂昌的理由是什么呢？他认为，鄂昌作为一个满族人，竟然整天和汉族士人这样诗赋相和，还在诗中提及"胡"，丢掉了满族人本身的立场，于是将鄂昌斥为满洲败类并加以赐死。由此又牵连到鄂尔泰，但鄂尔泰当时已经死了，于是他把鄂尔泰的牌位撤出贤良祠。鄂尔泰的长子叫鄂容安，为两江总督，当时正在西北前线与准噶尔作战。这个案子爆发以后，乾隆皇帝下诏告知鄂容安，他杀了鄂昌、胡中藻，让鄂容安思过。由此可见乾隆发动文字狱的规模之大，手段之毒辣。当然，乾隆处理鄂昌、杀掉胡中藻，原因也不只这么简单，还包含了遏制鄂尔泰一党势力的政治用心。鄂尔泰作为雍乾时期的重臣，有很强的势力。乾隆上台以后，表面上仍然重用鄂尔泰，但是对鄂尔泰这些人，其实内心里非常提防，他一直认为他们势力太大。尤其是乾隆初年长时间存在着"鄂张党争"，即鄂尔泰和张廷玉两人之间的党争，他们各成一派，互相攻击。在乾隆十年（1745），鄂尔泰死后，乾隆一直想方设法地削弱鄂尔泰一系的势力。他发动"胡中藻案"，其实很大程度上有借此打击鄂派势力的政治用心。

其次，皇权专制具有无法制约的随意性，肆虐士林成为皇权专制黑暗面的集中体现，尤其体现在对朝臣以及诸多疯汉文狱的随意处理上。对此我们可借用郭成康先生的一些论述来谈。

郭成康先生指出，乾隆朝的疯汉文字狱构成了血泪斑斑的清代文字狱史上最惨不忍睹的一章。他参考《清代文字狱档》、《宫中档乾隆朝奏折》、《清高宗实录》及《文献丛编》等档案和官书，对疯汉文字狱做了一个统计：乾隆朝发生了130余起文字狱，其中疯汉以文字得罪的有25起，约占总数的18%。这25起文字狱是：乾隆十六年（1751）王肇基案，十七年（1752）杨烟昭案，十八年（1753）丁文彬案，二十年（1755）杨淮震案、刘裕后案，二十一年（1756）刘朝幹案，二十六年（1761）李雍和案、王献璧案、林志功案，二十八年（1763）林时元案、刘三元案、王宗训案，三十二年（1767）张廷用案，三十三年（1768）徐鼎案、柴世进案，四十年（1775）王作梁（即王坤治）案，四十一年（1776）张毅案，四十五年（1780）王铁山案，四十六年（1781）梁三川（即梁念泉）案，四十七年（1782）赵文言案，四十八年（1783）冯起炎案，以及年代不详的陈道铃案、刘文德案、赵九如案、李连秀案。上述案犯往往被其亲属、邻保呼为"疯子""痴子"。如湖北恩施县民刘三元梦见"神道"对他说，他"是汉朝后裔，要天下官员扶持"，于是写成字帖，到处散播，结果被乾隆帝下令凌迟处死。乾隆帝在皇权专制方面的肆虐鲜明表现在他对疯汉文字狱无原则的处理上。在乾隆朝25起疯汉文字狱中，定为逆案的有13起（丁文彬、刘朝幹、李雍和、王献璧、王宗训、王作梁、刘三元、梁三川、张毅、陈道铃、刘文德、赵九如、李连秀），这些案件里的疯犯一律依大逆律凌迟处死，除个别逆案经乾隆帝法外施恩不令缘坐外，疯犯的亲属大多俱拟斩或给付功臣之家为奴。除上述处以极刑的 13 例之外，斩决或杖毙的疯汉还有林时元、赵文言、王肇基、杨烟昭、刘裕后、柴世进 6 人。这也就是说，对因文字有所触碍的精神病患者，乾隆帝大都采取肉体消灭的手段。他对此类疯汉有着一种近乎疯狂的仇恨，丁文彬在刑讯的摧残下，已"语言气短，面带死色"，奄奄一息，乾隆帝唯恐其病死狱中，"逃于显戮"，特命无须等候部文，即凌迟示众。①

乾隆帝对疯汉文狱的残酷手段，表现出他作为一个专制君主摧残人性、任意妄为的一面。中国古代帝王的专制，其实并不是表现在每个时候、每个事件上的，在很多时候，一些君主表现得非常英明，对臣下言听计从、从谏如流，他们对遭遇天灾的百姓进行大规模赈济的行为也并非虚构。古代君主如乾隆帝在追求和表现"仁德"方面总是不遗余力，此时的皇权也总是显得温情脉脉。然而，这些并不能掩盖皇权专制的阴暗面，一旦它肆虐起来，便不知会有多少人家破人亡，妻离子散。各级官僚要么明哲保身，要么只能助纣为虐。乾隆处理的每一个文狱的背后，都是各级官员争先恐后的举报与高效率的执行。或许真的没有人能够阻止专制皇权的疯狂。

乾隆时期，皇帝对意识形态领导权的把控，不仅表现在文字狱频发，而且表现在他对文学艺术领域的掌控上。现在很多影视剧都会表现乾隆的收藏是多么丰富。关于如何评价乾隆的收藏和御题，也有很多不同的观点。有些人认为乾隆收藏很多古今的艺术品，还到处题诗、题字，似乎非常肤浅，可见他是一位非常自私的皇帝。他们认为，乾隆以一己之私，阻碍了 18 世纪中国艺术的发展，使中国的艺术发展失去了源头与活力。也有人认为，乾隆对艺术品的收藏极大地保护了中国的艺术传承。实际上这个问题应该从两个方面来看。

---

① 郭成康：《清乾隆朝疯汉文字狱探析》，载《清史研究通讯》1988 年第 2 期。

第一，从乾隆的收藏来看，他收藏的目的是为了掌握在艺术领域的话语权。乾隆是一个狂热的艺术品收藏家，他的兴趣和收藏涉及书法、绘画、瓷器、玉器等方面，可以说无所不包。他甚至还修造了很多园林，在一定程度上也可以看作一种对园林的收藏，因为他把全国各地园林的美景都放到了他的皇家园林之中。我们可以通过一些数据，了解一下乾隆的收藏。以书法和绘画为例，乾隆八年（1743），他就对内府收藏的书画进行了一次大规模的整理。他将这些内府收藏的书法、绘画编成了几个集子，其中之一是《秘殿珠林》，后来他又编成了《石渠宝笈》，并完成了《石渠宝笈》的续编、三编共225册。全盛时期的清代宫廷收藏，仅书法、绘画就有一万件以上。其中晋、唐、宋、元书画有2000件，明代的书画有2000件，可以说，这在中国古典书画作品收藏中是规模最大的了，这是乾隆相当自豪的一件事情。他数十年如一日地搜集书法名帖，其中有王羲之的《快雪时晴帖》、王献之的《中秋帖》和王珣的《伯远帖》，这三个书法名帖是乾隆的挚爱。乾隆十一年（1746），他将这三个名帖放在了养心殿西暖阁内，然后给西暖阁起了个名字叫"三希堂"。

当几千件、上万件魏晋以来的书法艺术珍品被收藏到乾隆的宫中时，就意味着社会上没有人能看到它们了。谁能看到艺术品？自古以来，谁拥有珍贵的艺术品，就等于拥有这种艺术品的话语权。所以掌握着海量艺术品的乾隆，其实也将艺术的话语权收到了宫廷之中。例如，清朝几代皇帝都特别喜欢书法，他们在书法方面有很高的造诣，乾隆也是这样。他们都喜欢王羲之的书法，特别喜欢王羲之的《兰亭序》。虽然《兰亭序》的原本已经不在世上了，但是从唐代开始，很多人都临摹过《兰亭序》。乾隆帝也做了一件与此有关的事情。乾隆四十四年（1779），他把唐代柳公权所书《兰亭诗》并后序，虞世南、褚遂良、冯承素等人摹写的《兰亭序》珍本，及明代董其昌仿写的《兰亭寺》，清代于敏中补柳公权的兰亭阙笔等分别刻在八个柱子上，立在圆明园中，称为"兰亭八柱"。其中最后一个刻上的，是乾隆自己临摹的《兰亭序》。敢把自己临摹的《兰亭序》

也放在"兰亭八柱"之上,可见乾隆很有自信,因为只有他掌握了几乎全部《兰亭序》的摹本,可以向世人进行标榜和展示。

第二,从乾隆的收藏来看,他不仅仅收藏清代以前的书法、绘画、瓷器、玉器等珍品,还通过内务府制作了很多珍贵的艺术品。他的收藏之中包含了大量当时制作的珍贵艺术品。他这样做的目的,可能是想重塑审美价值。

在乾隆时代制作的各种艺术品中,以书法、绘画为例,乾隆制作了大量仿古的绘画和书法,还仿照古人画了很多画。就临摹古人这一方面,他这样做是为了证明,他所创作的这些作品承袭了中国传统的艺术风格。不仅如此,他对中国艺术还做了很多发展和创造。其中一个最典型的表现是,乾隆用了大量西方的画师来作画。画师中最为人熟知的就是郎世宁。郎世宁在乾隆的宫中画了很多绘画作品,如其中有一张乾隆的骑马图,乾隆在画中骑着马,穿着一身盔甲。郎世宁画的画有什么特点呢?那就是中西结合,用西方绘画写实的技巧,来表达中国画的意境。以乾隆骑马图为例,郎世宁画得非常逼真,不光是盔甲画得逼真,连盔甲上的丝线都一根一根地描绘了出来,一根不差。上述西方的写实技巧在画上运用得特别充分,但是此画整体看上去又是中国画的风格。再比如,乾隆打了很多仗,每次战争结束,他总让郎世宁等人绘制一组铜版画,如《乾隆平定准部、回部战图》。他为什么要让西方画师画这些战图呢?是为了把他的丰功伟绩记录下来,而记录丰功伟绩的战图本身又成了一种艺术品。这里面包含了一个重要的理念:重塑审美价值。

其实从康熙开始,清朝皇帝一直都重用西方传教士,让他们在宫中传授数学知识、天文知识,一直到乾隆时期仍然是这样。乾隆不仅任用西方的画师,而且用了大量西方地图的勘测技术来画中国的地图,用西方的天文技术来改进中国的日历、月历。这些行为其实包含着很重要的意图。在绘画上也是如此,他们希望把西方的技术、知识运用到绘画之中,来重塑审美价值,改变中国传统书法、绘画艺术的审美价值、审美趋向。这其中也包含了很深的政治用心。乾隆很可能不但要掌握意识形态，而且想要从艺术审美的角度，通过把西方一些绘画技术运用到中国画中去，来掌握艺术的最高解释权。

四、乾隆帝关上中国走向世界的大门了吗？

1. 清代中国在全球贸易中的地位

乾隆二十二年（1757），当清军在西北与准噶尔军激战正酣的时候，清朝颁布一项严格法令："令行文该国番商，遍谕番商。嗣后口岸定于广东，不得再赴浙省。此于粤民生计并赣、韶等关均有裨益。而浙省海防亦得肃清。看来番船连年至浙，不但番商洪任等利于避重就轻，而宁波地方必有奸牙串诱，并当留心查察。如市侩设有洋行，及图谋设立天主堂等，皆当严行禁逐，则番商无所依托，为可断其来路耳。"

所谓"此国"，即是英国。当时英国商人一再请求到浙江一带进行贸易，清朝朝廷上下经过反复讨论，最终颁布了以上谕旨，从此以后，中国关闭了其他几处贸易关口，外国商人只能到广东沿海进行贸易，即所谓"一口通商"。

一口通商的限关政策，对中外贸易造成巨大影响，极大地限制了欧洲商品向中国的输入，特别是使欧洲国家的商人在与中国的贸易中处于极为被动的地位。这与西方国家在18世纪寻求建立全球殖民贸易体系的初衷严重相悖。寻求中国的贸易开放及构建符合西方国家需求的贸易制度，因此必然成为中西关系中的核心问题。

乾隆五十八年（1793），英国向中国派出的第一个使团——马戛尔尼使团在经过与清朝的反复接触和一系列觐见礼仪之争后，其在浙江舟山开辟贸易通道等诸多通商要求被乾隆帝彻底拒绝。这个使团带着乾隆帝那份"天朝抚有四海，惟励精图治，办理政务，奇珍异宝并不贵重……"的著名上谕，悻悻而回。

以上这两件事，成为后世批评清朝闭关自守、拒绝对外开放和走向世界的两个代表性事件，有人甚至认为，清朝由此彻底关上了开放的大门，丧失了走向世界的机会。

然而，乾隆帝真的将世界拒之门外了吗？

研究清代经济史，需要关注的一个重要数据，就是清朝的国家财政收入。现在研究可以表明，从康熙以后，到雍正、乾隆时期，清朝的国库收入基本上维持在 5000 万两到 7000 万两白银之间。特别是在乾隆时期，清朝的国库收入基本上稳定地维持在五六千万两白银之上。这在当时是相当大的一组数字。也正因为如此，乾隆才能够发动那么多战争，才拥有所谓的"十全武功"，才能够修建、扩建圆明园、清漪园等海淀西山一带的皇家园林。

那么，乾隆的钱从哪里来呢？当然大家可以说他收取了大量的赋税，包括地丁银、国内的贸易税等。与此同时，从全球史的角度来看，18 世纪的中国，包括乾隆时期，也处在全球的贸易体系之下，它不可能封闭，也没有去主动封闭。当时中国经济的强盛在很大程度上依赖于在国际贸易体系中的成功。所以，仅仅把清朝看作落后于西方的封建王朝，并不足以解释当时清代中国在世界上的地位。

中国是一个白银短缺的国家，银矿严重不足，特别是和中国对白银的需求相比而言。中国的白银在明清时期，特别是在清代，主要依靠国际贸易来获得。中国在当时从世界贸易中获得了多少白银呢？借用一个西方学者提出的概念来概括，当时的中国号称是世界白银的"终极密窖"。这里面有两层意思。第一，中国对白银的需求没有尽头，数量无限大。第二，进了中国，白银就不会再流出了。因此，清代中国才是白银的"终极密窖"。根据很多学者的研究，在 18 世纪，美洲产的白银约有 74000 吨，其中约有 2000 吨进入亚洲，而大部分进入中国，约 52000 吨进入欧洲。

但是，进入欧洲的 52000 吨中，又有 70% 的白银转到了亚洲。根据一些学者的考证，全世界白银可通过三个渠道进入中国：第一个路径，是从美洲经过西方国家，特别是西班牙、葡萄牙等国家和英国、法国，进入欧洲，然后再转入中国。第二个路径，直接由美洲转运到亚洲，经过马尼拉（Manila，现菲律宾首都及第一大城市）转移到中国。第三个路径，日本白银产量非常大，大量的白银从日本进口到中国。这三项加起来，18 世纪进入中国的白银达到 48000 吨，另外还有一部分从东南亚、俄罗斯进入中国。所以整体上，18 世纪进入中国的白银大概达到 6 万吨。①

这么多白银进入中国，必然大规模刺激中国经济的发展：第一，刺激中国的信贷发展。追溯中国信贷发展的历史，必然会追溯到清代，很多票号，如山西票号，正是在清代发展起来的。第二，刺激人口和生产的增长。第三，造成经济的扩张。中国当时的经济扩张，在全球范围内影响是非常大的，表现为大量中国的产品，如丝绸、茶、瓷器等大规模地向世界其他国家出口。第四，表现为中国的通货膨胀。中国在当时使用两种货币，一种是白银，另外一种是平常的百姓使用的铜钱，当时称为"制钱"。大量的白银进入中国，必然要求中国制造更大量的铜钱来与之相平衡，以保持一个平衡的银钱比价。而当更多的白银进入中国，就必然造成通货膨胀，造成"银贱钱贵"的局面。比如，当时很多中国人像洪亮吉（清朝乾隆、嘉庆年间的翰林院编修）等记载了中国通货膨胀的情况。以米价为例，据洪亮吉记载，在乾隆初年，一升米的价格是 6.7 文，一丈布的价格是三四十文。到乾隆末年，一升米的价格是三四十文，涨了五倍以上；而一丈布的价格是一二百文，也涨了三倍以上。大概算下来，中国的通货膨胀在乾隆末年达到了 300%。这背后的原因之一是进入中国的白银量特别大，导致物价上涨。但总体而言，中国以白银为代表的财富大规模增加了。在很大程度上，这又表现为政府购买力大大提升，因此，乾隆修了

---

① 贡德·弗兰克：《白银资本：重视经济全球化中的东方》，刘兆成译，中央编译出版社，2008。

很多园子,又治理黄河、海河、钱塘江等,这些都需要花费大量的金钱。从另外一个角度来看,这也导致了社会矛盾日益尖锐,引发了更多的社会危机,为以后清朝的覆灭埋下了伏笔。但可以看出,乾隆时期的中国虽然归并为一口通商,但这并未影响中国在国际贸易体系中的地位。中国在全球贸易体系中的地位是客观形成的,即使贵为皇帝的乾隆也无法对这种贸易状况做出质的改变。所以,在乾隆时期,甚至在整个清代,清朝一直维持着巨量的国际贸易,维持着与西方国家、中亚国家、北部的俄国等国家,以及亚洲的日本、东南亚的国家之间的大规模经济交往乃至政治交往。清代中国从来没有完全闭关,更没有锁国,而且对清朝来说,它从世界贸易中获得了巨大的利益。清朝经济的发达与此有很密切的关系。

2. 该不该拒绝英国使团?

那么,乾隆为什么要拒绝以马戛尔尼为首的英国使团的贸易要求呢?我们不妨分析一下英国使团的具体要求:

第一,允许英国商船在舟山、宁波、天津等处登岸经营商业。

第二,按照从前俄罗斯商人在中国通商之例,允许英国人在北京设立洋行,买卖货物。

第三,请求于舟山附近划出一个未经设防的小岛,归英国商人使用,以便英国商船"收歇",即存放货物和居住。

第四,请求于广州附近得到同样的权利。也就是希望在广州附近也得到这样的一个小岛,而且允许英国人自由来往,不加禁止。

第五,凡英国商户,自澳门运往广州者,请求优先免税或减税。

第六,英国船货按照中国定制的税率交税,不额外加征,请将锁定税率公布,以便遵循。

我们知道,这些要求没有被清朝接受。甚至,在乾隆接见马戛尔尼的时候,双方出现了一次争执,事关马戛尔尼要不要按照中国的礼节给乾隆皇帝叩头,行三跪九叩之礼。

近50年后，鸦片战争爆发，中国战败，被迫签订了《南京条约》，其内容为：①割让香港岛；②向英国赔偿鸦片烟价、军费等共2100万银圆；③五口通商，开放广州、福州、厦门、宁波、上海五处为通商口岸，允许英人居住并设派领事；④协定关税，英商应纳进出口货税、饷费，中国海关无权自主；⑤废除公行制度，准许英商在华自由贸易等。

仔细分析《南京条约》的内容，会发现除了赔偿军费，几乎是马戛尔尼使团条约提出的各项要求更过分的翻版。如果我们认为《南京条约》是英国强加给我们的一个不平等条约，那么，乾隆帝在当时又有什么理由接受英国人的条件呢？所以，在批评《南京条约》是一个让我们失去很多主权的丧权辱国的条约的同时，也不要再责怪乾隆拒绝英国使团时的傲骄了，否则乾隆岂不是也会成为一个卖国者？

康熙也好，雍正也好，乾隆也好，甚至到乾隆以后的嘉庆年间，中西方之间的贸易和使节的往来始终没有中断过，不管是以传教士的形式，还是政治使团的方式，双方的接触是非常频繁的，中国也从来没有关闭跟西方接触的大门，并不缺少一个走向世界的机会。按照美国学者何伟亚的观点，马戛尔尼访华的失败，根本原因在于清代中国和英国双方都按照自己的世界观来构建自己的国家和世界体系，此次使团提出的条件只是英国的一厢情愿，无法达到对双方都有利的利益均衡点，当时英国对中国利益的考量非常有限。从乾隆的角度来说，他没有找到一种必须接受英国商贸要求的必要动力和理由。18世纪中西贸易争端的根本问题在于，贸易中是按照中国的规则，还是接受西方的规则。如果中国皇帝接受西方规则，则随时可以"走向世界"，所以这里并不存在是否使中国丧失走向世界之机会的问题。第一次鸦片战争后，中西之间的贸易状况并没有得到太大改观，西方列强还需要用更多的战争来使中国接受西方的规则。晚清中国的洋务运动、戊戌变法、清末新政等近代化历程的艰巨性证明，清代中国的发展道路不是某一次偶然的机会能够决定的。

总而言之，执政半个多世纪的乾隆皇帝，那时站在了世界历史发展的分水岭上。中国走上与西方不同的发展道路,这固然与乾隆皇帝个人的抉择有关,但更是由众多历史偶然串联成的一种历史的必然。

五、乾隆时代到底是"盛世"还是"衰世"?

1. 盛、衰之争论

乾隆在位60年,执政63年多。当时的清朝,到底属于"盛世"还是"衰世"?换句话说,我们该如何看待乾隆时代的"盛"与"不盛"?关于这个问题,学术界一直存在着非常大的争论。我们可以看到,清朝乾隆时期巩固并发展了中国的大一统格局,是中国多民族统一国家发展的关键阶段。当时人口增长速度快,经济贸易发达,国际商业兴盛,表现出强盛的一面。但同时,乾隆皇帝好大喜功、奢靡挥霍;官场上政治腐败愈发严重;文字狱频发,形成巨大的思想高压,造成万马齐喑的局面。这些地方每一处都值得深入探讨与反思,通过对每一个方面的具体研究都会得出不一样的结论。

有的学者认为,这个时期的中国在经济、人口、版图等各方面的发展都达到了顶峰。而且对传统政治制度的精心打磨,也使之达到了一个高效稳定的程度。特别是平定新疆,将其纳入版图,这是清朝的统治达到极盛时期最显著的标志。过去二三十年中,中国的现代化之路一直是国内外学者探讨的一个重要问题。中国如果不走向西方的近代化的话,能不能找到自己的一种发展路径?美国著名历史学家魏斐德(Frederic Wakeman,1937—2006)在他的一部著作(《洪业:清朝开国史》)中指出,清朝统治下的中国,比其他任何国家都更快地摆脱了17世纪的全球经济危机,所以达到了一个比较强盛的程度。另外一位美国著名的清史研究学者、历史学家罗威廉(William T. Rowe),在他的一部著作(《救世:陈宏谋与十八世纪中国的精英意识》)中也谈及,对乾隆统治的时期,西方学者都称之为"盛清",用英文来说,叫"High Qing"。还有一些学者,包括美国学者曼素恩(Susan Mann,《缀珍录:十八世纪及其前后的中国妇女》)等,都在著作中用了这个概念。他们基本上肯定在18世纪的中国,特别是在乾隆统治时期,中国达到了一种比较强盛的状态,甚至可以说,中国在当时并不落后于西方国家。

而反对"盛世说"的一些学者认为,清朝的文字狱在政治上形成一种高压,在思想上也形成一种压制。另一方面,由于八旗制度的存在,族群不平等的政治环境造成了极严重的社会不公。所以,他们认为当时的中国并非处于盛世,而是处于一个不公正、不平等,思想受到压制的时代。还有一些学者从"中西比较的角度"认为,当时的中国远远落后于西方,特别是没有找到近代化之路,所以不是一个盛世。

2. 对"盛""衰"的语境分析

从中国学者的研究来看,学者们沿用了清朝人的一些说法。比如说"盛世"这种说法,本身就是康熙皇帝和乾隆皇帝自己提出的,最早可以追溯到康熙五十一年(1712),康熙以"恩诏"的形式宣布:"盛世滋生人丁,永不加赋。"到了乾隆皇帝时期,平定新疆以后,乾隆皇帝也说:"比年以来,西域大奏朕功……方今国家全盛,府库充盈。"[1] 后世的学者也经常沿用清朝留下来的这套话语体系,来表示那个时代的国家统一、经济繁荣、政治稳定、国力强大、文化昌盛。

因此可以看出,对这个时代强盛与否的评价,都是相对的,都建立在一定的比较基础之上,评价的高低取决于用于比较的参照物。从与汉唐等以往王朝的纵向比较来说,清代中国,特别是乾隆统治下的中国,确实到了一个相对稳定、相对强盛的时期。中国所谓"盛世"这种概念,是

---

[1]《清高宗实录》卷八百〇七。

中国古代的统治者或者中国古代的学者文人自己提出来的,比如"汉唐盛世",汉代"文景之治",唐代"贞观之治""开元盛世",明代比较稳定的洪武时期和永乐时期。也就是说,在中国古代的语境之下,"盛世"概念是相对于过去的那种衰世、乱世而提出的。从这个角度来说,乾隆时期达到了稳定发展、国家富强的时段,称"盛世"并不为过。

但另一方面,和同时期的其他国家相比,当时的英国、法国已经完成了资本主义革命,美国也独立了。所以相对来说,清朝确实没有走上西方国家的现代化道路。18世纪的西方国家如朝阳烈烈,而那时的中国则如落日辉煌。不过,世界上每一个国家都有自己的发展路径,西方国家的现代化道路固然对人类社会发展有着重要的引导作用,但它并非全人类发展的唯一路径与模式。由于具体国情不同,每个国家在探寻本国发展道路时,都需要把其他国家的经验与本国的实际情况相结合,才能找到具有本国特色的路径。

参考文献

1.《清高宗实录》。

2.《清通鉴》。

3.《清史稿》。

4. 戴逸:《18世纪的中国与世界:导言卷》,沈阳:辽海出版社,1999年。

5. 郭成康:《清朝文字狱》,北京:群众出版社,1990年。

6. 郭成康:《乾隆大帝》,北京:中国华侨出版社,2003年。

7. 高王凌:《乾隆十三年》,北京:中国地图出版社,2019年。

8. 何伟亚:《怀柔远人:马嘎尔尼使华的中英礼仪冲突》,北京:社会科学文献出版社,2002年。

9. [德] 贡德·弗兰克:《白银资本:重视经济全球化中的东方》,刘兆成译,北京:中央编译出版社,2008年。

孙嘉淦

当经世派官僚遭遇文狱高压

孙嘉淦履历表

姓名	孙嘉淦
别名	字锡公
民族	汉
生卒年及所处时代	1683—1753
生平履历	康熙二十二年（1683），孙嘉淦出生
	康熙五十二年（1713），孙嘉淦中进士，时年31岁
	雍正元年（1723），任国子监司业；雍正四年（1726），迁国子监祭酒
	雍正六年（1728），任顺天府尹、工部侍郎
	雍正十年（1732），任刑部侍郎，兼吏部侍郎
	雍正十二年（1734），署理河东盐政
	雍正十三年（1735），任吏部侍郎，迁左都御史，上《三习一弊疏》。后迁刑部尚书，兼管国子监事
	乾隆三年（1738），升任吏部尚书，兼管刑部事，后出任直隶总督。次年，晋太子太保
	乾隆六年（1741），调任湖广总督。乾隆八年（1743），被夺官
	乾隆九年（1744），任宗人府府丞，又升任左副都御史
	乾隆十二年（1747），以老乞休
	乾隆十四年（1749），被特召至京，入值上书房
	乾隆十五年（1750），授兵部侍郎，擢工部尚书，署翰林院掌院学士
	乾隆十七年（1752），任吏部尚书、协办大学士
	乾隆十八年（1753）十二月，卒，终年71岁

在中国历史上，清代康雍乾诸帝时期武功强盛、经济发达、文化繁荣，其文治武功绝不亚于秦皇汉武、唐宗宋祖，这几位皇帝无论个人素质还是成就，都堪称帝王中的佼佼者。几位皇帝也是一直争相标榜盛世、"刷存

在感",大臣、官员、子民自然跟着山呼万岁、大唱赞歌。然而,就在清朝的繁盛景象达到顶峰时,也终于有一位位高权重的大臣,以一篇极为犀利的上疏,直指"皇帝的新衣",将大清盛世下积累的各种负面问题彻底揭穿。这篇上疏的名称就叫《三习一弊疏》,敢于在盛世光环下批逆龙鳞的就是雍乾时期的著名大臣孙嘉淦。

一、风骨大臣孙嘉淦与《三习一弊疏》

1.《三习一弊疏》

雍正十三年(1735)八月,雍正帝胤禛去世,皇子宝亲王弘历即位,改下一年为乾隆元年,自此清朝的历史进入乾隆时代。十一月,刚刚履任的左都御史孙嘉淦上疏年轻的乾隆皇帝,力陈朝廷"盈廷称圣"之弊政,指出朝政肃清的关键在于用人要以德为先,近君子远小人,希望新皇帝能够力戒"自是"之心,才能够革新政治,兴利除弊。后世将他的这份奏疏称为《三习一弊疏》。此奏疏作为规劝皇帝的从政箴言,在清代甚至整个中国封建王朝的政治文化中占有重要地位,孙嘉淦也因这篇奏疏而成为一代正臣,故笔者不惜篇幅,将奏疏全文抄录如下:

> 臣一介庸愚,学识浅陋,荷蒙风纪重任,日夜悚惶。思竭愚夫之千虑,仰赞高深于万一,而数月以来,捧读上谕,仁心仁政,恺切周详,凡臣民之心所欲,而口不敢言者,皆已行之矣。事无可言。所欲言者,皇上之心而已。我皇上之心,仁孝诚敬,加以明恕,岂复尚有可议?而臣犹欲有言者,正于心无不纯,政无不善之中,而有所虑焉,故过计而预防之也。
>
> 今夫治乱之循环,如阴阳之运行,坤阴极盛而阳生,乾阳极

盛而阴始，事当极盛之际，必有阴伏之机，其机藏于至微，人不能觉，而及其既著，遂积重而不可返。此其间有三习焉，不可不慎戒也。

主德清则臣心服而颂，仁政多则民身受而感。出一言而盈廷称圣，发一令而四海讴歌。在臣民原非献谀，然而人君之耳，则熟于此矣。耳与誉化，匪誉则逆，故始而匡拂者拒，继而木讷者厌，久而颂扬之不工者亦绌矣，是谓耳习于所闻，则喜谀而恶直！

上愈智则下愈愚，上愈能则下愈畏，趋跄谄胁，顾盼而皆然，免冠叩首，应声而即是。在臣工以为尽礼，然而人君之目则熟于此矣。目与媚化，匪媚则触。故始而倨野者斥，继而严惮者疏，久而便辟之不巧者亦忤矣。是谓目习于所见，则喜柔而恶刚！

敬求天下之士，见之多而以为无奇也，则高己而卑人。慎办天下之务，阅之久而以为无难也，则雄才而易事，质之人而不闻其所短，返之己而不见其过，于是乎意之所欲，信以为不逾，令之所发，概期于必行矣。是谓心习于所是，则喜从而恶违！

三习既成，乃生一弊。何谓一弊？喜小人而厌君子是也。

今夫进君子而退小人，岂独三代以上知之哉？虽叔季之主，临政愿治，孰不思用君子？且自智之君，各贤其臣，孰不以为吾所用者必君子，而决非小人？乃卒于小人进而君子退者，无他，用才而不用德故也。

德者，君子之所独，才则小人与君子共之，而且胜焉。语言奏对，君子讷而小人佞谀，则与耳习投矣。奔走周旋，君子拙而小人便辟，则与目习投矣。即课事考劳，君子孤行其意，而耻于言功，小人巧于迎合，而工于显勤，则与心习又投矣！

小人挟其所长以善投，人君溺于所习而不觉，审听之而其言入耳，谛观之而其貌悦目，历试之而其才称乎心也。于是乎小人不约而自合，君子不逐而自离。夫至于小人合而君子离，其患岂可胜言哉！而揆厥所由，皆三习为之蔽焉。治乱之机，千古一辙，可考而知也。

我皇上圣明首出，无微不照，登庸者硕，贤才汇升，岂惟并无此弊，亦并未有此习。然臣正及其未习也而言之，设其习既成，则有知之而不敢言，抑或言之而不见听者矣。

今欲预除三习，永杜一弊，不在乎外，惟在乎心。故臣愿言皇上之心也。语曰："人非圣人，孰能无过？"此浅言也。夫圣人岂无过哉？惟圣人而后能知过，惟圣人而后能改过。孔子曰："五十以学《易》，可以无大过矣。"大过且有，小过可知也。

圣人在下，过在一身；圣人在上，过在一世。《书》曰"百姓有过，在予一人"是也。文王之民无冻馁，而犹视以为如伤，惟文王知其伤也。文王之易贯天人，而犹望道而未见，惟文王知其未见也。

贤人之过，贤人知之，庸人不知。圣人之过，圣人知之，贤人不知。欲望人之绳愆纠谬，而及于所不知，难已！故望皇上之圣心自懔之也。危微之辨精，而后知执中难允。怀保之愿宏，而后知民隐难周。谨几存诚，返之己而真知其不足。老安少怀，验之世而实见其未能。夫而后歉然不敢以自是。不敢自是之意，流贯于用人行政之间，夫而后知谏争切磋者，爱我良深，而谀悦为容者，愚已而陷之阱也。耳目之习除，而便辟善柔便佞之态，一见而若浼。取舍之极定，而嗜好宴安功利之说，无缘以相投，夫而后治臻于郅隆，化成于久道也。

不然，而自是之根不拔，则虽敛心为慎，慎之久而觉其无过，则谓可以少宽。励志为勤，勤之久而觉其有功，则谓可以稍慰。夫贤良辅弼，海宇升平，人君之心稍慰，而欲少自宽，似亦无害于天下。而不知此念一转，则嗜好宴安功利之说渐入耳而不烦。而便辟善柔便佞者，亦熟视而不见其可憎，久而习焉，忽不自知，而为所中,则黑白可以转色,而东西可以易位。所谓机伏于至微,而势成于不可返者,此之谓也。是岂可不慎戒而预防之哉?

《书》曰:"满招损,谦受益。"又曰:"德日新,万邦惟怀;志自满,九族乃离。"《大学》言"见贤而不能举""见不贤而不能退"。至于好恶拂人之性,而推所由失,皆由于骄泰,满与骄泰者,自是之谓也!

由此观之,治乱之机,转于君子小人之进退;进退之机,握于人君一心之敬肆。能知非,则心不期敬而自敬;不见过,则心不期肆而自肆。敬者,君子之招而治之本也;肆者,小人之媒而乱之阶也。然则沿流溯源,约言蔽义,惟望我皇上时时事事,常存不敢自是之心;而天德王道,举不外于此矣。语曰:狂夫之言,而圣人择焉。臣幸生圣世,昌言不讳,故敢竭其狂瞽,伏惟皇上包容而垂察焉,则天下幸甚!①

简言之,孙嘉淦警告新皇帝,要想改进朝政、革新政治,不要"耳习于所闻、目习于所见、心习于所是",更不要喜小人而厌君子。办法"不在乎外,惟在乎心",关键在于皇帝要有一颗至诚至谦之心,"治乱之机,转于君子小人之进退;进退之机,握于人君一心之敬肆",如此方能实现儒家所说之天德王道。所谓治乱之机,千古一辙,乾隆帝收到此奏,"上嘉纳,宣示"。所谓"宣示"就是向天下中外臣民公开,广泛发布。这个奏疏会通过内阁下发,再通过邸报发往各省督抚与各级官员,然后会在社会上广泛流传,这意味着坊里民间都能看到这份奏疏,士子学人需引以为箴言榜样。

这篇奏疏使孙嘉淦成为一代名臣。在整个清代,能够将专制皇权下面临的各种尖锐问题之根源讲得如此清晰的,孙嘉淦属空前绝后。这份奏疏成为清朝乃至中国古代政治文化中的一大亮点,受到后期诸多经世

---

① 《皇朝经世文编》卷九《治体三》。

名臣、有作为大僚之推崇。道光时期的两江总督陶澍曾言："合三习一弊疏观之，（孙嘉淦）真我朝第一流人物也。"后来魏源等人编《皇清经世文编》也将之收入其中。初登帝位的乾隆皇帝能够将其向天下宣示，即表明皇帝对它的重视。乾隆以后，历代皇帝继位，都要学习孙嘉淦的这份奏疏，嘉庆、咸丰等皇帝视之为每日必读之座右铭，它成为清朝后来不断矫正朝廷积弊的准则。嘉庆十八年（1813），京城发生林清之乱，天理教教徒在一些内监的配合下进攻紫禁城。紫禁城皇宫险被攻破，清朝遭遇入关以来的一次变生肘腋的重大危机。事后嘉庆帝严厉查办相关大臣，很多人被革职、处分。然后皇帝又发罪己诏，并把孙嘉淦的《三习一弊疏》收录到《御制养心殿记》之末尾，"用其说以考诸臣之政，因以识诸臣之心，则贤才不患其不思奋，庶绩不患其不咸熙"。面对宫禁受到威胁的尴尬局面，嘉庆皇帝意识到朝廷众臣松弛懈怠到何等程度，而孙嘉淦所谓"三习一弊"是何等切入骨髓的深刻，用孙嘉淦所说之"君子、小人"之分来扫视众臣，其分野又是何等精准！事后，嘉庆帝不但将步军统领吉纶、左翼总兵玉麟等革职查办，还将体仁阁大学士刘权之等老朽衰病者斥退，代之以托津、曹振镛等年富力强者。又如道光三十年（1850），咸丰帝继位后，左副都御史文瑞仿效孙嘉淦故事，奏陈四事，并恭录孙嘉淦《三习一弊疏》呈给皇帝。咸丰帝称"其论为君之道，洵属切直精深，堪为听言临政之助"，"虚怀纳受"。咸丰十一年（1861）十一月，新继位的同治皇帝效仿乃父，又把孙嘉淦的这份奏疏拿出来认真阅读，称其"其言剀切，深中事情"，令国史馆进呈孙嘉淦传记内的《三习一弊疏》，以备御览。

　　被清代诸多帝王视为座右铭的《三习一弊疏》，其作者孙嘉淦到底是什么人？他为何能够写出这样的奏疏，又为何在这个时候能成就一段君臣互动的佳话？

2. "风骨大臣"的炼成

孙嘉淦是山西人,康熙五十二年(1713)的进士,历仕康雍乾三朝。雍正继位时,孙嘉淦还只是个翰林院检讨,每日忙于修书事务。但孙嘉淦一直努力把自己塑造为一个正直有德、当仁不让的大臣,他曾自定居官八约:"事君笃而不显,与人共而不骄,势避其所争,功藏于无名,事止于能去,言删其无用,以守独避人,以清费廉取。"加上他有过几次不让君王的直谏,清直之名在民间广为流播。

孙嘉淦在一次与雍正帝的顶撞中,差点掉脑袋。康雍之际,清廷屡兴大兵,与蒙古准噶尔部在天山南北、青海、西藏鏖战,互有胜负。这种长期的大规模拉锯战对清朝来说耗费极大,康熙时期曾不得不开捐纳之例,以筹集军费。而且清圣祖晚年,吏治松弛,官场腐败丛生。同时,储位之争异常激烈,诸皇子之间明争暗斗。在一片争议声中继位的雍正帝,以高压手段对待昔日政敌,一时间萧墙之内,骨肉相残,政治斗争十分惨烈。所以在雍正初年,对于这些重大军政事务,人人讳言,唯恐躲避不及,惹祸上身。而孙嘉淦作为一个新进翰林,竟上奏请雍正帝"亲骨肉、停捐纳、罢西兵",实际上对雍正皇帝提出了批评。雍正帝勃然大怒,称:"翰林院乃容此狂生耶?"这位铁腕皇帝曾拿着这份奏疏问身边的亲信大臣们该如何处置,在场的每个大臣见皇帝盛怒,都为孙嘉淦捏把汗,人人不敢说话。此时,只有大学士朱轼回奏称:"嘉淦诚狂,然臣服其胆!"《清史稿》载,雍正帝听后,"良久,笑曰:'朕亦且服其胆。'""良久"一词用得颇为传神,说明雍正帝或许对孙嘉淦已起杀心。然而,朱轼一语化解危机,让雍正帝不得不"艰难地"自我解嘲。大学士朱轼为雍正帝的亲信重臣,曾任皇四子弘历的老师,在雍正时期"纯修清德,负一时重望",也只有他敢在盛怒之下的雍正帝面前为孙嘉淦开脱。

或许是因为有了朱轼的赞许,又或许雍正帝真的看中了孙嘉淦的耿直,此后的孙嘉淦倒是仕途顺畅,雍正四年(1726)出任国子监祭酒，又过两年，兼任顺天府尹。但在雍正帝身边做事并不容易，雍正十年（1732），孙嘉淦以国子监祭酒兼任刑部侍郎、吏部侍郎，也正是在这一年，孙嘉淦因荐人不当，被雍正帝斥为"反覆欺罔"，交刑部治罪，结果孙嘉淦竟被革职拟斩。因为用人行政出现失误而被拟斩，这种处理显然太重，也说明这一次孙嘉淦或许因为辜负雍正帝的信任而再次惹怒了皇帝。但在定罪的最后关头，皇帝说"孙嘉淦太戆，然不爱钱"，免其死罪，将孙嘉淦"一撸到底"。或许是为了进一步考验孙嘉淦到底是不是真的能做到清廉正直不贪财，雍正帝将孙嘉淦派到户部银库效力行走，做专门负责收银子的会计。在当时，银库会计出品级虽低，但可以靠操纵银秤斤两，发财致富，实为肥缺。雍正帝让孙嘉淦做这件事情，可见其用心。此时的孙嘉淦毫无怨言，接到谕旨出狱后，没有回家就直接奔赴银库上任。不久就出现各种传言，说孙嘉淦沽名钓誉，所收的银子也不足额。当时管理户部的是果亲王允礼，他听到这些传言后，认为孙嘉淦作为大臣，肯定不屑于做这些收银子、过秤的小事，决定亲自去看一看孙嘉淦是怎么工作的。可当这位亲王悄然出现在银库时，发现孙嘉淦正在聚精会神地给银子过秤，对银库里的各种体力工作，孙嘉淦也与其他吏员一起干，毫不畏缩。果亲王于是走上前，向周围人询问孙嘉淦在这里的工作状况，以及银子是否缺斤短两。银库中的人说孙嘉淦收到的银子都专门别置一处，不和别人的掺混。果亲王命人将孙嘉淦所收银两重新称了一遍，最终发现毫厘不爽。允礼离开银库后，向皇帝汇报了孙嘉淦的情况，雍正愈发觉得孙嘉淦是位宠辱不惊、有古大臣风尚之人。隔了一年，孙嘉淦被任命署理河东盐政。这又是一个肥缺，而且按照清代不成文的官缺制度，盐政大多为内务府包衣官缺，一般只能由内务府的人出任。令孙嘉淦出任此职，也不知皇帝是真信任他还是要继续考验他。

可以看出，孙嘉淦在雍正时期已经是一个敢于谏言、家喻户晓的正臣、诤臣，扮演了一个类似于唐代贞观时期魏征的角色。不同的是，这些事尚不足以让雍正帝成为唐太宗般的"明君"，只足以让孙嘉淦一下子成为一代名臣,以刚正不阿、敢于批评朝政的形象,名扬于士林民间。而《三习一弊疏》不但被乾隆皇帝欣然接受,且被明确宣示内外。这样,孙嘉淦敢于讽谏皇帝的形象再次得到大幅度强化。而有了乾隆帝如此之认可,当时的孙嘉淦在朝堂上可谓风光无限、声名益著。不久,孙嘉淦升任刑部尚书,兼管国子监。

3. 乾隆初期的班底重臣

而孙嘉淦之所以敢直陈时弊,形成君臣互动佳话,除了孙嘉淦自己性格耿直敢言,还有另外一方面原因,即乾隆皇帝虚心纳谏,试图把雍正以来的政治环境变得宽松起来。

即位之初的乾隆帝力行仁政,并极力纠正其父亲在位时过于严厉的政策。雍正时期受康熙晚年储位斗争的影响,政治斗争非常激烈。雍正帝在政治上迭兴大狱,打击政敌。在经济上急行垦政,增加国库收入,导致急功近利之督抚多靠盘剥百姓以迎合皇帝。乾隆帝即位后,首先解宗室诸王之禁,释放了仍在圈禁的允䄉、允䄔。允䄉于乾隆二年(1737)封辅国公,后又进为贝勒、恂郡王,到乾隆二十年(1755)去世。允䄔于乾隆二年被释放,封辅国公,乾隆六年(1741)去世,按照贝子品级祭葬。允祹被恢复亲王封号,到乾隆二十八年(1763)七月去世,予谥。其子弘昆也已去世,按照世子例殡葬;乾隆命以皇四子永珹为允祹后,袭郡王。允祉则被重新给予谥号,其子封贝子。甚至对被称为阿其那、塞思黑的允禩、允禟,乾隆也在雍正十三年(1735)就宣布给予阿其那、塞思黑子孙红带,收入玉牒,到乾隆四十三年(1778)又将允禩、允禟恢复原名,收入玉牒,子孙一并叙入。他还将被削除宗室之籍的弘时收入谱牒之内。其次,乾隆大力减免赋税,休养民力,纠正雍正时期各种偏激的经济政策,实现轻徭薄赋的目的。例如,在即位诏书中,他就下令将雍正十二年(1734)以前各省民众所欠钱粮悉行宽免。雍正时期文字狱盛行,以谢济世案、汪景祺案等为代表,曾一度形成对科甲士人的高压政策。乾隆即位后极力纠正了几起严重的文字狱,明显表现出对士人的优礼和善待。乾隆还大力提倡多一点"书生"之气,他认为"书气"二字,尤可宝贵。"果能读书,沉浸酝酿而有书气,更集义以充之,便是浩然之气。人无书气,即为粗俗气、市井气,而不可列于士大夫之林矣。"

从政治力量上看,年轻的乾隆帝并不满足于使用父亲雍正遗留的那些旧臣,而是在试图组建自己倚重的、以儒学名臣为核心的政治力量。弘历在即位的当天,还没有登基,就下令调被派往浙江处理海塘事务的大学士朱轼回京,协办总理事务,并调署河东盐政孙嘉淦来京,用为侍郎,又调原任按察使的魏定国、乔学尹,原任御史的谢济世来京相见,且命方苞在南书房行走,不久迁吏部右侍郎孙嘉淦为都察院左都御史,然后以平郡王福彭协办总理事务。当时虽然有前朝重臣鄂尔泰、张廷玉等人辅政,但新皇帝乾隆显然想组建一个朱轼、孙嘉淦等人为核心的推行仁政的新班底。

在雍正时期已经经历过大起大落的孙嘉淦,自然体会到这种政治风气的转变。十一月,在左都御史任上上任伊始的孙嘉淦,上《三习一弊疏》,直陈时弊。敢把朝廷的弊病向皇帝说得那么明白,这需要学识、才能,更需要胆量。才学对孙嘉淦来说不是问题,他进士出身,且是一名理学家,对儒家经典很有研究。像他这样有才学的大臣、高官,在清代不在少数。但论起批逆龙鳞的胆量,可能无人能出孙嘉淦之右。他的这份奏疏对于扭转雍正以来的政治风气,树立乾隆朝的新风格起了标志性作用。

在清代理学大臣中,孙嘉淦是较为注重实践的一位,其操守甚至超越以前的汤斌、张伯行等人。因此,孙嘉淦在乾隆时期一直备受信任,乾隆三年(1738),他由左都御史升任吏部尚书。不久,直隶总督李卫去世,乾隆帝将直隶总督这个极为重要的职位交给了孙嘉淦。由于掌管京城畿辅地区,京城内外满族贵族云集,从回避原则出发,直隶总督在清代大多时候为"汉人官缺",即多由汉人要员出任,且必须刚正强硬,才能震慑得住京城的王公贵族。直隶总督在各省督抚之中位列第一,任者多为皇帝心腹重臣,且需积累足够的总督经历才能调任此职。孙嘉淦由京官直接外放直隶总督，这在清代历史上实属少见，可见皇帝对他的信任与期望。但上任不久，他就面临一件极为棘手之事。

当时有一位叫马承宗的秀才，家产丰厚，死后其家产为另外一位叫王宰之人用尽各种办法吞并。马氏后人为此诉讼至官府，并惊动了直隶总督孙嘉淦。但此时，王宰通过贿赂太监刘金玉等人，投附到贝勒允祐后裔门下，得到其保护。允祐为康熙帝第七子，在康熙时期曾封郡王，由于他不参与储位之争，也没有加入党争，唯皇命是从，因此也得到雍正帝青睐。雍正元年（1723），允祐奉命管理左翼镶黄、正白、镶白、正蓝四旗事务，雍正八年（1730）去世。允祐子孙众多，且为皇室嫡亲，一般的官员不敢与他们对抗，保护一两个投附者自然不在话下。但孙嘉淦不避权贵，直接上疏皇帝，请求提交刑部依法处理，最终使马氏家族得到昭雪。乾隆帝还对孙嘉淦这种能够严格执法的精神极力表扬。

有如此有利的政治环境，当时作为经世官僚的孙嘉淦，也应该是意气风发了。

二、"理学官僚"孙嘉淦的经世致用

1. 位列封疆，经世济民

乾隆帝的重用，为孙嘉淦充分实现理想、施展才华提供了舞台，孙嘉淦成为乾隆新政路线的积极践行者。例如，孙嘉淦在雍正时期对雍正帝很多清除异己的做法不以为然，他为此几致获罪。乾隆年间，他由左都御史上任直隶总督，极力纠正雍正时期的一些偏激做法，以安抚百姓。其中一件体现孙嘉淦经世思想的事便是他对禁酒令的反对。

雍正时期的直隶总督李卫根据皇帝的旨意，在直隶地区采取极为严厉的烧锅禁令，即严厉禁止民间造酒、贩酒的行为。凡是私自酿酒、贩卖酒者，皆治以重罪。故李卫总督直隶期间，曾一年查获私酿案364件，抓获嫌犯1400余名。孙嘉淦上任伊始，也曾在一月之中破获私自酿酒案78件，嫌犯落网350多人，而地方州县自行结案者数量更多。他由此开始认识到禁酒令的问题。经过一段时间的调查和思考，他上疏乾隆帝，主张废止酿酒、贩酒的禁令，遵守经济规律，不要与民争利。他向皇帝指出："烧锅禁则酒必少，酒少则价必贵，价贵而私烧之利什倍于昔。什倍之利所在，民必性命争焉。"也就是说，利润越大，酒禁越严，民间私酿、私贩的情况就会越严重，政府投入其中的精力越大，不但达不到禁酒、节省粮食的目的，反倒会引发社会的不稳定。其结果是"盐枭未靖，酒枭复起，天下骚然"。看了他的上疏，乾隆帝深为重视，立刻让各地督抚共同商讨此事。

孙嘉淦在司法方面更是审慎有加。有名叫焦韬的人被告发支持邪教，由此有数百人受到牵连。孙嘉淦获悉后，经过慎重调查，认为焦韬纯属被人构陷，为其雪冤，数百人也得以幸免。还有一个叫纪怀让的村民吃饭时将红色小豆汁洒在衣服上，正赶上村里有人被杀，而纪怀让身上有红色小豆汁。办案的官府衙役以为那是血，于是抓捕了纪怀让，经过严刑拷打，纪怀让不得不认罪，在即将被处决之时，知府陈浩获悉其冤情，告知孙嘉淦。孙嘉淦经调查后对他予以开释。

18世纪中期，当清朝走向全盛之际，孙嘉淦能够在地方治理方面落实乾隆新政的路线，矫枉纠偏、去除积弊，一方面是因为与皇帝在政治思想上非常吻合，另一方面，他能直陈朝廷弊端，发出令人警醒的声音，归根结底还在于他有着修身齐家治国平天下的抱负，有着传统士人身上所担负的道统精神，他的一生充分体现了18世纪中国经世学派的特点。

高王凌先生曾提出，在17世纪以黄宗羲、顾炎武等人为代表的经世学家和19世纪以曾国藩、张之洞等人为代表的经世学家之间，18世纪也存在一个经世学派，如此才构成中国晚明以来三百余年经世思想发展的完整脉络。孙嘉淦等人都是这个经世学脉络中前后相继的节点。说他们是一个学派，是基于这样几个特点：第一，这些人都精研儒学，特别是对程朱理学十分推崇并有深入研究,由此而形成自己的思想。孙嘉淦在《三习一弊疏》中,就明显将他的劝谏建立在儒家内圣外王哲学的基础之上。孙嘉淦是理学家,对儒家经典研究精深,曾为《春秋》释义,并刊行天下。第二,这些人主张学以致用,积极入世,大多位列朝臣或封疆大吏,主政一方,遵循"外王"之道,在国计民生方面兴利除弊、造福地方。第三,这些经世学家具有较高的道德品质,相对于当时众多的贪官污吏来说,他们好学崇德、清廉持正、救世济民。

这些精通儒学的经世学者一方面讲求经世致用,积极入世,通过出任封疆大吏有所作为,因而是皇权体制的维护者,与皇帝之间有诸多一致之处;另一方面,他们身上表现出以道统承载者自居的士人精神,有独立的思考、见解,不但在治国安邦方面可以给朝廷提出切实可行的建议,也能够勇敢地指陈时弊。

2. 身处18世纪经世学派群体中

其实,无论哪个朝代,无论政权如何更替,经世致用的思想与精神一直源远流长、传承不断。以清初的著名理学家汤斌为例,他身上表现出一种典型的内圣—外王的政治实践路径。汤斌是顺治时期的进士,官至工部尚书。他清廉俭朴,出任陕西潼关道道员时,为不扰民,只有主仆二人加三头骡子带着行李、书箱。更让人称奇的是,康熙三年(1664),汤斌的父亲过世,他回家守孝三年。到康熙五年(1666),守丧结束,本可以回到官任上的汤斌却离开了官场,他骑着骡子,带着书箱,拜孙奇逢为师,与顾炎武、黄宗羲等学者研读宋明理学。顾、黄等这些晚明以来的思想家虽以"遗民"身份不仕清朝,但他们仍通过著书立说、广收门徒,将"经世"思想传承下去。到康熙初期,当他们的后人、学生等新一代的"经世"者不再有"遗民"之累时,入仕为官、经世济民便成为汤斌、徐乾学(顾炎武外甥)等人的政治追求。康熙十八年(1679),康熙帝下诏举行博学鸿儒科考试。朱彝尊、汪琬、潘耒、毛奇龄等50人被选拔出来,授以侍读、侍讲、编修、检讨等职。汤斌亦被征召,并以优异成绩得授翰林院侍讲。几年后,汤斌由内阁学士外放为江宁巡抚。在此任上,汤斌鼓励发展农业生产,赈灾救荒,又扫荡淫祠小庙,端正地方风俗。在康熙帝看来,汤斌操守高尚,为官员楷模。而到乾隆时期,乾隆帝让汤斌陪祀孔庙,并追谥"文正",使其成为清代有"文正"谥号之第一人,此等荣耀几乎无人能及。

在整个18世纪,即清朝的极盛时期,此类讲求经世致用的"理学官僚"的大量出现,成为那个时代的一种突出现象。理学官僚不仅追求达到由内圣到外王的思想境界,因此饱读诗书,精通儒家思想,更追求积极入世、有所作为,因而通过科举入仕,跻身大僚,努力解决社会问题、挽救社会危机,将思想付诸实践。19世纪魏源等人仿照《明经世文编》编辑《皇朝经世文编》,将清代诸多此辈中人的奏疏收录其中,更是集中展现了这些人在"经济"方面的见地、作为。晚清的张之洞亦曾专门论及于此:"士人博极群书,而无用于世,读书何为?"故而他认为,"理学家"之外别有一种"经济家",其名臣若孙嘉淦、李绂、陈宏谋、朱轼、鄂尔泰、舒赫德、方观承、刘统勋……诸家皆经济显著者。[①]

上述所言中历仕三朝的朱轼出身进士,精通理学,推崇汉代之董仲舒、宋代二程、朱熹之学,讲求格物致知,砥砺德行。因为学问优长、品德高尚,他被雍正帝礼聘为弘历的老师,"设席懋勤殿,行拜师礼"。他给弘历讲解程朱理学,对其影响很大,在一定程度上奠定了乾隆初期追求仁政的基础。同时,朱轼讲求实政,他数次主持修造浙江海塘,总理直隶畿辅水利营田,清廉持正、善待百姓,是一个典型的讲求经世济民的士大夫。故雍正帝驾崩后,弘历即位之前急调在浙江的朱轼回京,他成为当时最受倚重的大臣,后来停止清丈地亩等纠正雍正时期偏激政策的出台,都出自朱轼之手。现在无法考证孙嘉淦与朱轼之间的交情如何,但从朱轼冒险自雍正帝面前保护孙嘉淦,以及乾隆帝对二人同时予以重任来看,不

---

① 高王凌:《18世纪经世学派》,载《史林》2007年第1期。

管二人有无密切交往，至少他们在从政风格上是声息相通、惺惺相惜的。只可惜，乾隆元年（1736）时朱轼已经体衰多病，难撑朝局。九月，朱轼病笃，乾隆帝亲临探望，朱轼闻讯后，"力疾服朝服，令其子扶掖，迎拜户外"，表现出他恪守臣节之理学思想。次日，朱轼去世，他在遗言中说："万事根本君心，用人理财，尤宜慎重。君子小人，公私邪正，判在几微，当审察其心迹而进退之。至国家经费，本自有余，异日倘有言利之臣，倡加赋之税，伏祈圣心乾断，永斥浮言，实四海苍生之福。"这其中透露出的思想，如不加赋税，现在看来比较保守，但在当时来说，实在是为天下百姓着想，力劝皇帝勤俭、力行仁政之根本。尤其是他也提到"君子小人，公私邪正，判在几微，当审察其心迹而进退之"，这与孙嘉淦在《三习一弊疏》中的思想如出一辙。

因此，放到这个视角下来看，孙嘉淦的思想和行为就很好理解了。他是清代经世学派谱系中的一个环节，是秉承"穷则独善其身，达则兼济天下"理念的理学官僚。

然而，有了这样的道义和信念，就能在那个时代有所作为吗？实际上，孙嘉淦在直隶总督任上任职并不顺利，他很快被卷入朝堂上的党争。

直隶总督的一大任务就是治理永定河、子牙河等威胁京师的水患。孙嘉淦上任后，经过广泛调查，曾拿出一套综合治理永定河、子牙河、南运河、北运河的方案。在此方案中，他不避权贵，否定了大学士鄂尔泰曾经提出的在下游开凿引河的治河主张。他认为"开河易，达海难，设中途梗阻，必更漫溢为患。且海口开深，又恐潮水倒灌"。因此，他主张以修理各河梗阻处为主要方案。此方案虽获得乾隆帝赞许，孙嘉淦也由此获封太子太保，但他不经意间开罪了鄂尔泰。

乾隆五年（1740），孙嘉淦又提出治理难度最大的永定河的方案，核心内容是上游筑坝，下游引导永定河回归故道。此方案获得有多年治河经验，负责治理运河、淮河的江南河道总督高斌的认可，乾隆帝也大为赞赏。但治河之功规模浩大，并非短日内可以见效。在修治过程中，永定河水再次泛滥,引起皇帝之不满,他认为孙嘉淦难辞其咎,并派鄂尔泰前往勘查。勘查结果自然是对孙嘉淦不利的,鄂尔泰认为应堵塞上游堤坝放水口,使水流往他处。虽然孙嘉淦仍然据理力争,但皇帝尽管表示他仍然很相信孙嘉淦的诚实品质,在治水方案选择上还是转而支持鄂尔泰之策。乾隆六年(1741),孙嘉淦被调任湖广总督。由直隶到湖广,在官场上是一种倒退,其中实际包含着皇帝对他的一种贬抑之意。

清代康乾时期曾花大力气治理黄河、淮河、运河,以及畿辅地区的永定河等,但治河工程大、见效慢,常常是方案未及全部实施,便又发生水患。由此,治河往往成为朝堂之上各派官员攻击政敌的一个主战场。康熙时期已有大学士明珠围绕靳辅治河之事暗中排斥异己,而在乾隆初期,鄂尔泰、张廷玉之间的党争尤为激烈,凡是鄂尔泰等满族大臣提倡之事,必遭汉族大臣反对,凡是张廷玉等人主张之事又会遭到鄂尔泰门人的抵制。孙嘉淦在不经意间已经被卷入这种朝堂党争之中,若想再有作为,的确很难。

调到湖广的孙嘉淦日子并不好过。在一场围绕湖南官员浮收漕米的复杂案件中,孙嘉淦被指责企图徇庇下属,撤去官职,发往北京顺义修筑城墙,第二次被贬为一个吏员。但第二年,皇帝又任命他为宗人府丞、左副都御史。乾隆十二年(1747),孙嘉淦以年老乞休获准,致仕回籍。两年后,乾隆皇帝又将他召回,入值上书房,几年内又用为兵部侍郎、工部尚书、吏部尚书、协办大学士。而就在这时,"伪孙嘉淦奏稿案"爆发了。

三、在"伪稿案"旋涡中

乾隆十七年(1752),70岁的孙嘉淦被提升为吏部尚书、协办大学士。虽然距正一品大员内阁大学士还有一步之遥,但对于平常人来说,这也算人生幸事、仕途顶峰了。只是孙嘉淦在当时肯定高兴不起来,此时的他正处于人生最后也是最痛苦的一个阶段。一个席卷全国的文狱大案——

伪稿案,几乎毁掉了孙嘉淦过往的人生观。

1. 伪稿案的爆发

伪稿案,也称"伪孙嘉淦奏稿案",就是乾隆帝为查办以孙嘉淦的名义批评皇帝、指斥朝政,且在民间广泛流传的一篇伪造奏稿而发起的大案。

乾隆十六年(1751)八月初,刚刚结束了木兰秋狝狩猎活动的乾隆皇帝带着太后、百官回到热河避暑山庄。此时,一封来自万里之外昆明的奏报,让避暑山庄内那种惬意的气氛骤然变得紧张起来。在那个奏折中,云贵总督硕色称发现一张到处流传的邸报,邸报所录奏折以"五不解、十大过"为名,谤讪皇帝、指斥朝政,而署名人竟是当朝名臣、工部尚书孙嘉淦。硕色还将这张邸报原件附在奏折后面。乾隆帝看完,顿时火冒三丈。他相信忠诚的孙嘉淦不会这样写,一定是有人假冒这位刚正不阿的谏臣的名义伪造奏稿,攻击皇帝和朝廷,其背后肯定有一个包藏悖逆之心的巨大阴谋。在与军机大臣讨论一番后,八月初五,乾隆皇帝签发了一份密谕,立刻交给在外驻扎等候的兵部差官,通过驿站迅速驰递各省。一场查办伪冒奏稿的大案就此拉开序幕。

但实际上,伪稿的传播由来已久,只不过乾隆皇帝刚刚意识到它的严重性。

早在乾隆三年(1738)五六月间,京师之中便在传言刑部尚书孙嘉淦奏稿之事。当时在社会上广泛流传的一份奏稿,竟以孙嘉淦的名义密参在朝大臣多人,包括大学士鄂尔泰、张廷玉、徐本,尚书讷亲、海望等。这件事很快为乾隆帝得知,六月,乾隆帝针对这种传言专门发布上谕,指出此种讹言他已经听说一个多月了,他认为传言之所以流播,或是因为有人忌妒孙嘉淦受重用,以图排挤;或是有人想趋附孙嘉淦,以期获得孙嘉淦重视。乾隆帝只是把它当作涉及朝廷大臣之间政治关系的一种谣言,认为或许关系到雍正旧臣鄂尔泰、张廷玉、李卫之间的明争暗斗。即位不久的他并没有对此大动干戈,"但此事传言已久,目前姑不深究,祇令步军统领、巡城御史严行禁止之。嗣后如有此等造言之人，必当查拿，根究其所自来，重置于法，以杜人心风俗之害"。

目前没有材料能够证明步军统领等是否查获了最初的伪稿来源，然而由此可以看出，孙嘉淦正直之名肯定是获得了民间的广泛认同，在老百姓心中，他是一个可以为民主持公道，甚至救民于水火的"青天大老爷"。

1751年传至乾隆耳中的这份伪稿的内容在当时被概括为"五不解、十大过"，这个概念经常被用到办案的各省督抚奏折中，然而就目前发现的档案来看，当时广泛传播的伪稿竟没有片纸残留，现在其内容已经难以追查。能够解释这种状况的最大可能就是伪稿被彻底销毁了。正如山东巡抚鄂容安在乾隆十六年（1751）十一月的一份奏折中称："应尽灭伪稿，不使闾阎遗留片纸，庶邪说得熄，并可免好事之辈将来复肆谤张。"而且，清朝亦有"悖逆之言不入奏折"的规定，没有哪个督抚敢在奏折中抄录伪稿内容。如此看来，那流行一时的伪稿看来已经被销毁得干干净净，以至于我们现在根本无法洞悉"五不解、十大过"的真实内容。

但通过查办此案过程中各地官员的奏折和嫌犯口供，还是可以整理出"五不解、十大过"的一些内容，大致有：①皇帝南巡，劳民伤财，差务繁重。②第一次金川之役，劳师糜饷，毫无成就。③质问金川之役为何杀张广泗，诿过臣属。④提及孝贤皇后丧事风波及其传言，指责皇帝对皇后的迫害。⑤质问曾静案中乾隆皇帝为何杀人禁书。

由此大概可知，伪稿中"五不解、十大过"所指都是乾隆执政以后重要的政治事件，对皇帝的诸多暴政进行批评，实际上是对乾隆执政十五年政绩的彻底否定，这怎能不让皇帝火冒三丈？我们现在可知，第一，当时皇帝接受了硕色的观点，将撰写伪稿者定性为"显系大恶逆徒，逞其狂悖……不法已极"，将伪稿视为一种政治阴谋，所以才令直隶、山东、山西、河南、湖北、湖南、贵州各省派干员访察，坚决要将撰者一网打尽。第二，此事皇帝准备密查，而且要"密之又密"。对这件突如其来的案子，怎么去追查，到底会有多大影响，皇帝以及军机大臣等都还没有看得非常明白,因此密查应该是一种最好的手段。第三,皇帝的这份上谕中其实包含着对伪稿传播范围的一个判断,他之所以让上述各省密查伪稿,而没有惊动别的省份,是因为直隶、山东、山西这几个省属畿辅重地,而且山西还是孙嘉淦的老家;河南、湖北、湖南、贵州则都处在从云贵到京城的沿途之上。也就是说,在发出这份上谕的时候,皇帝或许经过与军机大臣的商量,已对伪稿的可能来源有了一个初步的判断。然而,后来的事实证明,伪稿传播地域范围和时间都大大超出乾隆帝的想象,乾隆帝及军机大臣等最初对伪稿传播的严重程度估计不足,其传播重灾区在江西、苏、浙一带,且传播时间已一年有余。

同时,我们可以从档案的字里行间感受到持续一年多的肃杀、恐怖政治气氛。在皇帝的高压之下,上千人被抓,无论官员还是百姓,只要与伪稿嫌犯沾边,都意味着一种灾难。他们会被捕、抄家,受到严刑拷打、鞭笞杖责,身陷囹圄,甚至是掉脑袋。所有人都将手里的伪稿付之一炬,没人敢存、敢留,甚至在茶余饭后也绝不敢把伪稿当作谈资。官员将查获到的伪稿上缴,最后汇总到京城的军机处销毁。人们都像躲避瘟神一样躲避伪稿。

此时的孙嘉淦会是什么心态呢?

2. 身处政治暴风眼中

乾隆帝一再表示相信孙嘉淦不会是伪稿的作者,但对孙嘉淦家族之人给予了足够多的关注,这是他最初把山西列入密查范围的原因之一。皇帝密谕发出后的第五天,即八月初十,山西巡抚阿思哈接到这份密令,他迅速召集山西的布政使、按察使及各司道等密商查办措施,然后精心选拔各府州县中之精细者,让他们筹备查拿伪稿的各种方案;同时又派佐杂中明白之员,改装易服,授以密缉踪迹之法,深入各地私下打探。阿思哈令这些人既不能纵漏,亦不许株累无辜,还以陕西提督的身份,密札太原、大同两镇总兵一起访查伪稿线索。至于孙嘉淦老家的族人,自然也会成为阿思哈重点关注的对象。他非常明白皇帝的意思,故回复乾隆帝称:"查孙嘉淦系山西兴县人,其亲族繁衍,或有不肖之徒假名捏造,妄肆狂悖,亦未可定。臣已密传该县到省面加谆嘱,令其密缉。"

孙嘉淦至少目睹了多起读书人在伪稿案追查过程中被杖毙、杀戮的惨烈景象,比如在他的家乡山西,一个叫王肇基的秀才就撞在了枪口上。王肇基曾多年参加科举考试,但屡试不中,后流寓于山西省介休县(今山西省介休市)。乾隆十六年(1751)正逢皇太后六十大寿,王肇基写了一副《恭颂万寿诗联》,想通过为太后祝寿,获得官府青睐,谋个一官半职。他很快将诗联呈送给汾州府同知图桑阿,图桑阿看后认为其中有一段文字议论古今的很多事情,也包括对当时一些朝廷大臣的评价,有"毁谤圣贤,狂妄悖逆"之嫌,立刻呈送上级。王肇基的诗联很快送到山西巡抚阿思哈的案头,阿思哈看后也认为属于"借名献颂、妄肆狂言",一面将王肇基关押在巡抚衙门,一面奏报乾隆。乾隆帝看后,令阿思哈"速行严密讯鞫,务得确情,按律问拟,毋得稍有漏网"。在受审时,王肇基称此举只是为皇太后祝寿,以求官府重用。在被问及为何要对朝廷大臣妄加评议时,他说自己曾在地方做过书吏,接触一些公文,对朝廷的事情也了解一些,议论朝政、大臣也只是为了引起官府注意。

恰在此时,伪稿案爆发。由于王肇基在他所献的诗联中也有对朝廷大臣不满的一些议论,阿思哈立刻怀疑他或许与伪稿有纠葛,乾隆帝也令阿思哈派快马将王肇基所献诗词驰送京师。当乾隆帝收到并看了王肇基的诗句后,立刻明白王肇基与伪稿案无关,所以他的朱批是:"知道了。竟是疯人而已。"但他没有放过王肇基,认为"此等匪徒无知妄作,毁谤圣贤,编捏时事,病废之时尚复如此行为,其平昔之不安本分,作奸犯科,已可概见,岂可复容于化日光天之下?",于是命阿思哈将其立毙杖下,让百姓引以为戒。

乾隆皇帝在大规模查办伪稿案的过程中,仍然维持着对孙嘉淦的宠眷,不但不责怪他,还给他屡屡升职。乾隆帝将孙嘉淦由工部尚书调任吏部尚书,然后又擢其为协办大学士。连孙嘉淦的儿子也以荫生的身份被授以刑部主事。然而，伪稿案实际上给孙嘉淦带来了巨大的压力。《清史稿》载，"嘉淦益自抑"，每日战战兢兢，叹息不已。当年的铁骨铮铮已经变为老态龙钟、步履蹒跚。他经历了伪稿案追查、审案的全过程，眼看着很多封疆大吏被革职、抄家，甚至锒铛入狱，感受了乾隆皇帝催促办案的天威难测。他也看到了普天之下都在为"孙嘉淦"这个名字东奔西跑，无数人为这个名字呼天抢地、身陷囹圄。孙嘉淦这位一直谋求古大臣之名的儒者或许终于明白什么叫"为名所累"。天恩仍隆，功名无阙，但皇帝的恩宠，与其说是荣耀，不如说是折磨。那其中的微妙似乎足以让孙嘉淦窒息，年迈的他连退休都不敢再提，一直噤若寒蝉、焦虑不安。

伪稿案在追查了近两年后，在乾隆十八年（1753）的三月，乾隆帝处决了两位疑似为伪稿原作者的嫌犯刘时达、卢鲁生，然后宣布结案，停止了在全国对伪稿的拉网式搜查。但后世学者多认为，其实朝廷并没有抓到真正的撰稿者，因为当此二人被杀后，伪稿传播的线索仍在各地出现，只是朝廷根本无力再去追查；乾隆帝也意识到，进一步追查犹如入海算沙，难有结果。因此，被杀的二人不过是皇帝为挽回脸面找的替罪羊。也就在乾隆十八年十二月，在伪稿案的追查已经全部尘埃落定后，孙嘉淦郁郁而终，病逝于任上。

孙嘉淦作为理学家，自然有所著述。但晚年他却亲自销毁了自己的书稿、书版，理由是自己对它们很不满意。实际上，孙嘉淦发觉，伪稿案的爆发和追查，已经让皇帝及他主导的官场对民间的书籍、文字恨之入骨，越来越难以容忍民间的各种舆论。有不少贡生、秀才虽与伪稿无关，但因为被发现写有各种犯忌讳的文字而被抓、被拷问，甚至被砍头。皇帝似乎越来越把内心的一种"恨"和"狠"发泄到这些读书人身上，"清高"与"思想"受到了权力的狙击。他相信，在不远的将来，无数的读书人将会因为自己引以为豪的文章、著述获罪，甚至罪及子孙。

死，对孙嘉淦来说或许真的是一种解脱，他无须再在皇恩浩荡下战战兢兢，无须再害怕别人在背后指指点点，也无须再看到更多的读书人、平民百姓因为持有一张署着他的名字的纸被抓、被杀，而他却不敢再劝谏皇帝。皇权一旦露出狰狞的面目，孙嘉淦所恪守的那些圣人之言、那些仁义礼智信的道理，都变得苍白无力。

乾隆帝最终还是决定给予孙嘉淦"文定"的谥号，以表达对这位诤臣的敬重。在连一代名相张廷玉都难以保全自己的政治环境中，孙嘉淦似乎又显得足够幸运，死得"恰到好处"，不仅最终保全了皇帝给他的殊荣，以后还将彪炳史册。

四、在文狱风暴的边缘

孙嘉淦虽经历了伪稿案的磨难，好在并未惹祸上身，有惊无险，终得善终。他没有轰轰烈烈的事迹，不是一个有太大作为的官员，但他早期秉持儒家政治理想，怀经世济民之心，规劝帝王力行仁政、持躬正直，奉职公忠，把自己塑造成了一个传统士大夫，尤其是《三习一弊疏》，足以让他这个有着强烈经世思想的理学官僚成为有古大臣之风的一代名臣。然而伪稿案掀起的政治风波表明，帝王口中的盛世，对士大夫们来说并非一片乐土。

1. 清帝之勤奋好学

自汉代以来，中国的君主与士大夫之间既要合作共生，又存在很尖锐的矛盾。君主掌握着政权，即"治统"，而士大夫则掌握着儒家思想的解释权，承载着"道统"。对君主来说，他们需要掌握儒家思想的士大夫为其政治统治摇旗呐喊，证明其合法性，并建立一套礼法秩序，而一旦士大夫们触犯了皇权专制的体制，妨碍了皇帝们的专权，等待他们的则又是帝王狰狞的面孔和无情的屠刀。汉代的董仲舒发展了儒家思想，证明了帝王掌握最高权力具有"天人合一"的合法性，成为解释帝王政治最伟大的理论家，也因此享尽尊荣。但当他企图以天人感应说规劝皇帝时，汉武帝立刻翻脸，他差一点惨遭屠戮。到明代，士大夫们也曾以一种前仆后继的精神与正德皇帝、嘉靖皇帝、万历皇帝等围绕礼仪、储位等问题展开激烈斗争，但被投监者有之，被杖毙者有之。而以文字获罪，不过是这种斗争的延续。这其中需要把控两层因素，一是权力之争，二是"治统""道统"之争。

在中国历史上，作为政治意识形态的儒家思想，都是由生活在民间的大儒来掌握，不是由皇帝本人来掌握的。但到清朝的时候，特别是康雍乾几代皇帝时，他们不仅仅推崇儒学，重用这些儒学大家，而且亲自刻苦攻读儒家经典四书五经，对程朱理学的研究达到很精辟的地步。康雍乾几位皇帝超越其他皇帝之处，不仅在武功方面，更在文治方面。他们作为满族人，并非汉人皇帝，然而论对儒家经典的熟悉程度和在儒学方面的造诣，即使置于历代君主之中，恐怕也很少有人能够超过他们。他们不仅好读书、勤读书、积极学习，还能学以致用，励精图治。

这几代皇帝对儒家经典的积极学习表现在两个方面，一是自幼在上书房接受系统的儒家思想训练。清代自康熙时期，开始形成针对皇子们的严格教育制度。清朝宫内设有上书房，专供皇子读书之用，皇子们六岁开始入上书房就师学习，他们每日凌晨5点前开始早读、上课。乾隆时曾任军机章京的赵翼记载，自己在军机处当值时，凌晨残睡未醒，便看到皇子们提灯去上书房就读。皇子学习的主要内容就是儒家经典。雍正帝说自己"幼承庭训，时习简编"。皇子在上书房的学习由皇帝钦派大学士或尚书一级的官员总体负责，每位皇子都由专门的翰林学士分别指导，以乾隆帝弘历为例，弘历主要的老师包括徐元梦、张廷玉、福敏、朱轼等，都是研究程朱理学的大家。他们指导弘历熟读《易经》《春秋》，以及宋儒性理诸书、《通鉴纲目》、《史记》、《汉书》、唐宋文章等，既讲解儒家经典和理学奥义，又涉及社会现实、民生疾苦，总结历朝的治乱兴衰。二是皇帝在位期间仍然勤学不辍。一方面是以经筵讲学为代表的制度化的学习。1669年，16岁的康熙帝亲政后不久，即建立经筵讲学制度，定期召请当时著名的儒学大臣如熊赐履、王熙等，为皇帝讲解四书五经。每逢讲学，皇帝总是有疑必询，连连发问，康熙皇帝甚至要求讲官讲完后自己先复讲，然后再由讲官评点，可见其求学心之切。这种主动学习的精神保证了学习制度不流于形式。

就这样，皇帝每日凌晨读书、晚上学习，除非遇到重要节日，否则宫内很少听到管弦丝竹娱乐之声，以往那种晏处深宫、莺歌燕舞、耽于逸乐的景象在康雍乾时期几乎绝迹。难怪雍正帝曾一再说当皇帝是个苦差事。

2. 清代皇帝与士大夫在争什么？

几位盛世之君之所以如此积极好学，是因为出身满洲部族的他们，深知尊孔重儒对治理以汉人为主体的一个庞大国家的重要性。通过刻苦读书，他们在儒家经典掌握方面达到很高的理论水平。康熙帝每学完一部书就主动让身边的大臣抽查、考查自己，最终，连熊赐履、李光地这样的理学重臣也称康熙帝"讲论精微，义理融贯"。雍正时期的大臣鄂尔泰则称雍正帝"幼耽诗书，博览弗倦"。

另一方面，由于皇帝掌握了大量理学知识，也就有能力对理学家的观点进行反驳。如在理学家的提倡下，当时夫死妇殉的社会风气颇为流行，朝廷还经常对此进行旌表。康熙帝却对理学家的这种迂腐不实的观点进行批判，下令停止对殉节的旌表，以遏制不良风气，表现出他以实心行实政的精神。可见，一旦皇帝自己掌握了儒家经典的解释权，也就掌握了与汉人士大夫在意识形态领域展开短兵相接的长期斗争的制高点，而这样一来，传统汉人士大夫的优势便荡然无存。

以康熙帝为例，他年轻时对熊赐履、李光地、魏象枢等理学大臣充满敬意，一直虚心请教。但随着年龄的增长以及他自己对儒学的掌握越发深刻，他变得自视甚高、唯我独尊，对以上几位大臣常报以不屑一顾之态度，甚至指斥他们为"伪道学"，以所谓人品定学术高下，开始以势压学，操学术予夺之权。例如，康熙帝在剪除鳌拜势力过程中曾受到熊赐履鼎力相助，事后他对熊言听计从。康熙想巡幸塞外，被熊赐履劝阻。熊赐履又力主建立起居注制度，而且不让康熙帝看起居注内容，力图以此规劝皇帝。当时年轻的康熙帝对此也都基本接受。但康熙三十三年（1694），康熙帝开始斥责熊赐履为"伪道学"。他将大学士熊赐履曾经犯过的将票拟错的文件口嚼咽下的行政错误，解释为为人伪善的表现，又批评熊赐履所著《道统》一书"过当之处甚多"，认为王鸿绪请求将此书刊刻颁发学宫，高士奇也为之作序，这些道学之人怎么如此务虚名而事干渎！熊赐履七十多岁退休回乡后，康熙帝又派人时刻监视熊赐履的一举一动，连他生病请哪个医生、吃什么药等细节都不放过，表现出康熙帝对汉族士人领袖的戒惕。而康熙晚年之所以如此贬低、防范这些理学官僚，其目的在于排斥这些士大夫在解释儒家思想和政治统治合法性方面的发言权。

雍正帝在曾静案发后，亲自撰文，引经据典，对自古以来的夷夏之别从理论上进行辩驳，为满族入主中原的合法性进行辩护。他极力论证了中国古代的虞舜为东夷之人，周文王为西夷之人，但后来都成为圣人君主。春秋时期楚国最初被周天子视为"夷"，秦穆公也曾霸西戎，但这两个"夷""戎"国家后来都得到孔子的认可。可见地域、民族的身份并不足以决定一个人是否能够做君主，仁德爱民才是主要标准。雍正帝对华夷之辩的批驳，所用的也都是儒家理论，即使现在也常为学者引用，这显示出他自己较为深厚的儒学功底。

当皇帝掌握了儒家经典之后，自然会将之用于对自身政治合法性的解释与维护。例如，泰山是中国的政治名山，从秦始皇开始，皇帝们都要去泰山封禅，但到清代，清朝皇帝提出了一个新理论。康熙皇帝屡屡登临泰山，他写了一篇文章，大意是：泰山的山脉自长白山来。从现在的地理学角度来说，泰山和长白山根本就不是一系的山脉，但是康熙就要这么认为。泰山不是很重要的一座政治山脉吗？人们不是都知道泰山封禅吗？于是，他便说泰山源于长白山。长白山是满族人的老家，处于东北，这样的说法，可以凸显他们统治中原地区的政治合法性。由此可以看出，文字狱的频发，很大程度上是清朝皇帝和汉族士大夫争夺意识形态解释权的斗争结果。为了同那些秉持"华夷之辩"理念的士大夫展开斗争，皇帝甚至不惜将这种斗争推进到一种连疯汉都不放过的极端地步，这也是孙嘉淦等儒学名臣、梗骨诤臣难以有所作为、不得不低头缄默的主要原因。这就是18世纪中国士人所处的政治环境的真实写照。

对于乾隆帝来说，如何处置孙嘉淦是一件颇费脑筋的事情。对于孙嘉淦这样一位名满天下的诤臣，如果仅以对"伪稿"的质疑而进行处置，显然难服天下人心。然而，如果任凭伪稿流传，那皇帝的所作所为，则成为舆论指责的对象，皇帝权威扫地，而孙嘉淦本人则可以成为儒家道义的化身，这是乾隆皇帝难以容忍的。故而，对伪稿案的拉网式追查在所难免。

总之，作为经世派官僚的一员，在乾隆时期文狱风暴初起之时，孙嘉淦能够成就正臣之名，很幸运地得以善终，实属不易。即位之初一直信誓旦旦称不能以文字罪人的乾隆帝，终于还是祭起文狱屠刀，用不了几年，乾隆帝发动的文字狱会愈发惊心动魄。他学会了父亲借文字狱整肃朝政的手段，更站在意识形态的高处，以极端高压的姿态应对民间对朝廷的不满和潜在的反清情绪。孙嘉淦若活在晚些时候，且不说官位、名誉，自己的性命和家小能否保全都尚未可知。他似乎预料到疾风骤雨即将到来，在死前把自己的著述全部焚书毁版，让自己的思想在人间绝迹。除了孙嘉淦，那时诸多的经世派官僚大多放弃了"立言"的奢望，更多地将精力集中到在现实中建功立业、在与君主合作的前提下有所作为上。直到乾隆以后，随着乾隆那种政治路线日渐难以维系，汉人士大夫开始重拾政治话语权，再次走向历史舞台的中心。

参考文献

1.《皇朝经世文编》。

2.《清圣祖实录》。

3.《清高宗实录》。

4.《清文宗实录》。

和珅

满族权臣巨贪的一种形态

和珅履历表

姓名	钮祜禄·和珅
别名	原名善保,字致斋
民族	满族
生卒年及所处时代	1750—1799,清朝中期
生平履历	乾隆十五年农历五月二十八(1750年7月1日),和珅出生
	乾隆三十三年(1768),19岁的和珅娶英廉之孙女冯氏
	乾隆三十四年(1769),承袭祖上的三等轻车都尉
	乾隆三十七年(1772),被授三等侍卫
	乾隆四十年(1775)十月,和珅被擢为乾清门侍卫。十一月再升为御前侍卫,并任命正蓝旗满洲副都统
	乾隆四十一年(1776)正月,授户部右侍郎。三月,命为军机大臣。四月,授总管内务府大臣。八月,调镶黄旗满洲副都统。十一月,充国史馆副总裁,赏戴一品朝冠。十二月,总管内务府三旗官兵事务,赐紫禁城骑马
	乾隆四十二年(1777)六月,转户部左侍郎,兼署吏部右侍郎。十月,兼步军统领
	乾隆四十三年(1778),监督崇文门税务,总管行营事务
	乾隆四十四年(1779),命在御前大臣上学习行走
	乾隆四十七年(1782)八月,加封太子太保。十月,充经筵讲官
	乾隆四十八年(1783),赏双眼花翎,充国史馆正总裁、文渊阁提举阁事
	乾隆五十一年(1786),任文华殿大学士,仍兼吏部、户部
	乾隆五十三年(1788),封三等忠襄伯
	乾隆五十七年(1792),兼翰林院掌院学士,充日讲起居注官
	乾隆五十八年(1793),充教习庶吉士,兼管太医院、御药房
	嘉庆三年(1798),白莲教起义领袖王三槐被擒,和珅因功晋升公爵
	嘉庆四年(1799)正月,被捕下狱,赐令自尽

作为横跨多部文学作品与影视剧的著名反派角色，和珅这个名字在当代可谓家喻户晓。他如同一个符号，代表着中国古代官员贪腐的"集大成者"，代表着一切中饱私囊、弃国家利益于不顾的"害群之马"的形象。每当我们寻找贪腐案例，最先想起的总是和珅。甚至连北京的恭王府，仅仅由于曾经是和珅府邸就成了廉政教育基地。但是，我们真的了解和珅吗？这个我们自认为很熟悉的人物，在文献、档案中留下来的材料其实极其有限。后世对和珅的评价基本众口一致地停留在贪腐问题上。那么我们是不是需要思考，这个曾在18世纪的中国权倾天下二十余年、本应形象丰满的重要人物，为什么会只留下贪腐的名声作为当今人们茶余饭后的谈资？更明显的一个问题是：若和珅只知敛财，乾隆帝怎么会那么重用他？如果不是乾隆帝头脑不清，就是我们对和珅的了解太片面了。

或许有人会问：我们只要把和珅当作贪腐案例就行了，有必要了解更多吗？然而，面对令人难以置信的贪腐数字，我们是否应该想一想：是什么造成了和珅的无限贪渎？为什么在我们的历史长河中，特别是在清代历史中，这样的巨贪大蠹会一再出现？我们能够避免这样的情况再现吗？要想突破固有印象来了解和珅，我们必须将他置于中国历史的大环境之中进行考察。

一、平步青云：一个满族没落贵族少年的逆袭

1. 勤奋善学的咸安宫学生

和珅，字致斋，钮祜禄氏，满族正红旗人。钮祜禄氏在清代是一个有着重大政治影响的家族，为清代满族八大姓之一。这个姓氏中最为显赫的是额亦都家族，额亦都位列随努尔哈赤征战天下的五大臣之首，子孙众多，家族昌盛。康熙初年四大辅臣中的遏必隆是额亦都之子，乾隆初年的

内阁大学士、首席军机大臣讷亲又是遏必隆的孙子。而且，这个家族从一开始就保持着与皇室的联姻，额亦都之女曾为皇太极第一任大福晋，之后其家族与皇室的这种联姻关系维系到晚清，以此通过诞育皇子稳固家族地位。乾隆帝弘历、咸丰帝奕詝的生母均为钮祜禄氏，著名的慈安太后也出身钮祜禄氏。

作为钮祜禄氏后裔，和珅所在的这一支并不显赫。他的高祖尼雅哈纳曾以军功"赐巴图鲁"，挣下了三等轻车都尉的世职，传到和珅父亲常保时已经是第四代了。常保曾在福建任八旗副都统，并获赠一等云骑尉。和珅的母亲是镶蓝旗嘉谟之女，嘉谟曾官至漕运总督。可以说，和珅出生在一个中上层的官僚家庭，若无意外，和珅也能靠父祖的荫袭获得不错的职官与地位。但不幸的是，和珅很小的时候父母便去世了，只余一位老家丁和偏房太太照顾他和弟弟和琳。祖上虽有爵位，但和珅年幼尚不能承袭。外公嘉谟常常接济，但始终不太喜欢和珅兄弟二人，故虽累世武秩，然家中"皆无蓄产"。和珅小小年纪不得不带着家仆刘全四处借钱补贴花销，因此少年时期和珅有一段日子过得并不轻松。这种境遇或许激发了和珅的潜力。而在满人具有特权的时代，和珅也并不缺乏机会。

靠祖上的恩荫，和珅10岁左右入选咸安宫官学。咸安宫官学在雍正时期是主要为培养内务府优秀子弟而创办的学堂，后来亦可招收八旗官员优秀子弟入学。其中分为汉书十二房和清书三房，各设教师一人，教授骑射和满语的老师各三人，开设满、汉、蒙古语以及经史等文化课。比起其他游手好闲的满族子弟，和珅学习很刻苦，博闻强识，不仅把四书五经背得滚瓜烂熟，还学会了满语、蒙语、藏语，并在诗词、书法、绘画方面也表现得极富天赋。这些知识为他日后被乾隆发现和重用打下了基础。

更重要的是，和珅在这里遇到了一些对他以后的发展起关键作用的人物。首先是吴省兰。吴省兰，字泉之，南汇（今属上海市）人，为当时著名学者、藏书家。乾隆二十八年（1763），吴省兰由举人考取咸安宫官学教习，曾任和珅的老师。

吴省兰发现，和珅聪颖好学，且极富心机，在众多的八旗子弟之中，唯有和珅每日刻苦临摹乾隆帝的书法，逐渐可以达到以假乱真的地步。他认为和珅日后必获重用，因此对和珅倾囊相授，和珅参加科举考试，亦多赖吴省兰之助。

2. 和珅的官场"逆袭"

在咸安宫官学读书满五年之后，和珅参加科举考试，考中"生员"，却没有考上举人。这段求学经历并没有为他进入仕途铺上红毯，却为和珅后来的发达储备了知识基础，而且逐渐改变了他穷困潦倒的生活状况，使他有机会接触社会上层，特别是他收到了户部左侍郎英廉为求孙女婿抛出的"绣球"，英廉也是在吴省兰之后，对和珅帮助最大的一个人。

英廉，冯氏，内务府汉军镶黄旗人，曾在科举考试中考中举人，后历任江宁布政使、江宁织造、内务府大臣、户部侍郎、刑部尚书、直隶总督、东阁大学士，以干练受重用。当英廉在京城任户部侍郎时，读书出身的他看中了长相英俊且有才气的咸安宫官学学生和珅，他料定和珅将来必定会大有作为，故托人撮合，将孙女嫁给和珅。小孙女父母双亡，靠英廉抚养长大。19岁时和珅与冯氏结婚，这对和珅步入仕途至关重要。以当时英廉的地位，提拔一下孙女婿易如反掌。

在英廉的运作下，和珅在20岁时得以承袭祖上爵位，获封三等轻车都尉。23岁时，他被授予三等侍卫，挑补粘杆处，亦即进入上虞备用处，负责皇帝出行时的一切仪仗事宜，不久被调任銮仪卫充当侍卫。正是在这个职位上，和珅得到了与皇帝接触交流的契机，其升迁进入了快车道。乾隆四十年（1775），和珅从三等侍卫擢升为乾清门御前侍卫，兼副都统。在清代，皇宫侍卫有着很高的地位。侍卫分为三等，三等侍卫正五品，二等侍卫正四品，一等侍卫正三品。乾清宫侍卫把守后宫之门，属一等侍卫，与各省的按察使等官员平级。这一年，和珅年仅25周岁，可谓平步青云，个中关系耐人寻味。但这仅是个开头，和珅在随后几年的升迁更是让人应接不暇，尤其是乾隆四十一年（1776），简直可以说是朝廷的"和珅年"。这一年正月，和珅被任命为户部右侍郎。三月，命为军机大臣。四月，授总管内务府大臣。八月，调镶黄旗满洲副都统。十一月，充国史馆副总裁，赏戴一品朝冠。十二月，总管内务府三旗官兵事务，赐紫禁城骑马。一年之内五迁二赏，自古也属罕见。乾隆四十二年（1777），和珅继续官运亨通，六月，转户部左侍郎，兼署吏部右侍郎。十月，兼步军统领。四十三年（1778），监督崇文门税务，总管行营事务。四十四年（1779），命在御前大臣上学习行走。短短五年，和珅从一个普通侍卫到一品大员，成为皇帝身边的大红人。

即使如此，乾隆皇帝仍然没有停止给和珅更多恩宠的意思。乾隆四十五年（1780）四月，乾隆把年仅六岁的和孝公主许配给和珅的长子丰绅殷德，"待年行婚礼"。这样和珅便被皇帝预定为"亲家"。和孝公主是乾隆最小的女儿，从小被皇帝养在自己身边，13岁时破格封为固伦公主，出嫁时亦获得最高等级的俸禄和丰厚的陪嫁礼。此外，和珅的女儿也嫁给了皇族，做了康熙帝曾孙永鋆贝勒的福晋。和珅的侄女，也就是和琳的女儿，嫁给了乾隆的孙子绵庆。能与皇室如此密切地联姻，足见和珅获皇帝青睐何等之深。

二、和珅的宦海荣耀

在中国古代，朝堂是政治的角斗场。拉帮结派、打击异己，向来是政治家的常用把戏。这种政治斗争始终成王败寇、残酷无情。一个官员要想不在这个角斗场上倒下，唯有不断提高自己的地位，获得更大权力，特别是获得皇帝的支持。和珅也无法免俗，他横行朝野，结下了不少仇家，但他也把以皇帝恩宠打击政敌发挥到极致。

1. 立于不败

在和珅的政敌中，地位最高的莫过于阿桂。阿桂（1717—1797）是清代名将，出身满洲世家大族，父亲为大学士阿克敦。阿桂一生参加了平定新疆，平定大小金川，征缅甸，平定撒拉族、回族起义，平定林爽文起义，征廓尔喀等乾隆时期大多数重要战争，还查办过甘肃冒赈案，主持治河工程等，可谓功勋卓著。由此他官至内阁大学士、首席军机大臣等职，成为清廷"综理部务，赞襄枢要"的第一重臣。阿桂对和珅极为不屑，也不愿与和珅为伍，每每与和珅在一起时，都故意站在数十步外，甚至曾说："此欺上瞒下之辈，吾早晚必为国除之！" 和珅也屡屡想对阿桂下手。例如，乾隆朝福康安请李天培代买木材私交粮船代运一案和富勒浑贪污案都是阿桂主持审理的，当时和珅想动点手脚，给阿桂扣一个包庇罪犯的罪名，但未能如愿。后来，军机章京、员外郎海升殴杀妻子，却上报说他的妻子是自缢身亡，其妻弟贵宁向上告发，阿桂因为曾祖护海升被罚俸。和珅想借此打击阿桂，就打算驱使曹文埴出来作证，但曹文埴是持正之人，和珅的阴谋没能得逞。因为阿桂出身显贵，有卓越的战绩和政绩，很得民心，也受到乾隆皇帝的敬重，纵使和珅对他有嫉妒或不满，也不能将阿桂怎样。但另一方面，和珅有了乾隆的支持，阿桂也奈何不了和珅，至死他也以未能扳倒和珅为憾。

曹锡宝与和珅的一战，则更能看出和珅在朝中地位之稳固。乾隆五十一年（1786）六月初，监察御史曹锡宝弹劾和珅管家刘全"持势营私，衣服、车马、居室皆逾制"，请求严惩刘全，实际上是隔山打牛，攻击和珅。没有想到的是，曹锡宝将准备上呈的奏折交给同乡吴省钦阅看，吴省钦是和珅的老师，又受和珅关照，马上将此事告知和珅。和珅立刻通知刘全拆毁了逾制的房屋，撤掉不应配置的车马、服饰，又假意把刘全交押赴京城受审。与此同时，他向乾隆帝表白说自己如何严于管教、刘全如何安分守己，先在乾隆心中留下了好的印象。乾隆帝接到曹锡宝的奏折后，专门派绵恩等人偕曹锡宝去刘全家查验。由于刘全早有准备，最后结论是并没有过分逾越之处。曹锡宝则陷入了十分尴尬的处境，只好承认自己"冒昧糊涂、措辞失当"。① 乾隆帝将曹锡宝严厉指责一番，革职留任。此后曹锡宝一直郁郁不乐，于乾隆五十七年（1792）含恨而终。

类似的事情还有很多。乾隆四十七年（1782）四月，御史钱沣上书弹劾山东巡抚国泰、布政使于易简等人的贪腐行为，他们都是平常站在和珅队伍中的人，最终罪证查实，国泰、于易简被革职赐死。和珅于是指使湖南巡抚浦霖参奏钱沣对生员匿丧冒考之事置若罔闻，使其被贬官处分。后来钱沣进入军机处，平日里和珅常常委派劳苦之事给他，最终钱沣积劳成疾而去世，生前写下的二十多条弹劾和珅的罪状也没能交到皇帝手中。乾隆五十五年（1790），内阁学士尹壮图上疏言议罪银之弊，又提及各省官员多吏治废弛，乾隆命户部侍郎庆成带尹壮图去各地调查。在和珅的指使下，庆成处处阻碍尹壮图查证，最终无果，被乾隆下刑部狱。虽然尹壮图最终被开释，但直到嘉庆年间和珅倒台后此事才得平反。乾隆五十七年，和珅派去山东博山的番役恣意妄为，被知县武虚谷一顿棍棒好打，和珅得知后便找由头罢了武虚谷的官。而据朝鲜使臣记载，陕西省一位读书人越级向乾隆控诉和珅怙宠卖权，反遭和珅打击诬陷，给全家带来了"赤族之祸"。

在这里，我还想岔开一笔，谈谈和珅的"朋友"。当下大家习惯了和珅在荧幕上与纪晓岚、刘墉相互斗嘴、使暗劲的形象，三人之中，往往是纪晓岚、刘墉机智过人，通过各种小把戏戏弄和珅，弄得他狼狈不堪。然而这些都是民间传说加上艺术加工后形成的影视形象，并非实际情况。按年龄，刘墉比纪晓岚年长四岁，而纪晓岚又长和珅二十多岁，三人由年纪排序，是刘墉最大，次而纪晓岚，和珅最小。三人的确生活在同一时代，但纪晓岚的地位与和珅不可同日而语。乾隆四十四年（1779），当纪晓岚

---

① 冯佐哲：《和珅评传》，中国青年出版社，1998，第125页。

出任内阁学士兼礼部侍郎时，和珅身兼军机大臣、御前大臣、国史馆副总裁、吏部侍郎、户部侍郎、步军统领等数个要职，正是炙手可热之时。纪晓岚编修《四库全书》时是在和珅手下任职，不太可能在乾隆面前屡次挤对和珅。而且，他与和珅情谊匪浅，由于年长，每当和珅做了一些不该做的事的时候，纪晓岚一向会很善意地提醒他。到嘉庆帝要杀和珅的时候，全国官员大多声讨和珅，但纪晓岚始终没有上书弹劾和珅。刘墉虽出身显贵，但在朝中势力不及和珅，两人并未发生直接冲突，在嘉庆整治和珅的时候，他也并未落井下石，甚至还上书为和珅说话。情意至此，亦足矣。

2. 和珅何以受宠于乾隆？

由以上分析可以看出，和珅能够在权力斗争的旋涡中长期立于不败之地，完全靠乾隆的庇护。那么为何乾隆对和珅如此宠信？

关于和珅的发迹，有许多不同的说法：

（1）薛福成《庸庵笔记》

"一日大驾将出，仓猝求黄盖不得。高宗云：'是谁之过欤？'各员瞠目相向，不知所措。和珅应声云：'典守者不得辞其责。'高宗见其仪度俊雅，声音清亮……遂派总管仪仗，升为侍卫，洊擢副都统……尊宠用事，旋由尚书授大学士。"

（2）陈焯《归云室见闻杂记》

"大学士伯和珅，起自寒微，以生员充銮仪卫一小职，扈从上临幸山东……一日，珅侍辇傍行，上顾问是何出身，对曰：'生员。'问：'汝下场乎？'对曰：'庚寅（1770）曾赴举。'问：'何题？'对：'孟公绰一节。'上曰：'能背汝文乎？'随行随背，趑捷异常。上曰：'汝文亦可中得也！'其知遇实由于此。比驾旋时迁其官，未几蹿居卿贰，派以军机。凡朝廷大政俱得与闻，朝夕论思，悉得上意。"

（3）陈康祺《郎潜纪闻》

"一日警跸出宫，上偶于舆中阅边报，有奏要犯脱逃者，上微怒，诵

《论语》'虎兕出于柙'三语。扈从诸校尉及期门羽林之属,咸愕眙,互询天语云何。和珅独曰:'爷谓典守者不得辞其责耳。'上为霁颜,问:'汝读《论语》乎?'对曰:'然。'又问家世、年岁,奏对皆称旨。自是恩礼日隆。"①

此外,据《清朝野史大观》记载,和珅长得眉清目秀,颈间有一块红色印记,偶然被乾隆帝发现,乾隆帝以为他是自己原来喜欢的一个汉族妃子转世,因此对和珅倍加宠信。

这些材料大多是口口相传而记载下来的,并不完全属实,但具有相似性。总的来说,情况大概是和珅在皇帝身边侍奉,由于一个偶然的机会引起皇帝的注意,得到赏识。加上他本人办事得力、聪敏能干,终于成为皇帝的股肱大臣。《清史稿》曾论:"和珅柄政久,善伺高宗意,因以弄窃作威福,不附己者,伺隙激上怒陷之。纳贿者则为周旋,或故缓其事,以俟上怒之霁。"

取悦皇帝是古代朝堂之上政治斗争的终极秘诀。和珅在皇帝面前从不称臣而称奴才,殆同皂隶。朝鲜使臣曾见"皇帝若有咳唾之时,和珅以溺器进之"。②乾隆帝信佛,和珅便揣摩他的心思,为他造一金佛,长可数尺。如此细心体贴、善解人意,怎能不讨人喜欢?

和珅还极善于为皇帝理财或敛财。他曾任户部尚书、崇文门税务总督、总管内务府大臣,都是与国家财政直接相关的要职。乾隆帝后期铺张浪费、挥霍无度,几次下江南兴师动众,又喜欢收藏奇珍异宝,连年征战也消耗了巨额费用,因此广开财源成为和珅奉迎皇帝的重要手段。冯佐哲先生对此做过细致研究。

和珅首先瞄准了地方官吏,千方百计地让地方官吏进贡,每逢皇太后、皇上、皇后的寿诞和重大的节日,他们都要进贡礼物,地方的盐商、

---

① 唐文基:《和珅传》,东方出版社,2009,第13页。
② 马子木:《清代大学士传稿(1636—1795)》,山东教育出版社,2013,第391页。

行商、票商，各国的使臣也都向上进贡了不少奇珍异宝。乾隆五十五年（1790），乾隆八十大寿，和珅是主要操办人。皇帝下令节俭，不要增加国库负担，而和珅真的做到在不动用国库的情况下把寿典办得极尽奢侈，满足乾隆帝的虚荣心。"营办之资无虑屡万，而一毫不费官帑，外而列省三品以上大员，俱有进献，内而各部院堂官悉捐米俸，又以两淮盐院所纳四百万金助之，方自南京营造，及其输致云。"

掌握着崇文门关税时，和珅几乎做到了"雁过拔毛"的程度，据说当时京畿一带的商民、百姓入城时都要在帽檐上插两文钱，税吏取钱放行。往来客商行旅、进京官员与赴试士子也一律征税，官职越高，缴税越重。和珅倒台后核减户部所属关税的盈余数目时，崇文门税关定额为每年17.32万两，在30个税关中居第四位。

为了敛财，和珅在乾隆帝默许的情况下，还在军机处内设立"密记处"，实行议罪银制度。议罪银制度产生于乾隆后期，往往秘密进行，是皇帝让臣下，尤其是一些高级官吏、富裕商人自行认领罪责、缴纳罚银的制度。这些款项都由军机处所属的密记处负责，所得款项由内务府各库收存，用在皇帝的个人开支上。在中国第一档案馆里藏着一件《密记档》，其中记载："四月十六日，片一件，广储司银库呈报三月份收过明兴议罪银一万两，交密记处笔帖式和宁领讫。"①

所谓议罪银就是官员本身犯了错，或者皇帝认为犯了错，而又不至于用法律来惩治的，都要缴银子来赎罪。比如，巴延三因辖区内人谭老贵自缢身亡，缴议罪银8万两；李天培因"遣犯逃脱，重囚监毙"自交议罪银4万两；李质颖因关税短少而缴议罪银及关税短少银17万两……据统计，当时每年约有5起罚议罪银事件，罚银近30万两，85%上缴给内务府各库供皇帝个人享用，可以说是很大程度上满足了皇帝的开销需求。

实际上，只要皇帝想惩治，总能找出"罪"来榨钱，要是不想惩治，

---

① 冯佐哲：《和珅评传》，中国青年出版社，1998，第81页。

再大的罪过也可以交钱消灾。另外，在外省，文职按察使以上才有上奏资格，没有上奏资格的，在上缴议罪银时就可以找人代奏，其中自然滋生出贪腐来。议罪银制度本应以榨取富裕官吏手中的钱为目的，但难免伤及一些正派官吏和商人的利益，最终负担也难免转移到百姓的头上，中间环节又给贪污腐败留下巨大的空间，实际上是一个危害甚重的制度。

可以想象，当乾隆帝年龄越来越大的时候，每天上朝，看到和珅，他应该会有一种踏实感。他相信和珅能够理解他的每一个动作、每一个眼神，和珅会为他处理好每一件事。一方面，乾隆帝相信和珅的能力，而另一方面，对他来说，不仅要维护自己的帝位，还要维护好满族人在国民中的优越地位。他扶植和珅，扶植的不仅仅是这个人，这也代表皇帝对满族精英的扶植，他太需要和珅这样的满族精英人物来协助自己打理国政了。

3. 作为满族精英的和珅

乾隆对和珅的重用不是没有缘由的，和珅有能力与业绩为此做铺垫。乾隆对和珅的两次评价也能说明问题，一是在乾隆五十三年（1788）平定林爽文起义后，和珅绘像紫光阁，乾隆赞曰："承训书谕，兼通清汉。旁午军书，惟明且断。平萨拉尔，亦曾督战。赐爵励忠，竟成国干。"二是两次廓尔喀之役后，和珅再次以军功绘像紫光阁，乾隆赞之曰："于清文、汉文、蒙古、西番（藏文）颇通大意。……去岁用兵之际，所有指示机宜，每兼用清、汉文，此分颁给达赖喇嘛及传谕廓尔喀敕书，并兼用蒙古、西番字。臣工中通晓西番字者殊难其人，唯和珅承旨书谕，俱能办理秩如，勤劳书旨，见称能事。"

甚至和珅最初也是一名反贪先锋，至少在处理李侍尧案时是这样。

乾隆四十五年（1780），云贵总督李侍尧被弹劾贪纵营私，乾隆命令和珅偕刑部侍郎喀宁阿赴云南查办此案。到了云南，和珅没有先去找李侍尧，而是先把李侍尧的管家拘捕起来严刑拷问，抓到了李侍尧贪污的实证，让他无话可说。后来，和珅在处理李侍尧案件中又发现云贵两省的官员多有贪赃枉法，府县亦多有亏空，于是他向乾隆做了详细的汇报，提出了处理方法，还对云南地方边政、盐务等政事进行考察，根据考察结果给出治理建议。乾隆对和珅这次云南之行的表现非常满意，在和珅回京之前就擢升他为户部尚书，在议政大臣上行走。回京后，和珅向乾隆帝"面陈云南盐务、钱法、边事，多称上意，并允行"。乾隆对他更加肯定，授他为"御前大臣兼都统"。这件差事，和珅完成得很漂亮。

在处理少数民族问题和外交事务上，和珅也表现突出。和珅掌握满、汉、蒙、藏等多种民族语言，从乾隆四十五年（1780）起就兼任理藩院尚书，处理过西藏、新疆以及西南地区少数民族的问题，负责接待六世班禅觐见皇帝的事务。从当时各民族相处和谐的状态来看，和珅对此是处理得非常成功的。对外，他还多次负责接待朝鲜、英国、安南、暹罗、缅甸、琉球和南掌国的使臣，全权处理与朝鲜、英国的外交事务。据《朝鲜李朝实录中的中国史料》记载，和珅常常以皇帝代表身份与各国使臣交谈，处处关切。英国马戛尔尼使团来华，和珅是主要的负责人，他跟马戛尔尼周旋，每每提到通商之事便打哈哈绕开话题，最终婉拒通商的请求。在礼节问题上，他说服使臣在万树园非正式会面行单膝礼、澹泊敬诚殿正式会面行"三跪九叩"礼，维护了大清的面子。就像一位东印度公司的人员在他的著述中所讲："马戛尔尼这次访华，是受到了最礼貌的迎接，最殷勤的款待，最警惕的监视，最文明的驱逐。"

在18世纪的最后二十年中，和珅参与了大清王朝诸多的军政大事，也亲历了清代中国与世界的接触。他一直任职中枢，与皇帝一起，既要平衡官场上的各种势力，又要面对愈发尖锐的社会矛盾，也要通过战争或谈判来应对来自世界其他国家的压力甚至威胁。以乾隆皇帝用人之苛刻，屠戮大臣时之无情，和珅若无能力，绝不可能获得如此圣眷。乾隆看重的是和珅机敏权变的性格，看重他能够驾驭满、蒙、藏、汉等多种语言的能力，看重他处理复杂事务的效率，甚至不顾群臣的一再弹劾，仍然对和珅深信不疑，这怎么可能仅仅是因为皇帝年老昏聩？乾隆对和珅的重用或许有着更深远的历史背景,是出于更迫切的现实需要,它反映了大清王朝在18世纪最后的二十多年中内外所面临的各种矛盾更加复杂了。当马戛尔尼使团离开时,乾隆已经看到西方世界对中国越来越迫近的压力,他也明确表示,今后给中国带来麻烦的将是这些西方的"夷狄"。至于国内,其他各族与满、汉之间的矛盾也常常暴露出来,治理大清的压力之大,或许乾隆帝比谁都更加清楚。可环顾朝廷上下,又有谁能够比和珅更有能力应对或者破解诸多的矛盾和难题呢?阿桂虽为满族大臣领袖,但年老体弱。福康安也是乾隆刻意培养的满族军事新秀,领兵尚可,但贪腐跋扈,若放在中枢,其能力必不如和珅,带来的问题可能比和珅还要大。至于汉人大臣王杰,虽有学问,也是个正臣,然而能力有限,体弱多病,后来在嘉庆时期和珅被处置后,王杰身任中枢,也并没有太大作为。所以,对于现实政治来说,从来就是破易立难,人人都可以做一个批评者,批评掌权者有什么样的问题、毛病,但又有几人能够在掌握中枢权力后,解决现实问题、引导国家的发展?

因此,在用人方面,有谁能做到比乾隆更宏观、长远地思考问题呢?然而,和珅的迅速发达,也的确是乾隆帝大力优待满族、极力培植满族精英的结果。和珅倒台,在很大程度上被认为是乾隆帝这种政治路线失败的标志。乾隆的大力优待满族政策,即在大清王朝中,将满族人置于较高的地位,将国家取得的成功归于满人,强调满人的民族认同和优越地位。

乾隆时期,汉族士大夫往往强调实行仁政才是创造盛世的根本,军事武功只是盛世出现的结果。他们强调武备和仁政之间是互相依存的,内地特别是江南地区的支持,是清朝平定西北的保证。但乾隆本人不愿把王朝强盛看作江南地区汉人支持的结果,至少不愿认可这种关系,而是将这种成功主要归功于满族精英,认为满族精英的经世思想,特别是军事上的积极进取,是康乾盛世的基础和前提条件。《南巡盛典》中提及,乾隆视察江南武备时,认为朝廷平金川、平准部、平回部等一系列战事的胜利,完全是满洲将士英勇奋斗的结果,这是造就空前盛世的根本,跟江南地区的人没什么关系。

虽然康雍乾几代皇帝一直在朝廷上维持满汉之间的政治平衡，如全国巡抚的职位满汉基本持平，中央部院也实行满汉复职制度。然而，以八旗为政治基础的满人在军事上的优势是汉人所无法比拟的，不仅全国的驻防将军、大臣汉人不得染指，就连全国的总督，也是以满人为主的。至于在中央各部院，虽有满汉复职，但满人始终掌握更多实权。在乾隆时期日渐成为中枢权力机构的军机处，大部分时间还是会以满人为首席军机大臣，刘统勋、于敏中加在一起先后有7年左右时间领先军机，其余50多年时间，均由满人鄂尔泰、讷亲、傅恒、阿桂、和珅等占据首席位置。

乾隆的这种优待满人思想，不仅体现在为满人保留了足够多的位置，还表现在为满人创造晋升和建功立业的机会上。在任职方面，满人除了可以与汉人一样通过科举、捐纳获得官职外，还拥有很多汉人所没有的晋身途径。首先，满族贵胄、官宦世家子弟即使不学无术，也可以通过承袭祖先爵位获得官职，如承袭公、侯、伯爵位者，可直接任一品大员。他们也可以通过荫袭，直接获得较高的官职。虽然汉人大臣也有爵位，也可荫袭子弟，但其广泛程度远不可与满人同日而语。其次，满人可以通过笔帖式、侍卫、翻译等渠道晋身官场。有点文化的可以到各部院做笔帖式，有点武艺的可以到宫里做侍卫，能说、能写满语、汉语的，还可以参加科举考试中翻译科的考试。仍以和珅为例，他虽然小时候父母早故，遭遇不幸，但这并不影响他作为满洲贵族后裔的地位，他后来承袭父辈的爵位，得到国家给予的经济待遇，生活无忧；然后靠英廉的运作，他被推荐到宫里做侍卫，很快开启官职晋升之旅。他能够获得这样的机会，在很大程度上与其满洲贵族后裔身份有密切关系，更与清代当时形成的满洲贵族优先的社会特点有关。最后，对满人来说，文武之间没有壁垒。中国宋代以来，文职官员地位大大高于武职，且隔阂较深，很难互换；到清代，对汉人来说仍是如此。绿营提督、总兵虽也算武职一二品，但地位远不如本省的巡抚、布政使等文官。而满人在这一方面的境遇完全不同。八旗是满人晋升的快速通道，其最基本的单位是牛录，而一个牛录的长官佐领即为正四品。八旗每旗长官都统与总督、将军平级，副都统与巡抚平级，八旗之中有满、蒙、汉 24 旗，即有 24 个都统、48 个副都统。驻防各地的还有近 50 个将军、都统、副都统、大臣等。这些八旗官员都属于武职，但满人可以在八旗官职与各省官职之间来回互调，完全不受文武界限的限制。如傅恒之子福长安，在八旗之中升任副都统后还可以调任户部尚书。相对而言，由武职晋身文职高官的汉人在清代前期实属凤毛麟角。

清朝皇帝不仅仅满足于为满族子弟开拓这些通畅的升职门路，而且还给他们创造各种建功立业的机会。乾隆一生常以"十全老人"自诩，自认为自己曾经发动的十场战争功德无量。后世学者则多认为，乾隆好大喜功，耗空了国库积蓄，使清朝走上下坡路。但实际上，乾隆发动如此多的战争的意义不止于开疆拓土。最典型的是乾隆末期到嘉庆初年平定苗疆之役。清朝以福康安、和琳为统帅，将七省之兵，以攻偏僻苗地，却劳师糜饷数年之久。后世之《啸亭杂录》记载称："王（福康安）惑于幕客言，欲养贼自重，以邀封拜。"但实际上，乾隆帝早在乾隆六十年（1795）兴兵之初，便对福、和二人大肆封赏。这一年，福康安接连获得五次封赏，一赏三眼花翎，二赏由公爵晋封贝子，三赏貂尾褂，四赏其子德麟为副都统，在御前侍卫行走，五赏御服黄里玄狐端罩。福康安死后，从其父傅恒配享太庙，子德麟作为不入八分之公爵世袭罔替。和琳所获封赏不亚于福康安，一赏双眼花翎，二赏一等宣勇伯，三赏上服貂褂，四赏黄带，五赏加太子太保，六赏玄狐端罩，后又有用紫缰、三眼花翎之赏。和琳死后，晋一等公，赐祭葬，配享太庙，入祀昭忠、贤良等祠。苗疆未平，他们已"二贵迭封，与开拓疆土之功无异"。

西方学者喜欢用"例外主义"（exceptionalism）这个词来概括清朝特别是乾隆时期把一切功劳、好事都归功于满族精英，并保证他们在国民中的重要地位的政治行为。和珅的崛起在很大程度上得益于皇帝的这种政治思想，他的贪渎好财以及其他人对他的道德、行为的批评和攻击，并不能阻止乾隆皇帝把他当作满族精英来扶植。毕竟当皇帝年过八旬时，和珅仅仅 40 岁出头，而不断地将年轻有为的满族精英选拔到重要岗位上加以历练，是康雍乾几代皇帝明确的想法。以当时而言，又有谁能够比在中枢权力机构中经过长时间历练的和珅更懂得大清王朝的大局？笔者不认为乾隆是要将和珅养肥了留给嘉庆来杀掉，年老的皇帝至死都十分信任和珅，或许他希望和珅能够在清朝以后的发展中继续发挥作用。

三、嘉庆帝为何一定要速杀和珅

嘉庆四年（1799）正月初三辰刻，乾隆驾崩。嘉庆刚开始命和珅、福长安办理后事，稳住政局；正月初四，突然宣布褫夺和珅军机大臣、九门提督等官职，让和珅、福长安守在大殿内，又下谕宣布和珅的罪责，朝臣纷纷上奏弹劾和珅；正月初八，命令将和珅、福长安逮捕收监；正月十一，下谕旨宣布了和珅的二十大罪状；正月十八，嘉庆帝派大臣前往和珅囚禁处，赏赐"白练"自尽。短短十余天，嘉庆就把这个清朝最大的贪官打倒，树立起政治威严，还给国库填充了一大笔资产，昭梿赞其"睿谋久定于中"。同时，嘉庆迅速将和珅这件事"翻篇"，不再加以过度追究，既起了震慑作用，又稳定了人心，这一招着实精彩。可惜的是，嘉庆把和珅当作个案处理，而忽视了他背后严重的贪腐行为和整个朝廷的腐化之风，没看到这僵化的官僚体制下深重的危机。

和珅似乎已经成为中国历史上权高位重的贪污之王的象征。但这种"和珅现象"该如何客观看待呢？

1. 关于和珅之罪

我们可以通过仔细分析嘉庆帝宣布的和珅之二十大罪状，来看和珅获罪的真实原因：

（1）朕于乾隆六十年九月初三日，蒙皇考册封皇太子，尚未宣布，和珅于初二日在朕前先递如意，以拥戴自居，大罪一。

（2）骑马直进圆明园左门，过正大光明殿，至寿山口，大罪二。

（3）乘椅桥入大内，肩舆直入神武门，大罪三。

（4）取出宫女子为次妻，大罪四。

（5）于各路军报任意压搁，有心欺蔽，大罪五。

（6）皇考圣躬不豫，和珅毫无忧戚，谈笑如常，大罪六。

（7）皇考力疾批答章奏，字迹间有未真，和珅辄谓不如撕去另拟，大罪七。

（8）兼管户部报销，竟将户部事务一人把持，变更成例，不许部臣参议，大罪八。

（9）上年奎舒奏循化、贵德二厅贼番肆劫青海，和珅驳回原折，隐匿不办，大罪九。

（10）皇考升遐后，朕谕蒙古王公未出痘者不必来京，和珅擅令已、未出痘者俱不必来，大罪十。

（11）大学士苏凌阿重听衰迈，因与其弟和琳姻亲，隐匿不奏。侍郎吴省兰、李潢，太仆寺卿李光云在其家教读，保列卿阶，兼任学政，大罪十一。

（12）军机处记名人员任意撤去，大罪十二。

（13）所钞家产，楠木房屋僭侈逾制，仿照宁寿宫制度，园寓点缀与圆明园蓬岛、瑶台无异，大罪十三。

（14）蓟州坟茔设享殿，置隧道，居民称和陵，大罪十四。

（15）所藏珍珠手串二百余，多于大内数倍，大珠大于御用冠顶，大罪十五。

（16）宝石顶非所应用，乃有数十，整块大宝石不计其数，胜于大内，大罪十六。

（17）藏银、衣服数逾千万，大罪十七。

（18）夹墙藏金二万六千余两，私库藏金六千余两，地窖埋银三百余万两，大罪十八。

（19）通州、蓟州当铺、钱店资本十余万，与民争利，大罪十九。

（20）家奴刘全家产至二十余万，并有大珍珠手串，大罪二十。

嘉庆帝所谓和珅二十大罪状，大致可分为三类：一是贻误军国大事，上述第（1）（5）（7）（8）（9）（10）（11）（12），共8条。二是僭越规制，上述第（2）（3）（4）（6）（13）（14）（15）（16），共8条。三是贪渎敛财，上述第（17）（18）（19）（20），共4条。

可以看出，在和珅的所有罪状中，贪渎敛财的罪状只占五分之一，且被置于二十条罪状靠后位置，其中最后一条还是和珅家奴刘全的，也被算到和珅头上。第（19）条所述和珅拥有若干当铺、钱店等，其实在当时严格来说并不为罪，官员置产业在清朝是被允许的。嘉庆以与民争利为由将其列入和珅罪状，不免显得勉强。仅第（17）（18）两条直接涉及和珅家中所藏银两、资财。因此，和珅虽有敛财之实，但这不是嘉庆帝将其治罪的主要原因。

在这里不得不提一个问题：和珅到底贪了多少钱？这个问题其实一直是个不解之谜，至少清代官方并没有公布一个明确数字。和珅的抄家记录有很多，《清实录》《清史稿》《清史列传》等均有记载，但都语焉不详。根据薛福成《庸庵笔记》中《查抄和珅住宅花园清单》的记载，和珅被抄的家产共有109号，其中有83号未做估值，已估值的26号，合计银有22389万余两，即超过2亿两白银，相当于清朝当时国库收入的4—5倍。这个数字并不包括后来陆续在和珅家的夹墙中、地窖中发现的金银千数百万两，也不包括大量的古玩、字画、玉器、田产、当铺、绸缎、皮张等各种贵重物品。这些未被估值的财产，均没入内务府。因此2亿多两白银仍是一个被严重低估的数字。就嘉庆皇帝本人之意愿而言，似乎也不愿公布出一个让人更加震撼的清晰账目。

和珅的僭越之罪有8条，分量不轻，但如何定罪也有很强的伸缩性。

一般来说，每个王朝都希望用衣食住行各方面的规定来保证社会等级制度的稳定，但当经济发展后，旧有的制度很容易被忽视甚至突破，于是"僭越"现象便会在社会上普遍流行。晚明时期，明初的各种规制早已被人们置于九霄云外，顾炎武等称之为天崩地解。和珅被处置发生在18世纪末期，此时经济的发展比一百多年前已不知超越多少倍，人们很难再恪守以往的规矩，对那些位高权重、家资甚多的官员来说更是如此，因而很多以往的规定都在不知不觉中被忽略了。但若有一天皇帝突然拿着以往的制度跟官员算账，官员也是在劫难逃的。如前文所述，乾隆十三年（1748），孝贤皇后去世，按规制，全国官员需要为皇后守丧，一百天之内不得剃发。但我们可以想象，即使现代人三个多月不理发，也会觉得难以忍受，何况剃发已经成为习惯的清朝人？大多数官员都在守丧期间剃发了，因为对以往规制的僭越已经习以为常。而以往康熙皇帝丧后时，对这种事情并非不知，但都是睁一只眼闭一只眼，装作不知道。可当乾隆皇帝突然得知很多官员偷偷剃发时，因为对皇后感情深，再加上当时金川之役战事不利，皇帝搬出旧制，对官员们大加挞伐，若干督抚为此被杀，被革职降级者更是不计其数。同理，和珅的手串数量、宝石大小超越大内，这当然属于僭越，但官场之上甚至富有之家，如此僭越者当不在少数，只是嘉庆想追究和珅，才把此事提出。至于嘉庆追究和珅骑马入圆明园、乘轿入神武门等违反制度之事，则似乎与当初雍正帝追究年羹尧有相似之处。

促使嘉庆帝惩处和珅的最重要原因还是在贻误军国方面。我们甚至可以说，和珅在军国要事处理上的弄权，触动了皇帝的权力。在和珅二十条罪状中共八条为此类，占将近一半，其共同点可归结为和珅隐匿政令，擅作威福。和珅隐匿军报，将奎舒有关循化、贵德二厅贼番肆劫青海的原折驳回，隐匿不办，属于欺上；乾隆去世后，嘉庆帝谕令蒙古王公未出痘者不必来京，而和珅擅令已、未出痘者俱不必来京，这属于假传圣旨。和珅的这些做法若放在明朝或其他朝代，尚不至于死罪，但在清代，这是清朝家法所难以容忍的。

2. 和珅动了谁的奶酪？

清朝自建立之初开始，历代皇帝惩前明太监干政之弊，强调事必躬亲，乾纲独断，绝不愿其他任何人染指权力。清朝历代权臣多因专擅被惩处。顺治之衔恨多尔衮，康熙之处置鳌拜，雍正之杀年羹尧、囚隆科多，乾隆之杀讷亲，无不是因为这些位极人臣的权臣专擅行事、欺上瞒下，触动了皇帝最敏感的权力神经。即使在晚清，1861年慈禧太后与奕䜣联手抓捕、杀戮肃顺等军机大臣的政变，也是围绕着谁来掌握核心决策权发生的。

我们再来看看嘉庆帝判决和珅死罪前的上谕，当时朝廷上下大臣们都要求将和珅凌迟处死，可见和珅招人痛恨到什么程度。但皇帝说：

"和珅种种悖妄专擅，罪大恶极，于法实无丝毫可贷。因思圣祖仁皇帝之诛鳌拜，世宗宪皇帝之诛年羹尧，皇考之诛讷亲，此三人分位与和珅相等，而和珅之罪，尤为过之。从前办理鳌拜、年羹尧，皆蒙恩赐令自尽。讷亲则因贻误军机，于军前正法。今就和珅罪状而论，其压搁军报，有心欺隐，各路军营，听其意指，虚报首级，坐冒军粮，以致军务日久未竣，贻误军国，情罪尤为重大。即不照大逆律凌迟，亦应照讷亲之例，立正典刑。此事若于一二年后办理，断难宽其一线。惟现当皇考大事之时，即将和珅处决，在伊固为情真罪当，而朕心究有所不忍。且伊罪虽浮于讷亲，究未身在军营，与讷亲稍异。国家本有议亲、议贵之条，以和珅之丧心昧良，不齿人类，原难援八议量从末减。姑念其曾任首辅大臣，于万无可贷之中，免其肆市，和珅著加恩赐令自尽。此朕为国体起见，非为和珅也。"

嘉庆帝这段话表明了两个态度：一是和珅必须死，而且必须马上死，不能等到乾隆帝丧期之后；二是杀和珅是因为他擅权军政事务，压搁、隐匿军报，其罪与以往的满族权贵、军机大臣讷亲相似。

由此可见，和珅所代表的并非一个有着某个政治目标的势力集团，他更不是要为中国发展寻求出路的创新者，他只是一个寄居于皇帝权威之下而弄权敛财的宠臣。他受到皇帝的庇护，然后又通过手中的权力左右弥缝，为各级大臣提供庇护，在 20 多年时间中逐渐形成一个庞大的层层庇护的关系网络，这个网络中的精英们借助其优越的政治地位，利用乾隆大力推行的满族优先政策，渐渐将大清王朝的实力与财富消耗殆尽。

而嘉庆帝迫不及待杀掉和珅，也显示出和珅当时所处地位的尴尬。他在 20 多年的时间中位极人臣。有人说他不知收敛，所以才导致后来身败名裂。但是，他又该何时收敛、如何收敛呢？20 多年的时间中，和珅看似坐了直升机一样青云直上，但政敌无处不在。连满族重臣阿桂、福康安等，都与和珅不和，甚至对他不断攻击。至于众多的汉族大臣，如王杰、朱珪、董诰、吴熊光等，还有大批像曹锡宝、钱沣那样的御史等，与和珅更是水火不容。他们对和珅的每一次攻击，如果查证属实，都足以使和珅彻底垮台。而且这些人不少是皇帝身边的红人，是和珅不能轻易撼动的。为此，和珅要想保住自己的地位，唯有不断加强乾隆皇帝对他的恩宠，不断扩大他自己的权势，又必须将那些对立者打压下去，自己才能更安全。所以，和珅通往权力巅峰之路是一条无法回头的单行道，只有不断获得更多权力、更高地位，他才能保住自己现有的地位。而越是如此，他便越是将自己置于更加危险的境地，任何一次政治斗争的失败都将使他万劫不复，就像一个不断扩张的企业，扩张兼并的光环一时间掩盖了企业自身的致命缺陷，可一旦资金链断裂，便会产生多米诺骨牌效应，偌大的企业会瞬间分崩离析。和珅处于一人之下、万人之上的地位，并成为皇帝的亲家，甚至可以依仗太上皇的恩宠，将嘉庆帝的老师朱珪逐出京师，连嘉庆帝也险遭和珅暗算，从此不得不在太上皇和和珅面前韬光养晦。然而，这些朝堂斗争的胜利，这些耀眼的光环，最终都如同不断增加的投资成本，成为和珅难以摆脱的负担，它们也都无法保证和珅的官宦道路能达到一个安稳的终点。果然，乾隆去世后，站在这条路的尽头等待和珅的是已经做了三年儿皇帝的嘉庆帝，而他也因之前的被迫让步对和珅积怨已久。

在中国，自古以来权力的终极对决中都不会存在妥协，这种对决也总是充满血腥味。249年，在经过40余年的攀爬后，司马懿触摸到最高权力，这一年，他指挥私下蓄养的三千甲士奋力一击，将执政的曹爽等曹魏宗室诛戮殆尽，夺得大魏实权，为以后晋朝建立打下基础。然而和珅能如何呢？他不是那种包藏祸心、觊觎大位之人，只是靠自身的聪明机敏左右逢源，保全自己的利益，并将这种在官场上的机巧做到了极致。他虽然手握大权，却调动不了一兵一卒，清朝的家法早已将皇帝之外所有人对军权的觊觎企图彻底掐灭。何况和珅自己根本就没有任何实战经验。雍正初年，称雄西北的年羹尧可以指挥数十万军队，最终亦只能乖乖就范。和珅也没有死党可以依赖，所谓和珅一党的福长安、吴省兰等人，不过是依赖和珅的获利者而已。而与和珅对立甚至势不两立者比比皆是。正如后来吴熊光向嘉庆帝所言："凡怀不轨者，必收人心，和珅则满、汉几无归附者，即使中怀不轨，谁肯从之？"

因此，和珅之死，其实是清代皇权与军机处权力之间的第一次碰撞。军机处自雍正时期建立以来，一直是雍正、乾隆两位皇帝最为倚重、信任的机构，军机大臣基本都为皇帝亲信。皇帝借助军机处的高效运转，得以比较从容地指挥全国的军政事务。尤其是乾隆帝，几乎到了对军机大臣须臾不可离的地步。乾隆十三年（1748），当军机大臣傅恒被派往金川前线，甫一到任，乾隆便催促其尽快回京，理由是军机处事务繁忙。这种信任与依赖，也造成了军机处权力的迅速扩张。它的权力已经从最初的军事参谋权延伸到高级官员任命的建议权、重大案件司法审判权，以及实录编纂、图书修纂等意识形态领域的控制权力等方面。正因如此，和珅才会在乾隆末期、嘉庆初期做出很多瞒报军情、擅作威福之事，甚至在太上皇面前算计新君嘉庆皇帝。乾隆帝尚可宽容，但嘉庆帝感受到的威胁却是实实在在的。清朝自入关之前至入关之后，威胁皇权的有宗室贵族，有辅政大臣，但军机处让皇帝坐卧不安，却是和珅首开"先河"。以后的历任新君继位，几乎都会展开对军机处的整肃。所以，和珅的嚣张之所以不可容忍，其实是因为他动了皇帝的权力奶酪。

另一方面，对于和珅的凄惨结局，虽非乾隆有意将他留给嘉庆去杀，但乾隆帝也难辞其咎。孟森先生对此一针见血。他说，圣祖康熙时曾有明珠权倾天下，也谤满天下。圣祖皇帝授意御史郭琇弹劾明珠，甚至连弹劾辞章也经过康熙审定，结果是明珠被革职，郭琇作为御史，刚直之名满天下，而康熙也收获了美名。但明珠并没有被杀，只是调到宫里任内大臣直至老死，得以善终，子孙功名也得以保全。有传说称，清朝最大的贪官不是和珅而是明珠，明珠死后，甚至有人不惜重金要买明珠的宅子，因为他们相信在明珠家里肯定能够挖出不计其数的金银财宝。与康熙之用明珠相比，乾隆帝用和珅可远没有那么高明，随着乾隆给和珅的官衔、荣誉越来越多，他也将和珅推向绝路。

四、作为一个符号的和珅

和珅的败落，不仅是他个人的失败，也是乾隆极力推行的满人优先政策的失败，更是自康雍乾以来这种政策与政治路线的失败，因而在很大程度上极具道德象征性。

1. 清朝在和珅之后的政治调整

《剑桥中国晚清史》认为，嘉庆皇帝并没有推行一套有种族主义色彩的政治路线。而学术界一个普遍的认知是，乾隆以前满人在国家生活中占有主导地位，如地方总督多为满人，中央内阁、六部也多以满人掌握实权。但很明显，和珅就像一个分水岭，他倒台以后，有更多出身于翰林院和都察院的汉人大臣被皇帝提拔到地方督抚的位置上，接替满人的位置。这种此消彼长的政治变化成为一种趋势，其影响一直持续到清末。

更具代表性的是军机大臣，特别是首席军机大臣的更迭。军机处建立后，最初大多以满人领衔军机，除了张廷玉，他作为汉人曾短暂地领衔军机，主要是因为皇帝一时没有找到合意的满族大臣。但乾隆中期，傅恒、尹继善先后去世后，乾隆皇帝在很长时间之内并没有急于寻找满族大臣来主导军机处，而是先让刘统勋领衔。两年后刘统勋去世，于敏中继任首席军机大臣，且长达五年有余。直到于敏中去世后，阿桂才成为军机处的领导者。但由于阿桂与和珅难以相容，故乾隆帝常用委派阿桂外出办差的方式，将军机处的实际主导权交给和珅。和珅死后，满人庆桂成为首席军机大臣，直到嘉庆十七年（1812）罢值。但由于他年老无能，军机处实际的主导者是董诰。董诰是和珅被杀后在政治上的最大受益者。

董诰是清代著名绘画家、书法家董邦达之子。董邦达是雍正十一年（1733）的进士，乾隆初期，其绘画艺术愈发获乾隆帝之赏识，于乾隆十二年（1747）入值南书房，此后官位一路飙升，先后任内阁学士，历礼、工、吏各部侍郎，授左都御史，最后官至工部尚书、礼部尚书。乾隆三十四年（1769），董邦达以老病乞解任，乾隆帝谕曰："邦达年逾七十，衰病乞休，自合引年之例。惟邦达移家京师，不能即还里。礼部事不繁，给假安心调治，不必解任。"不久董邦达去世。可以看出，董邦达是一个靠艺术获得赏识以稳固其政治地位的词臣。至于董诰，他受家庭影响，也工于绘画艺术，但水平自然比不上乃父董邦达，在清代的艺术史上也没有突出地位。然而，词臣入仕使董诰有更多机会获得乾隆帝之青睐，使他在政治上的成就远迈其父。董诰是乾隆二十九年（1764）进士，此时董邦达初任工部尚书。之后，董诰也因为擅长绘画，成为乾隆帝的文学侍从，逐渐升迁至内阁学士。乾隆四十四年（1779），董诰被任命为军机大臣。五十二年（1787），加太子少保，擢户部尚书。至此，董诰从考中进士，用了24年的时间，在官位方面超越了父亲董邦达。但对董诰来说，这仅仅是他担任枢臣的开始，自此之后除了中间有一年多的丁忧时间外，董诰一直任职军机处，时间长达 31 年。他还先后任东阁大学士、文华殿大学士，并晋封太子太保。嘉庆二十三年（1818），董诰被批准退休，且享受全俸，不久去世，"赠太傅，上亲奠，入祀贤良祠，赐金治丧，御制诗挽之"，死后也算哀荣备至。

董诰延续并巩固了从雍乾之际确立起来的中枢必有词臣的传统，而且进一步巩固了汉人在军机处的实权地位。他任首席军机大臣有 6 年多，超越之前的刘统勋、于敏中，这意味着汉人可以出任首席军机大臣的体制更加稳定。嘉庆二十三年（1818）董诰因年老退休，满人托津接掌军机处。但仅一年多之后，嘉庆帝驾崩，新上台的道光帝几乎撤换了全部军机大臣。新的军机大臣班子以曹振镛为首，而且，曹振镛任首席军机大臣的任期从嘉庆二十五年（1820）持续到道光十五年（1835）初，长达 15 年之久。曹振镛去世后，道光帝赐谥"文正"，有清一代，能得"文正"之谥的，仅有汤斌、刘统勋、朱珪、曾国藩等数人而已。后世评价曹振镛与道光帝的关系，称"宣宗初政，一倚曹振镛，兢兢文法"，"凡纂修会典、两朝实录、河工方略、明鉴、皇朝文颖、全唐文，皆为总裁"，"恩眷之隆，时无与比"。

由此可以看出，从雍正到道光时期，越往后，汉人领衔军机处的时间越长。原来由满人主导朝廷政权的现象开始出现松动，汉人地位上升，而汉人政治地位的提升首先表现在军机处这个中枢权力机构中。董诰、曹振镛将这一趋势推向高潮。至少，词臣久任中枢这个传统，确实成为撬动满人在中枢机构中霸权地位的一个重要契机。

2. 成为一个符号

乾隆晚期的清代官场，朝廷上下的大臣似乎一直在争先恐后地开展一场敛财聚钱的比赛，即便乾隆皇帝一再整肃，甚至不少官员因此掉了脑袋。其中，掌握更多督抚实权的满人问题尤为严重。云贵总督李侍尧被抄家时，所蓄金银珠宝不计其数，还不包括云南任所内的资财。两淮盐政、内务府旗人高恒、普福等人曾在二十余年间侵吞盐引余息，并受盐商巨额贿赂，涉案数额估计在1000万两白银以上。山东巡抚国泰涉及亏空200余万两白银。陕甘总督勒尔谨卷入甘肃冒赈案，牵涉之广，致使甘肃一省由于被杀被抓官员太多而行政瘫痪，勒尔谨被赐令自尽。其他还有闽浙总督伍拉纳、两广总督富勒浑等诸多满人督抚级高官先后因贪腐被杀。这些官员的贪腐方式可谓花样百出，但根本原因都是权力太大。从贪腐角度来看，和珅只是满族高官中又一个贪腐典型而已，只不过权力更大，涉案数额更高。但他由此成为乾隆晚期推行的满族至上主义在道德上溃败的一个象征性极强的符号。

"小有才，未闻君子之大道也。"这是嘉庆帝对和珅的评价。作为一个满族皇帝，嘉庆却开始用道德标准评判和珅，这也奠定了时人、后人进一步以道德标准评价和珅的基础，塑造了和珅的反面形象，而和珅这种反道德的形象又促使后人将更多的不道德行为附加到和珅身上。前面所述和珅到底敛财多少的问题，其实数字的真实与否在舆论中似乎无关紧要，其作用在于证实和珅作为一个符号的贪婪、腐败。或许在人们看来，对于一个被钉在道德反面典型的耻辱柱上的历史人物，无论把多少负面的东西加于其身都不为过。这种评价实际上将清朝的价值判断拉回到传统中国最重要的君子、小人的是非标准之下。相对而言，乾隆曾经大力推行的族群路线被大大弱化了，满人在这个国家中的政治话语权也将迅速走向衰微。

当这种道德主义观念重新回归政治领域，与之相伴的是政治上的话语权也更多地开始向汉人精英转移，治理国家、维护大一统的责任从此将更多由提倡经世致用的汉人精英承担。

参考文献

1.《清史列传》。

2.《清史稿》。

3.《清仁宗实录》。

4. 冯佐哲:《和珅评传》,北京:中国青年出版社,1998年。

5. 唐文基:《和珅传》,北京:东方出版社,2009年。

6. 马子木:《清代大学士传稿(1636—1795)》,济南:山东教育出版社,2013年。

7. 孟森:《清史讲义》,北京:中华书局,2006年。

8. 昭梿:《啸亭杂录》,北京:中华书局,1997年。

林则徐

时代转折中的经世精英

林则徐履历表

姓名	林则徐
别名	字少穆
民族	汉族
生卒年及所处时代	1785—1850,晚清时期
生平履历	乾隆五十年(1785)8月30日出生于福建侯官(今属福建省福州市)左营司巷。父亲林宾日,嘉庆侯官岁贡生,母亲陈帙,闽县(今属福建省福州市)岁贡生陈圣灵第五女,家贫
	嘉庆三年(1798),考中秀才,就学于鳌峰书院。与郑淑卿订婚
	嘉庆九年(1804),参加乡试,中举第二十九名,与郑淑卿结婚。12月,林则徐赴京参加会试(不中)。陶澍组织消寒诗社
	嘉庆十二年(1807),入福建巡抚张师诚幕
	嘉庆十六年(1811),第三次参加会试(第二次会试时间在1808年,未中),以二甲第四名中进士,授翰林院庶吉士,即被"派习国书"
	嘉庆十九年(1814),5月,庶吉士散馆,林则徐以编修用。8月,派充国史馆协修。冬,消寒诗社重新活动。关注水利问题,酝酿写作《北直水利书》
	道光二年(1822),6月15日,受道光帝召见,受嘉奖,称其"官声颇好"。10月,署浙江盐运使,整顿盐业
	道光三年(1823),2月17日,升任江苏按察使,倡捐、赈灾等,被称"林青天"。12月9日,道光帝召见。12月10日,道光帝再次召见
	道光十年(1830),任湖北布政使。翌年春调任河南布政使,擢河东河道总督
	道光十二年(1832),任江苏巡抚。与陶澍等人在江苏开展了经世改革活动
	道光十七年(1837),任湖广总督,整顿盐政、漕政。同时开始在湖广地区禁烟
	道光十八年(1838),6月2日,鸿胪寺卿黄爵滋奏《请严塞漏卮以培国本疏》,提出禁烟"必先重治吸食"的方针。林则徐向道光帝提出禁烟六条,受命钦差大臣,入广州禁烟

生平履历	道光十九年（1839），开始组织翻译英人慕瑞的《世界地理大全》，辑成《四洲志》。开始采用新的禁烟方法，要求外国商人具结。义律向巴麦尊致书，提出向中国作战方案。6月3日，虎门销烟开始
	道光二十年（1840），道光十九年末，即1840年1月5日，邓廷桢任两江总督，林则徐接任两广总督。6月，英国入侵澳门海口，战争正式爆发。战争失败后，林则徐、邓廷桢遭革职查办。12月14日，琦善接任两广总督
	道光二十二年（1842），鸦片战争失败，清朝签订第一个不平等条约《南京条约》。3月，林则徐被发往伊犁，12月到达伊犁惠远城，写出《荷戈纪程》
	道光三十年（1850），因病告归福州。6月，率领绅士俱议驱英，反对英人入福州城。11月5日，奉旨以钦差大臣赴广西镇压广西天地会起义。11月22日，病逝于广东潮州普宁县（今普宁市）行馆。12月15日，清廷晋赠其太子太傅，照总督例赐恤，历任一切处分悉行开复，谥"文忠"

在中国，林则徐是家喻户晓的历史人物和民族英雄。鸦片战争的爆发把他推上了历史舞台的中心。他虎门销烟、严禁鸦片的壮举被视为中国近代史的起点；在鸦片战争中，他又领导了中国人民坚决抵抗英国殖民侵略的活动，这被视为中国人民反抗外来侵略革命斗争的开端。

但为什么会是林则徐？当下所说的近代史开端、反抗外来侵略的革命斗争等，毕竟是清朝结束乃至鸦片战争一个多世纪后人们对历史的再阐释。林则徐并非中国历史上典型的近代化代表人物，更不是一个革命者。然而，历史的发展总是偶然与必然的结合。在那个时代的重要节点，林则徐这个具有强烈传统士大夫精神的经世官僚挺身而出，维护了国家和民族的尊严，也为清朝的统治注入了续命剂。从大时代背景上讲，这具有偶然性；但从林则徐本人来说，这又与他自身的经历有着必然联系。在一个各种历史发展动因交会的时间点上，林则徐的所作所为催化了历史合力，改变了历史的发展方向，让1840年成为一个标志性的年代。

一、经世思想的形成与实践

1. 初涉官场,奠定经世思想

1785年8月30日,即乾隆五十年农历七月二十六,林则徐出生在福州左营司巷一个儒学世家。他的父亲名叫林宾日,是一位岁贡生,靠担任私塾教师谋生,收入微薄。母亲陈帙出身于一个士人家庭,她和几个女儿利用手艺活卖钱,贴补家用。童年时代的林则徐生活虽然清苦,但父母对他有着很好的言传身教,使他日后为官时能够保持清廉俭朴的习惯和体察民间疾苦的作风。

林宾日对林则徐的思想有深刻的影响。他未能达成科举入仕的目标,就把希望寄托在儿子林则徐身上。因此,虽然家境清寒,林则徐仍然得到了很好的启蒙教育。林宾日在担任塾师时,把林则徐带到私塾,让他一同听学受讲。林宾日的教学方法不同于一般教书先生,擅于循循善诱,引导塾生自主学习。在这样的教学方法下,林则徐养成了爱学习的兴趣。嘉庆元年(1796),林则徐岁试中佾生①;第二年,应府试,擢为第一;嘉庆三年(1798),参加科试,14岁的林则徐考中秀才,之后在著名的鳌峰书院读书。

林则徐在鳌峰书院不但系统学习了儒家经典,更受到经世思想的熏陶。鳌峰书院创办于康熙年间,创办人是著名的理学家张伯行,他是进士出身,提倡程朱之学。时任院长是刚直不阿的教育家郑光策,他大力提倡"明体达用"。林则徐在鳌峰书院求学的七年时间里,深受郑光策的影响,专心向学,学习了诸多经史典籍,眼界大为开拓。同时,在入读期间,林则徐还结识了陈寿祺、梁章钜等人。陈寿祺为人愤世嫉俗,对现实的社会

---

① 佾生(读 yì shēng),指古代考秀才虽未入闱但成绩尚好者,被选取充任的孔庙中负责祭礼乐舞的人员。

问题有深刻的思考。他经世的思想对林则徐有着潜移默化的影响。从林则徐早年的读书札记可以看出,他当时读书的范围十分广泛,有传统儒家经典,有程朱理学典籍,还有史籍、历代诗文集等。这些阅读积累为林则徐以后的官场生涯打下了坚实的基础。他后来一直践行的经世致用思想,可以说是在这一时期萌芽并初步发展的。

嘉庆九年(1804),林则徐参加乡试,中举人第二十九名,之后与郑淑卿成婚,但在次年的会试中名落孙山。为维持生计,林则徐不得不去做私塾先生。嘉庆十一年(1806),林则徐在闽县(今福州市闽侯县东南一带)衙门内兼做书禀,即抄写员,后又被聘为厦门海防同知书记,转赴厦门。此时,英国输入中国的鸦片数量已经非常惊人,鸦片走私已经危及东南沿海一带。除此之外,中国不少文武官员已经开始沾染鸦片。林则徐到厦门这一年,初步了解到海洋贸易和鸦片流毒情形,这为他之后的禁烟举动埋下了伏笔。

林则徐在厦门期间,因善于撰写文牍而渐有声誉。时值新任福建巡抚张师诚清理积压的文牍,看中了文牍高手林则徐。嘉庆十二年(1807),林则徐被张师诚聘入幕府,成为巡抚手下的亲信幕僚。此后三四年间,他得到张师诚的特意栽培。在张师诚看来,林则徐是办事干练明快、不可多得的人才,故而他经常让林则徐协助处理奏稿文牍,这些历练使林则徐增长了见识,提升了从政的能力。在张师诚的鼓励下,林则徐先后两次参加会试,终于在1811年考中二甲第四名,朝考第五名,成为进士,并入选庶吉士,跃入龙门,不久开始了长达七年的京官生活。其间他加入宣南诗社这样一个经世官僚的圈子中。

乾隆、嘉庆时期,清朝学术风气发生了深刻变化,考据学开始占据重要地位。然而,在白莲教大起义之后,清朝在政治、经济等各方面的危机暴露出来,很多学人不再醉心于考据之学,开始提倡经世之学,以图匡时济世。林则徐虽不擅社交,但他加入宣南诗社后,结识了黄爵滋、龚自珍、魏源等人。宣南诗社原名消寒诗社,是陶澍等人于1804年组织成立的,参加聚会的有官员、学者、诗人，这些人不仅讨论学问，同时还议论时政，讨论经世思想，他们对嘉道时期经世思想的兴起起了重要的推动作用。陶澍是道光时期经世官僚的代表人物。他于1802年中进士，1825年任江苏巡抚，积极推行治河、治漕、兴修水利等重要改革，1830年任两江总督，之后林则徐任江苏巡抚，二人在众多社会经济改革方面相互配合、相得益彰。在宣南诗社的影响下，林则徐"力学而潜修、益究心经世学"，"虽居清秘，于六曹事例因革，用人行政之得失，综核无疑"。

嘉庆二十五年（1820）二月初八，林则徐出任江南道监察御史。当时有海盗张保归附清朝，被授任福建闽安副将。林则徐参奏张保"常食鸦片烟，礼节不知，诸多任性，是前此盗船习气尚未痛除"，认为对于归诚之海盗，虽要安抚，但更应注意裁抑，以防他们骄蹇。林则徐此奏疏被嘉庆帝接纳，受到表彰。他又揭露河南治河时料贩囤积居奇的现象，建议敕令地方大吏"严密查封，平价收买，以济工需"。嘉庆帝即命河南巡抚琦善处理此事，后琦善因"并不迅速"，被革去巡抚之职。这年三月，林则徐在京察（京官考核）中名列一等，得到带领引见，记名以道府用；四月实授浙江杭嘉湖兵备道。

林则徐在京为官期间一直关注京畿一带的水利问题，收集了大量以往关于兴修水利的书籍和奏疏，开始着手撰写《北直水利书》。书中他认为京畿一带可以种植水稻，只需有水就可成田。林则徐之所以主张在京畿一带种植水稻，目的是解决南粮北调以及漕运所带来的诸多问题。只是他的这个主张过于理想化，难以实现。但《北直水利书》所表达的是林则徐"养民为本"的思想，这是日后林则徐主张对漕政、水利等进行改革的出发点。

道光元年（1821），父亲林宾日在家误食冷腥，病情危急，林则徐于是辞官离任。在父亲病情好转后，因为"家无担石之储"，林则徐于次年离开家乡福州进京，觐见道光皇帝。之前，在杭嘉湖兵备道任上一年，林则徐形成了实地勘察水利、河塘工程的习惯，注重整顿吏治。其干练的作风为道光帝"早有所闻"。

于是，道光二年（1822）四月二十四，道光帝在乾清宫召见林则徐。首次见面，道光帝便当面称赞林则徐"在浙省虽为日未久，而官声颇好，办事都没有毛病"，希望他"好好察吏安民"，"照从前那样做就好了"。此次觐见对林则徐来说非常成功，加深了道光皇帝对他的信任，加快了林则徐的升迁速度，使他在官场上平步青云。道光二年十二月（1823年2月），林则徐被任命为淮海道，不到半个月，升任江苏按察使，跻身省级封疆大吏之列。

在江苏按察使任上，林则徐积极清理刑狱案件，赢得治讼严明的声誉。在此期间，他遇到了洪水灾害及饥民大闹官府的情况。娄县饥民因农田被淹、米价昂贵，赴松江府署请愿闹事。林则徐没有像其他官员那样对请愿的饥民采取暴力镇压的手段，而是实事求是地处理饥民大闹官府之事，缓和了饥民与官府的矛盾，维护了社会的秩序。"至儿童走卒，妇人女子，皆以公所莅为荣"，林则徐的种种善绩，得到了民间社会的普遍赞赏，他获得了"林青天"的美誉。

道光三年（1823）冬，林则徐在处理好江苏洪水灾害善后工作后回京述职。此次进京，林则徐先后得到道光皇帝的两次召见，君臣相谈甚洽。道光帝称："汝系翰林出身，文章学问本好，此数年在外办事亦好，但刑名关系甚重，总须慎之又慎，准情酌理，不可稍存成见。"又说："汝是精明的人，要不自恃精明，仍须靠定书本办事，所以律例是不可废的。"让他"好好谨守立品，勉为良臣"。

次年，他受命署理江苏布政使，全力处置赈济灾民、修治水利之事。时任南河河道总督的黎世序推荐他综办江、浙两省水利。两江总督孙玉庭等会商办理江、浙两省水利大员，联名上奏道光帝推荐林则徐："惟江苏臬司林则徐器识远大，处事精详，曾任杭嘉湖道及淮海道，浙西地方均为熟悉，水利亦夙所究心，实堪胜任。"道光帝深以为然，朱批曰："即朕特派，非伊而谁？所请甚是。"得到道光帝的任命后，林则徐效仿认为

"兴利以疏水利为先"的康熙朝治吴名臣慕天颜兴修水利的方法,根据之前所学的治河知识积极研究疏浚河道的方案。

这年八月,林则徐接到母亲去世的消息,奏请丁忧守制。但不久洪泽湖突发水灾,又引起淮河水位下降,不但使无数百姓受灾,而且严重影响了运河漕运。道光帝按照夺情惯例,令林则徐火速赶往苏北,督办修建洪泽湖高家堰之事。此时的林则徐疾病缠身,但对河工仍丝毫不敢松懈,常冒雨视察,一丝不苟。直到完工之后他才得以回籍,为母亲守制。

道光七年(1827)三月,林则徐守制期满,动身进京,很快被任命为陕西按察使,署理布政使事务。后又丁父忧,回籍守制。道光十年(1830)五月,林则徐服阕北上返京,出任湖北布政使。次年转任河南布政使。七月间,由于运河溃口,造成江北广大地区受灾严重,林则徐积极配合两江总督陶澍等官员的救灾工作。陶澍赞赏林则徐务实、踏实的工作作风,建议将他调任江宁布政使,主持救灾工作。在任江宁布政使后,林则徐根据以往的经验,向陶澍提出了多条有用的赈灾举措,这些举措被陶澍采纳并进行实践。林则徐的才能和他所取得的成就被众人所熟知,"以公所行政,播诸歌谣,荒村野市,传之以为乐。本朝自陈恪勤、陈文恭后,长吏声誉之盛,无与公并者"。道光帝亦称赞他曰"出膺外任已历十年,品学俱优,办事细心可靠"。十一月,林则徐被擢升为河东河道总督,专治河务,并再次得到道光帝的肯定,"向来河工查验料垛,从未有如此认真者"。仅半年有余,道光十二年(1832),林则徐升任江苏巡抚,再次与当时经世改革的急先锋陶澍成为同省大僚。

2. 经世济民,成为经世改革的中坚者

从嘉庆二十五年(1820)到道光十八年(1838)这18年间,林则徐先后任江南道监察御史、浙江杭嘉湖道、江南淮海道、江苏按察使、江苏布政使、陕西按察使、湖北布政使、河南布政使、江宁布政使、河东河道总督、江苏巡抚、两江总督兼两淮盐政、湖广总督等职,办理赈灾、蠲缓、堤防、河工、漕运、盐务、刑狱等诸多事务,基本都与国计民生密切关联。他认真办事、秉公处置的作风也为他赢得贤名满天下,"至儿童走卒,妇人女子,皆以公所莅为荣,辄曰:'林公来,我生矣!'"他丰富的为官履历也证明了道光帝对他的信任和对他能力的认可。因此,每到有要紧、棘手的公务时,道光帝总会在第一时间想到林则徐。反观之,林则徐能够仕途发达,建功立业,将经世济民之思想付诸实施,也得益于皇帝的知遇之恩与大力支持。

那么林则徐为什么会得到道光皇帝如此的青睐与信任呢?这需要从两个方面解释。

一是道光皇帝的治国思想与时代背景。

嘉道之际,曾经风光一时的康乾盛世已经日渐没落,官场腐败愈演愈烈,社会矛盾尖锐。内地先后有白莲教大起义、天理教起义,边疆地区则有张格尔叛乱。从外部来说,西方列强如英国者,早已将侵略触角伸向亚洲的印度,又由印度开始觊觎中国,一再试图打开中国的市场。乾隆末期,英国曾派出马戛尔尼使团访华,但所有请求均遭清朝拒绝。嘉庆时期,英国再派阿美士德使团访华,嘉庆帝拒绝接见。英国还将军舰开到广州之外的伶仃洋外海,对中国进行军事性试探。嘉庆十三年(1808),英国派军舰闯入香山鸡颈洋,派兵300人登陆澳门岛,占据炮台,试图夺取澳门,其军舰甚至进到黄埔一带。两广总督吴熊光认为英国人志在贸易,其军费出自商税,因此只要闭关不与贸易,足以致其死命。但若轻率用兵,与英国开战,那英国军舰远胜清军数倍,战必不敌,而东南沿海也将受其害。因此吴熊光不主张用兵,仅令停止开舱,要等英军退出澳门后,方准贸易。他也没有急于将此事奏报朝廷。一个多月后,嘉庆帝接到此消息,他认为吴熊光遇此挑衅,没有立即调兵开战,反而示敌以弱,故严诏切责。英国的军舰直到十月间才陆续退去。吴熊光被议罪革职,效力南河,不久遣戍伊犁。

在这些内忧外患之下，继任的道光帝力图振作。他的总体思路是重用经世派官僚，提升汉人士大夫的地位，尝试推动政治、经济等方面的改革。道光帝继位伊始，便对中枢部门军机处进行了调整。领衔军机大臣托津、排名第二的军机大臣戴均元都以撰拟诏旨错误被罢值。卢荫溥、文孚也因同样的原因被降级。第二年，卢荫溥罢值，文孚则留任。同时，道光帝让太子太保、体仁阁大学士曹振镛入值并领衔，又以太子少保、户部尚书黄钺和吏部尚书英和入值。不久，英和罢值，次年代之以松筠。由此道光帝基本完成了对军机处的人事调整，这种调整非常彻底，基本将中枢旧臣一扫而空。军机处自创设以来，多以满人领衔。乾隆、嘉庆之际，也曾有张廷玉、刘统勋、于敏中、董诰等人领衔军机大臣，但像道光帝这样一上台就将汉人大学士任命为领衔军机大臣的，在清代也是仅此一例。曹振镛自此以后执掌中枢近15年，后人对他多有非议，认为他无所作为，但实际上，道光时期的一些重要成就，如平定张格尔叛乱等，曹振镛皆被道光帝列为功劳第一。而两江总督陶澍主持的盐政、漕运改革等，也多赖曹振镛的支持，才得以获准与展开。曹振镛家几代为盐商，时陶澍倡盐法改革，包括曹家在内的旧盐商利益受损。以曹振镛的地位与权力，他完全可以阻止陶澍的改革，但他说："焉有饿死之宰相家！"并力促道光帝批准盐政改革。

道光帝孜孜求治的心态也能从他对陶澍的信任与重用上看出来。陶澍在道光年间，由正四品的道员升任正三品的按察使，又升任从二品的布政使，至道光三年（1823）升任安徽巡抚（兼提督职能），成为正二品封疆大吏。四年之内，升了四级，可谓青云直上。接着他又调任江苏巡抚，并在道光十年（1830）升任总督，并兼兵部尚书衔，从一品，这是地方上最高的官职与品级。在非战争时期，对于一个出身汉族而且出生于清贫农家的知识分子来说，成为这样的高级官员是不同寻常的。按清朝前期的惯例，担任两江总督的大多是旗人，陶澍却以汉人的身份担任总督长达十年之久，直到逝世。且在陶澍之前担任两江总督的和在其后担任两江总督的都为时不长,而他在江苏巡抚、两江总督任上,先后主持漕运、盐政改革,获得极大成功,这与道光帝及中枢机构的大力支持是分不开的。道光十一年(1831)八月,陶澍上《现在盐务、灾务,并获拿匪犯办理各情形折片》,得到道光的朱批:"裕国而安民,通商而除害。汝为干国良臣,而朕亦获知人善任之美名,实有厚望焉。"道光十五年(1835)底,陶澍进京觐见,道光帝竟先后14次召见陶澍,并赐"印心石屋"四字匾额。此事在当时引起巨大轰动。大学士潘世恩、河道总督麟庆等18人《御书印心石屋诗》,英和、穆彰阿等12人写了《御书印心石屋记》,这些诗文高度评价陶澍。潘世恩的诗句云:"自从建节钺,声施益烂如。砥柱仰吴楚,广厦思淮徐。即今江南北,同在春风余。"英和的文章说:"学术昭于过庭,治绩隆于当代,忠孝大义,精白一心。"①

可见,道光帝通过重用、支持陶澍等人的改革,极大提高了经世派官僚在国家政治中的地位,极大改变了康雍乾时期那种"首崇满洲"的政治氛围,汉人士大夫经世济民的精神重新得到肯定与激发。

二是林则徐处于经世派官僚团队之中。

林则徐的发达不仅是道光帝支持的结果,而且他也不是孤立的,他是那个时代经世官员群体中的一员,是经世思想发展脉络中的一分子。他的前辈陶澍之所以能够把自己的经世思想付诸实践,除了主客观条件,还由于他能够团结一大批具有经世致用思想的人士,如贺长龄、贺熙龄、唐鉴、梁章钜、陈銮、林则徐、王凤生、俞德渊、姚莹、魏源、包世臣等。贺长龄、唐鉴是陶澍的亲密朋友,在北京跟陶澍同时在国史馆任职,共同参加宣南诗社,在江苏又长期共事,他们都主张经世致用。贺长龄的弟弟贺熙龄,跟陶澍在京城就关系密切,后来又结为儿女亲家,他主张"读书所以经世",是左宗棠的老师。梁章钜是陶澍同科进士,陶澍担任江苏巡抚,梁章钜担任布政使,共同赈灾治水。陈銮具有经世才干,陶澍倚为左

---

① 陈蒲清:《陶澍传》,岳麓书社,2011。

右手，积极协助改革，陶澍病重时即由他署理两江总督。魏源、包世臣等是陶澍的幕僚和智囊团成员。王凤生、俞德渊、姚莹等是陶澍改革盐政的重要助力。

而林则徐与陶澍在江南一度亲密合作，进行各项改革，并自称为陶澍的后辈。《清史稿·陶澍传》称陶澍"与巡抚林则徐合力悉加疏浚，吴中称为数十年之利"。两个人之间的交往细节及相关主张，我们可以通过林则徐的日记更详细地了解。魏源也曾说过林则徐和陶澍志同道合，且能优势互补。林则徐在江苏巡抚任上着重处理了繁重的钱漕事务。他在给陈寿祺的信中，称江浙漕政已成不治之症，"局面太大，积重难返"。

道光十一年（1831）十月初七，道光帝以林则徐"出膺外任已历十年，品学俱优，办事细心可靠"，擢升他为河东河道总督。对于这次职任变动，林则徐认为"河工修防要务，关系运道民生最为重大，河臣总揽全局，筹度机宜，必须明晓工程，胸有把握，始能厘工剔弊、化险为平"，自己未曾经理河工，"不敢贸然从事"，上奏婉拒。道光帝接到奏折后，仍然坚持原意，并嘱托："一切勉力为之，务除河工积习，统归诚实，方合任用尽职之道，朕有厚望于汝也。慎勉毋忽！"

林则徐接到谕令后，从扬州勘灾途中赶往山东，一路顺途亲勘运河应办工程，至微山湖以志桩测量水位。这是一项苦差事，林则徐深感责任重大，如履薄冰，"近来防汛闹得太不成事，弟未到任而嘱者已数十人，不禁为之害怕，奈何！奈何！""此后无一日不在针毡之中，正不特防险担心而已"。

修工程之外，他还对各道河库钱粮进行了详细盘查。林则徐于道光十二年（1832）正月初四（2月5日）、初八（2月9日），先后亲赴运河道库与兖沂道库，盘查河库钱粮，确认并无亏短。正月二十二（2月23日），林则徐审核奏办山东运河之迦河、捕河、上河三厅闸座工程三案，说明确系工程难缓，估银36370余两，并无浮滥虚报，请准山东司库拨款。当日他即从济宁启程，前往河南东部黄河两岸，查验河防各厅的料垛，并顺道盘查河南开归道库、河北道库钱粮。他亲自从北岸的曹考厅查起，一直往西到黄沁厅，然后南渡，挨次东查，"周历履勘，总于每垛夹档之中逐一穿行，量其高宽丈尺，相其新旧虚实，有松即抽，有疑即拆，按垛以计束，按束以称斤，无一垛不量，亦无一厅不拆。"在兰仪厅蔡家楼，林则徐发现垛底有潮湿之料，立刻决定将该厅同知于卿保撤任，并要他赔补损失，其缺委河南祥符县知县邹鸣鹤署理。林则徐一丝不苟，认真办事，博得沿河兵夫居民的啧口称赞，因此，每到厂汛工地，"观者如堵"。

通过实地考察，林则徐对河务形势有了初步的了解。对于河南、山东黄河地段，自道光元年（1821）孙玉庭、黎世序提议采用碎石工程，次年在北岸黄沁厅马营挑坝试抛两段，道光五年（1825）开始推广，六年来共用银65万余两。但由于两岸堤长20余万丈，堤前有埽的不过6800余丈，埽前抛石者仅270余丈，防险经费未见节省，以至道光帝怀疑碎石工程是否必要。林则徐两次上堤，向年老兵民查访用碎石埽堤护堤的实际效果，最后得出"碎石之于河工有益，实可断为必然"的结论。为了有效指挥治河，林则徐把住所当作"工程指挥部"，"题所居室联云：春从天上至，水由地中行。题客座联云：芦中人出，河上公来"，又"绘全河形势于壁，孰夷孰险，一览而得"。这样，"群吏公牍，不能以虚词进，风气为之一变"。

在查验黄河两岸河务的过程中，林则徐注意钻研治理黄河的办法，初步形成使黄河改道，由千乘，即利津河入海，以克服河患的改革方案。他致信陈寿祺："则徐窃不自量，谓欲救江、淮之困，必须改黄河于山东入海，而以今之黄河于淮涸出洪泽湖以为帝藉。……尝谓古之善治河者如神禹。禹之治河，固非后人所可思议，若汉之王景，非不可学者。何以王景治河由千入海之后，史册中不闻河患者千六百年？大抵南行非河之性，固屡治而屡为患耳。"林则徐身上体现出的是实干的敬业、乐业精神。

由于林则徐严守职责，道光帝极其赞赏他："向来河工查验料垛，从未有如此认真者",又说:"动则如此勤劳,弊自绝矣。作官皆当如此,河工尤当如是。吁!若是者鲜矣。"可见他对作为经世官员的林则徐之欣赏。

由此,当鸦片输入成为一个严重伤害到国家根本利益的问题时,道光帝自然不会忘记以经世济民为己任的林则徐。面对泛滥已久的鸦片,清廷禁烟令之所以形同虚设,一个主要原因就在于各地官员阳奉阴违。而林则徐这种忠于职守的实干精神和能力正是禁烟事务所亟须的。

在江苏巡抚任内,林则徐忠实地执行禁烟法令,随时认真巡查,对犯法之人进行严惩。林则徐实施了一系列措施,比如严禁种植、贩卖、吸食鸦片;在沿海地区严密布置,在外国商船未进入港口前就严加巡逻,斩断鸦片的来源;商船进入中国以后,"如有偷漏纵越,或经别处发觉,即将牟利之奸商,得规之兵役,一并追究,加倍重惩,以期令在必行,法无虚立"。在他的治理下,江苏禁烟取得初步成效,"江南地本繁华,贩卖、买食鸦片烟之人原皆不少,节经严切查办,随案惩办,今日并无私种罂粟花作浆熬膏之人"。

1832年初,英国人胡夏米等在中国沿海进行侦探活动,史称"胡夏米事件"。胡夏米乘坐阿美士德号商船,从澳门出发,北上一路侦探中国的沿海情况,收集了大量的一手信息,为日后鸦片战争的发动准备了最早的情报信息。胡夏米在中国实行的种种活动都是有意为之,例如,他以传教士郭士立为翻译,沿途传播基督教,因此成功地躲开了清廷的查验,刺探了中国沿海地区的军事情况。林则徐对于胡夏米的态度当然是坚决将其驱逐出中国。他认为胡夏米与内地奸民相互勾结,惹是生非,需要严加防范,并推测船上可能夹带鸦片。而道光帝却由于担心"因此别生枝节,致启衅端",阻止了林则徐试图搜缴鸦片的行动。此时,林则徐较之前对鸦片的危害又有了进一步的认识。在胡夏米事件中,诸多的沿海督抚中,只有林则徐和陶澍关注鸦片的走私问题,这也表明林则徐在禁烟方面的决心与坚定立场。

就是顺着这样的思路，林则徐最终走到历史的紧要关头。

二、禁烟抗英：从鸦片到"夷务"

1. 严禁鸦片

清朝自乾隆二十二年（1757）开始在对外贸易方面限定一口通商，设立广州十三行特许与外商进行贸易，并且严格约束外商在中国的活动。当时清朝与英国的贸易中，英国是贸易逆差的一方，为了改变这一不利的局面，向中国走私鸦片成为他们的一种选择。鸦片并非中国自产，是由国外流入的。早在雍正二年（1724），就有大臣奏称："鸦片烟不知始自何来……闻此为狡黠岛夷诳倾唐人财命者，愚夫不悟，传入中国已十余年，厦门多有，而台湾特甚。"清廷于雍正七年（1729）下令禁止鸦片。嘉庆时期，鸦片贩卖日渐严重，清朝正式颁布了禁烟法令，但由于巨大的需求和丰厚的贸易利润，鸦片在国内的交易早已形成较为成熟的网络，清廷的禁令如若空文。

林则徐最初接触鸦片、产生对鸦片流毒问题的初步认识是在他任厦门海防同知书记时期。在广州禁烟时，他曾称："本大臣家居闽海，于外夷一切伎俩，早皆深悉其详。"道光年间，吸食鸦片者的数量猛增。清廷虽颁布严厉的禁烟法令，如"凡洋船至粤，先令行商出具所进黄埔货船并无鸦片甘结，方准开舱验货。其行商容隐，事后查出，加等治罪。开馆者议绞，贩卖者充军，吸食者杖徒"，但大多收效甚微。林则徐在江苏按察使任上，也一直奉行清廷的禁烟法令，这为他日后开展大规模禁烟活动积累了经验。

道光十七年（1837）正月，林则徐任湖广总督。当时两湖一带的鸦片泛滥形势也非常严峻，"两湖、江西为烟土出入之门户，其大伙烟犯，动辄百十成群,犹如私枭之出没,器械森然,人视死如归"。面对这种严峻的局势,林则徐采取了一系列的禁烟办法。他把收缴的鸦片当众烧毁,把灰投入江心,可见他禁烟态度之坚决。

1838年6月2日,鸿胪寺卿黄爵滋上了一道严禁鸦片的奏折,讨论禁烟的方法,一改以往禁烟的老方法,而把禁烟的重点放在吸食鸦片者身上。道光帝阅后,将此奏折下发给各地将军、督抚,令他们"各抒所见,妥议章程,迅速具奏"。道光帝共收到29份议复的奏折,在这些奏折中,只有林则徐、陶澍等人同意黄爵滋的部分意见。黄爵滋主张发起全国范围内的禁烟运动,而大多数官员只想在沿海展开禁烟活动,甚至只想在广东一省禁烟。

对于禁烟的态度,朝廷上形成了两种相左的意见,分别以直隶总督琦善和林则徐为代表。主要的争论点在于两个问题:第一,要不要变更原有的禁烟法令;第二,要不要先重治吸食。林则徐赞同黄爵滋的观点,认为"如果内地无人吸食,谅彼亦即不来",但禁烟的重点还是应在于杜绝鸦片的来源。林则徐提出六条禁烟的建议,主张变更禁烟法令,重治吸食,全面开展禁烟运动。他认为鸦片的危害在于"若犹泄泄视之,是使数十年后,中原几无可以御敌之兵,且无可以充饷之银",因此他是坚决主张禁烟的。就在道光帝犹豫不决的时候,发生了两件事情:第一,他得知皇室也有人吸食鸦片;第二,琦善搜缴了大量的鸦片,并称这些鸦片是从广东运至天津的。正是这两件事情坚定了道光帝禁烟的决心。

1838年11月9日,道光帝下旨"林则徐立刻进京陛见"。他没有选择广东的职官,而是决定派林则徐作为钦差大臣,前往广州处理禁烟事宜。道光帝为何把林则徐当作禁烟的人选?这可能和林则徐早年的禁烟经验及他为官任上所取得的政绩有关。林则徐通过在江苏、湖广地区的禁烟行动积累了重要的经验,同时他为官清廉、办事认真、雷厉风行,尤其能够忠实执行皇帝的命令。道光帝对林则徐一直保持着非常好的印象,常用林则徐处理紧急事务,充当大清朝的"救火队长",此次也不例外。

本次林则徐在京请训期间，受到道光帝八次召见，道光帝随即加授林则徐"钦差大臣关防，驰驿前往广东查办海口事件，该省水师兼归节制"。

道光十八年十一月（1839年1月），林则徐作为钦差大臣，由正阳门出新仪门南下，取道直隶、山东、安徽、江西，水陆兼程，前赴广东。道光十九年（1839）正月，林则徐抵达广州。抵省城广州后，他很快发布《晓谕粤省士商军民人等速戒鸦片告示》："本大臣与督部堂、抚部院懔遵严旨，惟有指天誓日，极力驱除，凡攘外靖内之方，皆已密运深筹，万无中止之势。"其中命令："省城限以二月起至三月底止，各府州县以奉文之日起，勒限两月，务将家有烟枪、烟斗几副，杂件烟具若干，余烟若干一并检齐，赴所在有司呈缴。"可谓态度坚决、目标明确。

在林则徐去广州禁烟之前，两广总督邓廷桢已经开展了激烈的禁烟活动，但最终未达到禁烟的目的。鉴于此，林则徐到达广州后，颁布了一系列公告，分别针对中国人和外国人采取了禁烟手段。按照惯例，外国来广州的商人只能与清廷指定的行商交易，即所谓的十三行，这样做的目的是防止外国人与中国人私自联系以及保住清朝的颜面。林则徐要求行商们担保每一艘进入的外国船都绝无夹带鸦片的可能性。他命令行商们传谕外国商人，三天之内将船上所贮鸦片全部上缴，并签具结合同，保证以后绝不夹带鸦片。在发觉没有得到切实效果后，林则徐下令坚决中止一切商业交易，封锁商馆。他的禁烟思想从最初赞同黄爵滋的重治吸食，进一步转向杜绝鸦片来源。

1839年3月，在林则徐的压力下，英国商务总监督义律不得不要求本国鸦片商人将所有的鸦片交给中国政府，禁烟取得了空前的胜利。6月3日，林则徐下令在虎门海滩当众销毁鸦片，至6月25日结束，共历时23天，这就是著名的"虎门销烟"。林则徐对此次事件的记录是："其远近民人来厂观看者，端节前后愈见其多，无不肃然懔畏。"

1839年，义律两次致信英国外交大臣巴麦尊，称林则徐的禁烟运动是一场"侵略"。他一直向英国政府提出发动战争的要求，甚至已经给出了详细的侵华方案。虎门销烟后，义律以"乞食"为借口，于当年9月发动九龙海战，被清军击败。11月，他又发动了穿鼻海战。广东水师提督关天培立即率领中国水师奋勇反击，迫使英国兵船逃走。1840年，英国议会经过表决，以微弱多数勉强通过发动对华战争的决定。

英国侵华的目的不言自明，伦敦东印度与中国协会提出"开放广州、厦门、福州、宁波、扬子江"；"出入口关税，应由中英政府协议厘定，以后非经双方同意，不得更改"；"如中国不愿开辟商埠，应将一岛割让与英国（用购买或其他方式），英国可在岛上建造商馆"，这些露骨的侵略要求表明了鸦片战争的爆发不可避免。仔细对比，可发现这些要求就是鸦片战争失败后中国政府被迫签订的《南京条约》的蓝本。

1840年1月16日，英国女王维多利亚发表演说，称"在中国发生的事件已经引起我国臣民同该国商业来往的中断，这一事件深为影响我臣民以及我本身王权的尊严"。以此看来，英国上下已经做好了战争的准备。而英国政府提出的对中国作战的理由，则是称林则徐对义律实行暴行，中国的禁烟法令只针对外国，而不针对本国。

此时战争已经难以避免。

2. 如何回顾鸦片战争？

1840年6月中旬，英军抵达广东沿海的蒸汽军舰已达四艘。6月21日，英国远征军海军司令伯麦率领部队抵达澳门外海。之后林则徐与广东巡抚怡良向道光帝奏报了英军的情况以及清军备战的情况。28日，英军封锁珠江口，鸦片战争正式爆发。由于林则徐严密的军事布置，英军改变了准备破坏江面防御工程的计划。30日，义律和英军总司令懿律与伯麦会合。其后英军移师北上。7月6日，英军自东门进入浙江定海县，清军"不战不守，纷纷溃散，各顾身家"。

战争中，林则徐制定了种种方略，英勇抵抗英军。他采用"攻首尾跃中舱"之法，主要作战形式是以炮台对敌舰，这些都是传统的战术。林则徐没有航海及作战的经验，仅凭自己的认识去指导战争，不免有纸上谈兵之嫌。但他还购买了"甘米力治号"舰船和新式大炮，同时加强沿海炮台的设防，并利用民心进行抵抗，动员了一批沿海民众参与到战争中去。

1840年7月，道光帝收到英军进犯定海的消息，继而又收到定海失陷的奏报，这大出道光帝的意料。其实，从早期的战争准备状态便可看出定海失守不足为奇。随着战争形势的恶化，朝廷中对林则徐的诽谤越来越多，甚至称"夷兵之来，系由禁烟而起"。同年，义律至天津，致书琦善，说广州禁烟自林则徐和邓廷桢二人开始。琦善把这一信息上报给了道光皇帝，道光帝对林则徐的信任发生了动摇，转而决定以重治林则徐换取英军退兵："上年林则徐等查禁烟土，未能仰体大公至正之意，以致受人欺蒙，措置失当。兹所求昭雪之冤，大皇帝早有所闻，必当逐细查明，重治其罪。"① 他以"办理终无实济，转致别生事端，误国病民"为由，将林则徐、邓廷桢严加议处。道光二十一年（1841），林则徐被降为四品卿衔，速赴浙江镇海听候谕旨。到镇海后，林则徐积极参与了当地的海防建设事宜，力图"戴罪立功"。在此过程中中英战况仍在升级，1841年5月，清廷组织和发动的第一次抗英战役——广州战役失败后，道光帝批准签署《广州和约》，他把广东营务废弛诿过于林则徐、邓廷桢，于农历五月初十（6月28日）下旨，将林则徐、邓廷桢流放伊犁。

其实虎门销烟后，林则徐本可以就任两江总督，但他仍旧陷于"夷务"中，主要原因在于他想彻底消灭鸦片走私贸易。他认为"最近所实行的严厉措施，目的完全是为了扑灭鸦片买卖"，"违法的交易必须马上制止，其他正当贸易则受保护"。"凡经营正当之贸易并与夹带鸦片之恶行确无牵涉之船只，应给予特别优待，不受任何连累。凡从事私售鸦片

---

① 齐思和等整理：《筹办夷务始末（道光朝）》，中华书局，1964，第386页。

之船只，必严加查究，从重罚治，决不丝毫宽容。总而言之，善有善报，恶有恶报。善者不必挂虑，如常互市，必无阻碍。至于恶者，唯有及早改恶从善，不存痴想。"吊诡的是，道光帝希望有能力又务实的林则徐去禁烟，林则徐的确做到了，但他的禁烟实效却又使道光帝免了他的职。这实在是对一个实干家最大的讽刺与不尊重。

但林则徐继任者的遭遇也并不比林则徐好。1841年1月25日，继任两广总督的琦善向英国妥协，签订《穿鼻草约》，将香港岛割让给英国，随后英军武力占领香港岛。2月26日，道光帝收到怡良揭露琦善割香港岛的奏折，龙颜大怒，将琦善革职、抄家，发往军台效力。如此一来，被后世人定位为主战派的爱国者林则徐和被定位为投降派的琦善，几乎受到道光帝同样的处罚。殷鉴不远，在嘉庆帝在位时，两广总督吴熊光也曾因为向英国人示弱，未能出战而被革职流放。但这几位被处罚的原因大相径庭：吴熊光因为自知不敌不愿出战被处罚；林则徐因为禁烟过于严厉引发战争，故道光帝试图借惩罚林则徐以止战；琦善则又因为妥协止战而被处罚。不打不是，打也不是，由此，处于与西方列强打交道第一线的两广总督成为一个最危险的官职。其背后折射出的是由两代皇帝及满朝文武对西方的无知造成的具体政策上的不知所措和自相矛盾。

再来看看道光皇帝对西方的认识。在鸦片战争发生两年后，道光帝才向大臣询问对手的相关信息："（英国）女主年甫二十二岁，何以推为一国之主？有无匹配？其夫何名？何处人？在该国现居何职？……该国制造鸦片烟卖与中国，其意但欲图财，或另有诡谋？""该国地方周围几许？所属国共有若干？其最为强大、不受该国统属者共有若干？又英吉利至回疆各部，有无旱路可通？平素有无往来？俄罗斯是否接壤，有无贸易相通？"其实，《四洲志》《海国图志》里已经介绍了诸多国外的情况，包括英国的立宪制度。林则徐在广东期间所翻译的一系列报刊书籍没能送到道光帝面前，连最高统治者都对世界形势一无所知，朝野上下一片茫然，这也就不难理解林则徐为何无法预判鸦片战争了。

道光帝一直奉行的是"上不可以失国体,下不可以开边衅"的禁烟政策,而这一要求本来就自相矛盾,不管是谁都无法完成,因而林则徐以及他之后的几任两广总督都在鸦片战争中获罪。这些禁烟大臣的结局充分证明了"弱国无外交"的现实。我们从清朝官员及皇帝与外国接触时仍称西方人为"夷",可以看出他们还是以"夷夏之辨"的传统观念去看待西方,这阻碍了中国与西方的正常交流,使中国不能正确认识西方的发展。

道光帝的罢黜成全了林则徐的美名。林则徐没有经历惨烈的战败,没有经历丧权辱国条约的签订,他在这场战争中的中途缺席,使得人们对他抱有无限的遐想。比如,林则徐的幕僚梁廷枏在其《夷氛闻记》中认为,林则徐"终其任,未尝有所挫失。论者遂谓文忠倘获始终其事,必能令桀骜之夷叩关悔罪,由我操纵,畏若神明"。

一年之间,林则徐由禁烟"英雄"变成引发鸦片战争的"罪人"。清廷认为鸦片战争是由于林则徐误判英国只要求贸易,不会发动战争,而且低估了英国的武备所致。林则徐被贬也源于此因。因此在清人笔记中,也有把林则徐视作国家生乱第一祸首的。"赘漫野叟"在《庚申夷氛纪略》里说"初作难者,以林则徐为首,而成之者裕谦也,甚之者僧格林沁也",并且发恨说"参之肉其足食乎?",最后总结:"(林则徐)于国家毫无裨益,若论肇开夷衅一节,古人重首祸,是其罪浮于裕与僧也。"然而同一时期也有截然不同的观念,新任闽浙总督颜伯焘和新任浙江巡抚刘韵珂,则因林则徐在禁烟及鸦片战争中的坚决抵抗,认为他为"夷所畏忌",要求朝廷起用林则徐。这种思路也体现于广东民众在《尽忠报国全粤义民申谕英夷告示》的反问中:"尔既枉称厉害,何以不敢在林大人任内攻打广东?"鸦片战争后的三部史著《道光洋艘征抚记》《夷氛闻记》《中西纪事》将这种思路延续下去,皆谓林则徐在广东防备严密,英军无隙可乘,遂北犯定海,最后将战争的失败归因于清廷罢免林则徐。然而,林则徐尽管常被称赞为中国开眼看世界的第一人,他对西方人的认识还非常有限。

　　林则徐、邓廷桢等人低估了英国人以战争为鸦片贸易保驾护航的决心。林则徐在广东禁烟期间，为了了解以英国为首的西方国家的情况，积极网罗人才，组织翻译西方报刊书籍。他组织翻译了《澳门新闻纸》《中国丛报》等报刊，将所收集的有关西方的各种信息汇集编成《洋事杂录》，同时将英国人慕瑞的《世界地理大全》翻译成《四洲志》。魏源深受林则徐影响，在其《海国图志》中多次强调了解西方情况的重要性，"欲制外夷者，必先悉夷情始；欲悉夷情者，必先立译馆、翻夷书始"。虽然翻译的目的是"借以探访夷情"，但这确实开启了向西方学习的大门。然而，即使主动了解了西方的情况，林则徐仍认为英国人"虽其中不无波折，而大局均尚恭顺，非竟不可范围者"。他误把敌情判断为义律等人的言语恫吓，将即将到来的战争判断为大规模的鸦片武装走私。从林则徐的奏稿中可以看出，林则徐过度相信外国人，"闻该夷平日重一信字"，同时他还认为外国人有天良，是可以教诲的。最不可思议的是，林则徐称赞义律"诚实居心，深明大义，恪守天朝禁令，保全夷众身家，恭顺勤劳，洵堪嘉尚"，所以当义律一而再地抵制具结措施时，林则徐仍然相信他不敢违反法令。直到看到英舰来势汹汹时，林则徐才意识到战争不可避免，转而迅速备战。

　　在贸易方面，林则徐认为英方在茶叶、丝绸等物的进口上依赖于清朝，若是阻断贸易，必使英人大为受挫，"茶叶、大黄，外国所不可一日无也，中国若靳其利，而不恤其害，则夷人何以为生"。他还以天朝上国的高傲姿态威胁英国女王，称如若不服从禁烟，中国将会停止出售茶叶之类英国必需的物品。事实上，他一直无法正确认识到英国侵华的目的与其军事实力，对战争的逼近几无察觉。在作战方面，他始终认为清朝在与英方的斗争中，占有足够的优势。林则徐在给道光帝的一封奏折中提及："夷兵除枪炮之外，击刺步伐俱非所娴，而腿足裹缠，结束紧密，屈伸皆所不便，若至岸上更无能为，是其强非不可制也。"对于英国人的战斗能力,林则徐描述为"一仆不能复起",缺少陆战能力,因此他认为英国人绝不会采用陆上进攻的策略。这些都展现出林则徐对西方军事知识、力量的缺乏了解。林则徐仍是活在清朝"天朝上国"氛围中的一个人,他仍深受天朝思维的影响,难以超脱其所处时代社会思想的藩篱。[①]与林则徐同样有着丰富经验的邓廷桢,对鸦片战争的到来也没有预感。鸦片战争爆发前,林则徐多次提醒"严加防范",但邓廷桢除了在福建稍做了抵抗的准备,其他地方都毫无准备。1840年,在一个月之内,邓廷桢先后任云贵总督、两江总督、闽浙总督,这种频繁的调动和当时禁烟的活动不无关系。邓廷桢在福建认真办理禁烟,但他和林则徐一样不相信禁烟会引起鸦片战争。他甚至对下属"告以夷人之无能为,我师之大可用"。在厦门开战后的第四天,他还不知道英国远征军已到,认为厦门之战是为了牵制清军,直到陆续收到情报,他才得知英国战船的到来。

三、风雨飘摇的晚年

1. 流放新疆期间的作为

尽管林则徐受到革职流放的处罚,但他从不抨击朝廷,仍对道光帝充满感恩之心,他一生都在努力成为以救世为己任的良臣廉吏。鸦片战争后,林则徐的经世思想发生了新的变化——学习西方、了解西方成了他经世致用的重要方面,这也反映了经世致用思想在鸦片战争后的新趋向。"通时务"与"知夷务"互相渗透,构成了鸦片战争后林则徐思想的特色。

1842年,林则徐从西安动身前往新疆。途中,林则徐给邓廷桢所寄

[①] 茅海建:《天朝的崩溃:鸦片战争再研究》,生活·读书·新知三联书店,1995。

的诗中流露出其关心国事的情绪，"中原果得销金革，两叟何妨老戍边"。历经四个月零三天，他终于到达伊犁惠远城，见到了同被流放的邓廷桢。当年一起禁烟时结下了患难交情，在此时相见更为动容，两人继续携手经世报国于边陲。在伊犁期间，林则徐一直关注国事的发展，向伊犁将军布彦泰借阅每月一期的邸抄，以求得到最新的消息。但是他感于邸抄时间周期较长，相较于书信速度太慢，很多信息无法及时得到，因此吩咐家人把京中重要的信息摘录寄信给他。除此之外，林则徐在大量阅读当地档案资料的基础上汇编成《荷戈杂录》，这加深了他对边疆史地、边防历史的了解。林则徐潜心研究新疆史地，努力讲求筹边之策，他敏锐地觉察到来自俄国的侵略隐患。早在林则徐翻译西方报刊书籍时，他就注意到俄国对新疆的威胁，这种威胁在鸦片战争后更为明显。《四洲志》里介绍了俄国的侵略扩张史，同时也介绍了俄国在清初对我国东北地区的侵略。直至晚年，林则徐都在提倡海防与陆防并重。

林则徐到达伊犁之际，正值布彦泰组织开垦惠远城以东阿齐乌苏地区废地，需要解决水利问题，林则徐建议捐修水利，他带头捐修了最重要、修建最困难的龙口工程，1843年此工程完工。林则徐还在新疆的其他地方修建了很多水利工程，把新疆劳动人民使用的"坎儿井"加以改进推广。林则徐之所以重视兴修水利工程，与他早年的经世实践有关，他在为官生涯中一直重视实用的改革措施，经历禁烟抗英后，他开始重视海防和塞防，这是其经世致用思想的新发展。

林则徐在新疆所做的屯田工作也具有重大意义，尤其是在中国面临内忧外患的情况下。乾隆皇帝统一新疆后，主要在伊犁和北疆，以及南疆阿克苏等地兴办屯田。道光年间，发生张格尔叛乱，屯田一度废弛。叛乱平定后，喀什噶尔、巴尔楚克（今新疆巴楚县一带）等地恢复屯田。林则徐到达伊犁后，立即协助当时的伊犁将军布彦泰垦田勘荒。1845年初，林则徐奉旨赴南疆，在大半年的时间里，先后勘查了库车、乌什、阿克苏、和阗（今和田）、叶尔羌（今莎车）、喀什噶尔和喀喇沙尔（今焉耆）七城垦地，中经英吉沙，遍历南疆八大城，勘地50余万亩。此后林则徐又接到继续勘察吐鲁番所辖伊拉里克（今伊拉湖镇）垦地的任务。9月他在吐鲁番所辖托克逊之伊拉里克勘地11万亩，10月在哈密以东塔尔纳沁（今沁城乡）勘地6000亩。

　　林则徐在南疆，目睹了南疆独特的地理环境、少数民族的风俗，创作了《回疆竹枝词》，其中对南疆的描绘不仅便于我们了解南疆的历史，也便于我们了解南疆的风土人情，是一部活生生的民族志。南疆勘田的目的，除了解垦地的实际情况以外，更是为清廷制定南疆垦荒政策提供真实的依据。林则徐因地制宜，或招内地移民承垦，或让当地少数民族垦种。他的上述活动，不仅充实了边地，而且达到了巩固边防的目的。

　　鸦片战争后，清政府为了加强天津的军事力量，准备裁撤伊犁镇总兵，移师天津。伊犁镇总兵设于1760年，负责屯田和操练等事。林则徐从加强新疆边防的大局着眼，与各位大臣反复商议之后，起草奏折，由伊犁将军布彦泰代奏，建议保留伊犁镇总兵，裁撤西安镇总兵，添置于天津。清政府经过四个月的反复权衡，最后批准保留伊犁镇总兵，这对巩固受俄国侵略威胁的西北边防有着重要的意义。即使如此，在第二次鸦片战争期间，俄国还是趁火打劫，通过《中俄北京条约》以及后来的《中俄勘分西北界约记》割占了我国西北七八十万平方公里的土地，这充分印证了林则徐的先见之明。

　　此时的林则徐已经年近60岁，疾病缠身，但经世报国初衷不改，且始终关注东南一带的消息，常言"中原之事，未敢忘怀"。他在《除夕书怀》一诗中云：

　　　　流光代谢岁应除，天亦无心判菀枯。
　　　　裂碎肝肠怜爆竹，借栖门户笑桃符。
　　　　新幡彩胜如争奋，晚节冰柯也不孤。

正是中原薪胆日,谁能高枕醉屠苏。①

1845年10月,道光帝看到伊犁将军布彦泰奏陈林则徐在新疆开垦有功的奏折,12月4日道光帝的谕旨到达哈密,命林则徐回京以四五品京堂候补。当月,林则徐从哈密启程东还。但自此以后,林则徐对于西域的建设治理一直挂念在心。1850年,林则徐曾与左宗棠相见于湖南长沙,深谈新疆的屯田开发问题。日后左宗棠一直在践行林则徐的遗愿,他收复新疆及开展的一系列屯垦活动都受到林则徐的影响,并直言不讳地说:"三吴颂遗爱,鲸浪初平,治水行盐,如公皆不朽;卅载接音尘,鸿泥偶踏,湘间邗上,今我复重来。"

林则徐到伊犁时,想通过干出一番大事业让道光帝重新起用自己,因此在兴修水利时尽心尽责。自从革职被贬到新疆以后,林则徐以"雨露雷霆总君恩"的话安慰自己,认为"放归已是余生幸,起废难酬再造仁",他一直对道光帝怀有感激之心,尽心尽力维护清王朝的统治。

2. 后人评说

林则徐的晚年也和清王朝一样,处于风雨飘摇之中。他拖着疲惫的身体继续过着忙碌的官场生活。林则徐在东归途中接到不必来京的命令,命他以三品顶戴署理陕甘总督。1846年,他又接替病故的邓廷桢,出任陕西巡抚。在陕西巡抚任上,陕西遭遇了严重大旱,鉴于"民为邦本,民宁邦固"的民本思想,林则徐实行了一系列缓和民情的政策。1847年,林则徐任云贵总督,在云贵总督任上处理了云南保山汉族地主的武装暴乱。1849年,林则徐获准因病开缺,返回家乡福州。

1850年2月25日,道光帝死,咸丰帝继位。清廷准备起用年迈的林则徐去镇压天地会起义。咸丰帝于1850年10月命林则徐为钦差大臣,

---

① 林则徐全集编辑委员会:《林则徐全集》第六册,海峡文艺出版社,2002,第3093页。

前往广西，镇压太平军。林则徐由福州启程，11月22日病逝于潮州普宁，终年66岁。12月15日，清廷晋赠其太子太傅，照总督例赐恤，历任一切处分悉行开复，谥"文忠"。

20世纪三四十年代，有学者赞扬林则徐的个人品德与毅力，称赞他是民族之光，但却责备他对外知识浅陋，不能正确认识英国，认为他在禁烟中的蛮干导致鸦片战争发生。"边衅"问题确实很复杂，但仅以此来批判林则徐对西方认识浅薄的话，未免吹毛求疵。认识西方是要在与西方打交道的过程中一步步完成的，林则徐便是如此。他在禁烟中采取协商方式与英商纠缠于具结，因为他认为"夷人最重然诺，即议一事，订一期，从不爽约，其视出结之事，绝无仅有，非比内地公牍，结多而滥，以致视为泛常。彼愈不肯轻易具结，即愈知其结之可靠，亦愈不能不向其饬取"。而林则徐禁烟后已经认识到："抑知夷性无厌，得一步又进一步，若使威不能克，即恐患无已时，且他国效尤，更不可不虑。"近代中国人是花了半个世纪才一步步了解西方、认识西方的。

与国内林则徐形象形成鲜明对比的是，从鸦片战争直到现代，西方人对林则徐的评价一直是多元化甚至喜剧化或小丑化的。比如美裔学者张馨保对林则徐的个人品德操守给予了足够好的评价，但说到虎门销烟，却是全盘否定，认为那是一场"虚幻的胜利"。

建国后的一系列中国近代史著作将林则徐定位为抵抗英军侵略的民族英雄，将虎门销烟看作中国人民反抗外来侵略的标志性事件。在中国的历史特别是革命史的叙事中，林则徐已经成为一个极具象征意义的符号。自然也有学者认为这种"神化"历史人物的做法并不是历史研究的客观做法。

对于当事人来说，是非成败、荣辱功过均已过去。林则徐是中国古代士大夫的典范，他的抱负就是经世致用、读书报国。他与道光帝似乎并不仅限于君臣关系，他一生都感谢道光帝的知遇之恩，即使被贬戍边。"一介寒微，渥被圣明知遇"，若"苟志存温饱，念重身家，是已失读书致用之本心，更何以仰酬君上？"对于道光帝的委任，林则徐认为自己需要且有责任以"自持刻苦，不避怨嫌，以防意者防川，以纠心者纠吏"回报。所以得到被遣戍边疆的谕旨后，他才并没有抱怨，甚至一直渴望还能有机会得到皇帝的召见，只是道光帝始终没有回应。

纵观林则徐一生，有太多的地方值得我们学习和缅怀，他的爱国精神，他的刚正不阿，他的清正廉洁……他无法以一己之力救赎暮色西垂的大清王朝，但他留下了太多宝贵的精神财富，大抵可以用他自己的一句诗来概括："苟利国家生死以，岂因福祸避趋之。"

参考文献

1.《国朝先正事略》。

2.《续碑传集》。

3.《清史稿》。

4. 中山大学历史系中国近代现代教研组、研究室编：《林则徐集》，北京：中华书局，1962年。

5. 林则徐全集编辑委员会编：《林则徐全集》，福州：海峡文艺出版社，2002年。

6. 陈蒲清：《陶澍传》，长沙：岳麓书社，2011年。

7. 中国第一历史档案馆编：《鸦片战争档案史料》，上海：上海人民出版社，1987年。

8. 王德锋、傅炳旭主编：《中国近现代史参考资料》，长春：吉林人民出版社，1993年。

9. 茅海建：《天朝的崩溃：鸦片战争再研究》，生活·读书·新知三联书店，1995年。

10. 李圭：《鸦片事略》，上海：上海人民出版社，1957年。

11. 齐思和等整理：《筹办夷务始末（道光朝）》，北京：中华书局，1964年。

12. 梁廷枏：《夷氛闻记》，北京：中华书局，1959年。
13. 魏源：《魏源全集》，长沙：岳麓书社，2004年。
14. 左宗棠：《左宗棠全集》，长沙：岳麓书社，2014年。

曾国藩

儒家士大夫在近代变革中的再塑造

曾国藩履历表

姓名	曾国藩
别名	字伯涵
民族	汉族
生卒年及所处时代	1811—1872，晚清时期
生平履历	嘉庆十六年（1811）11月26日出生于湖南省长沙府湘乡县（今湖南娄底市双峰县荷叶镇大坪村）的一个普通耕读家庭。父亲曾麟书为塾师秀才，兄妹九人，曾国藩为长子
	道光十四年（1834），曾国藩进入长沙岳麓书院学习，同年参加乡试，中第三十六名举人。启程赴京师会试，途中与刘蓉相识
	道光十八年（1838），曾国藩再次参加会试（1835年第一次参加会试，未中），终于成功登第，会试取中第三十八名贡士，殿试位列三甲第四十二名，赐同进士出身。开始踏上仕途之路，并成为军机大臣穆彰阿的得意门生。朝考列一等第三名，道光帝亲拔为第二，选为翰林院庶吉士
	道光二十七年（1847），升授内阁学士兼礼部侍郎。钦派武会试正总裁、殿试阅卷大臣。是年，郭嵩焘、李鸿章、李宗羲同科进士
	道光三十年（1850）2月，道光皇帝崩，咸丰皇帝即位。7月，兼署工部左侍郎。11月，林则徐病死
	咸丰元年（1851）1月，洪秀全在广西桂平金田村组织起事，曾国藩上书《敬陈圣德三端预防流弊疏》直指咸丰帝的过失，咸丰帝先怒后纳谏。署刑部侍郎。充顺天武乡试正考官
	咸丰二年（1852）3月，署吏部左侍郎。7月，充江西乡试正考官，途中因母丧归家。清政府命令曾国藩和湖南巡抚张亮基办理团练
	咸丰四年（1854）2月，湘军倾巢出动，曾国藩发表《讨粤匪檄》
	咸丰十年（1860）2月，曾国藩破陈玉成于太湖。由于两江总督何桂清放弃常州而奔上海，导致苏州、常州失陷。6月，清廷命曾国藩马上赶赴江苏，并先行赏加兵部尚书衔，署两江总督。8月，实授两江总督，以钦差大臣身份督办江南军务。后命皖南军务归其督办
	咸丰十一年（1861）9月5日，湘军攻陷安庆。11月20日，加太子太保衔，奉旨督办四省（苏、皖、浙、赣）军务。12月，在安庆创办安庆内军械所

生平履历	同治三年（1864）7月，湘军攻破天京，朝廷加曾国藩太子太保、一等侯爵，并赏戴双眼花翎
	同治六年（1867）3月，在江南制造总局下设造船所试制船舰。同时拟设译书馆。5月，会同李鸿章将江南制造总局由虹口迁至高昌庙，征地扩迁。6月，补授体仁阁大学士
	同治七年（1868）5月，奉上谕改授为武英殿大学士。5月31日，至上海视察江南制造总局。9月，调任直隶总督，前往天津办理天津教案。同月，江南造船厂试制的第一艘轮船驶至江宁，曾登船试航，取名"恬吉"。12月，抵达北京，拜见慈禧太后与同治皇帝
	同治十一年（1872）3月12日逝世，朝廷闻讯，辍朝三日。追赠太傅，谥号"文正"

湖南省位居中国中南部，近代以来人才辈出，声名赫赫，其中具有深远影响的一位，便是湘军的主要创始人、中国近代化先驱之一——曾国藩。

一、办湘军，安清朝江山

清朝嘉庆十六年农历十月十一（1811年11月26日），曾国藩诞生在湖南湘乡白杨坪（今双峰县大坪村）。他乳名宽一，曾名子城，字伯涵，又曾字居武，后自号涤生，取决心除旧更新之意，中进士后改名"国藩"，意为国家的屏障、中坚。

曾国藩的父亲曾麟书屡试不中，后开馆授徒，叫曾国藩跟着在塾中读五经。14岁开始，曾国藩走上了应试之路。曾国藩不是那种天生具有禀赋的人，但贵在努力、敢于坚持，因此最后在应试之路上获得成功。

道光十年（1830），曾国藩来到衡阳唐氏宗祠深造。道光十三年（1833），他终于考取秀才。道光十四年（1834），他进入岳麓书院学习，同年在湖南乡试中考取举人，年底前往北京参加会试，但未考上。道光十六年（1836），参加恩科会试，同样名落孙山。道光十八年（1838），曾国藩再次前往北京参加会试，这次终于以第三十八名中试。殿试为三甲第四十二名,赐同进士出身。朝考一等第三名,被道光帝拔为第二,他作为庶吉士,入翰林院深造。

道光二十年(1840),授翰林院检讨,秩从七品。此后,曾国藩仕途一路畅顺。道光二十三年(1843)升翰林院侍讲;次年转补翰林院侍读;二十五年(1845)充会试同考官,升詹事府右春坊右庶子,很快转左庶子;补起居注日讲官,文渊阁直阁事。此后进入六部。道光二十七年(1847)升内阁学士,兼礼部侍郎(即副职)衔,并在此后的四年中升为二品,遍兼兵、工、刑、吏各部侍郎。

曾国藩在京为官,十年之中七次升官,共升十级,这在清代官场是不多见的。这一方面是由于曾国藩的兢兢业业、吃苦能干,另一方面也得益于满族权臣穆彰阿的栽培提拔。在京官时期,曾国藩追随唐鉴、倭仁、吴廷栋等人讲习理学、修身养性,在士林中颇有名气。他标榜"内圣外王"之学,立志要成为一代圣贤,要做到立德、立功、立言"三不朽"。道光帝对其也十分信任,屡加重任。正因如此,曾国藩对他屡怀"感恩""知遇"之心,以后他为大清死忠效命也就成为必然了。

1. 书生筹军

1851年,太平天国农民起义在广西爆发,很快席卷了大半个中国,沉重地打击了清王朝的腐朽统治。起义者利用自己创立的拜上帝教反对传统的儒、释、道三教,把孔孟儒学称为"妖书邪说"。为了镇压起义,挽救清王朝的命运,以曾国藩为代表的理学士人纷纷投笔从戎,积极参与镇压太平天国的活动。他们一方面网罗士人,组织湘军等地主武装,进行武力镇压;另一方面打出"卫道"的旗帜,呼吁振兴孔孟程朱之学,以对抗太平天国的"异端邪说",恢复被起义打乱的封建秩序。可以说,这场全国性的社会动荡为程朱理学焕发余晖提供了重要的契机。

1851年1月11日,洪秀全领导的起义在广西桂平县(今桂平市)金田村爆发。太平军一再击败清军,夺取了大片土地,清政府统治摇摇欲坠。

为了挽回败局，清政府发布诏谕，令各省举办团练，镇压太平军。咸丰二年十二月（1853年1月），曾国藩接到了协助湖南巡抚办理湖南团练的谕旨。他一度十分犹豫，既想借此一展身手、建功立业，又担心居丧期间出面参战会被时人抨击。但不久太平军西征军攻占武汉，战祸蔓延至湖南，加之好友郭嵩焘和父亲曾麟书的劝说，曾国藩决定前往长沙办理团练。

曾国藩到任后，认为当务之急是迅速镇压造反民众。对于拥兵甚众的太平军，曾国藩一时没有办法，但面对零星反抗的群众和小股起事，曾国藩却显示了他的干练凶狠和铁石心肠。他直接跳过清朝法律对刑案的审理程序，实行"就地正法"的严刑。曾国藩还把地主组织起来，捕杀、捆送本乡、本族的"莠民"，以杀一儆百的方式，震慑任何敢于反抗统治的民众。地主镇压农民起义的积极性被迅速调动了起来。曾国藩家人在家乡带头响应，肆无忌惮大开杀戒。湖南很快陷入一片恐慌之中，民众为此给曾国藩送了一个外号——"曾剃头"，以谴责他杀起人来如剃发一样轻易、彻底。

面对太平军的兵锋，为了安抚地主阶级人心，曾国藩创作《保守平安歌》三首，第一《莫逃走》，第二《要齐心》，第三《操武艺》，四处传播，劝地主武装自己，组织团练抵抗太平军。

对于团练，曾国藩总结自己和他人的经验，将"团练"一分为二，赋予不同的含义："团"，就是保甲，担负清查户口、搜捕群众等任务，以维护社会的稳定；"练"，则是编组的军队，用于与太平军作战。

此时清军用于与太平军作战的八旗、绿营等官军军纪涣散，战斗力低下，完全无法抵抗太平军的进攻。曾国藩曾尝试对湖南绿营兵进行改造，为此特别提拔选用了会打仗的低级将官塔齐布。但绿营兵害怕辛苦，不肯训练，对此曾国藩想进行处罚，结果引起提督鲍起豹、副将清德忌恨，他们嗾使兵变，围攻曾国藩住处，曾国藩差点被乱军打死。湖南的地方官员们也对曾国藩处处掣肘，他在长沙难以立足，于是前往衡州，打算在那里另起炉灶，编练一支真正能听其指挥、效命打仗的新式军队。这便是湘军。

曾国藩从多个方面努力打造这支军队。

在素质方面，曾国藩明确要求，不收游卒滑弁，只择"乡民壮健朴实者"，"练一人收一人之益，练一日有一日之效"。选入的兵丁，保留了乡民固有的诚实和勇敢，未曾沾染军营浮华的习气，因而比较容易训练。

在编制方面，乡勇原是民间自卫的力量，属于没有编制的队伍。曾国藩为了体现队伍的"正规化"，专门研究、颁订营制，以三百六十人为营，后增为五百人。每个营分四个哨，每哨分八个队，有劈山炮、抬枪、鸟枪、刀、矛诸队，加上亲兵六个队，共三十八队；每营长夫一百八十名；数营或数十营设统领一员；水师每营三百八十八人，船长、炮手、篙、舵、橹、桨，各有定制。

在训练和风纪上，曾国藩仿造明代骁将戚继光的训练法，每日操练各种阵法、技击。新兵至少要操练两个月。在此期间，体弱多病者、技术低劣者、油腔滑调者，都陆续被淘汰掉。曾国藩希望打造一支纪律严明、不扰百姓的队伍，为此他"每次与诸弁兵讲说至一时数刻之久"，"盖欲感动一二，冀其不扰百姓，以雪兵勇不如贼匪之耻，而稍变武弁漫无纪律之态"。然而，湘军在这一点上最后做得并不好，在历史上留下了屠杀、劫掠百姓的污点和罪名。

在用人方面，曾国藩选择营官非常慎重。他说："带勇之人，第一要才堪治民，第二要不怕死，第三要不计名利，第四要耐受辛苦……四者似过于求备，而苟阙其一，则万不可以带兵。故吾谓带兵之人须智深勇沉之士，文经武纬之才。"他又说："欲练乡勇万人，概求吾党质直晓军事之君子将之，以忠义之气为主，而辅之以训练之勤，相激相劘，而后可以言战也。"无奈当时知晓军事的儒生寥寥无几，于是只要是能"以忠诚相期奖"者就可招入。由于儒生终究是信奉孔孟的，面对太平军创设的新教旨，必然以死相拼卫道，大有"我不知战，但知无走，平生久要，临难不苟"的精神,在曾国藩看来,这是最宝贵的,因此他认为儒生即使军事素养低,也可以任用。

在粮饷方面,曾国藩也是多番谋划。他知道绿营战斗力不强的原因之一就是待遇太薄,又不按时发放粮饷,兵弁们打仗不肯效死力,于是规定湘军的口粮如下:操演日给予一钱;出征本省土匪,每日一钱四分;征外省粤匪,每日一钱五分。队长、哨长以次而加;养伤银上等三十,中等二十,下等十两;阵亡恤银六十两。这比绿营的饷银差不多增加了一倍。如此在物质上极大地保障了湘军的士气和战斗力。湘军的粮饷最初由捐募而来,后来由湖南、湖北的厘金等税收拨给,这就有了更稳定的来源。

在军中关系方面,湘军每一营内都是同县人,且各营人又都是湖南人,他们之间有同乡、同里、同族的关系,所以能齐心作战。但曾国藩也看到其不足之处:一旦长期征战,必然会引发思乡之情,加之营中皆为同乡,容易传染这种思乡气氛,导致军队失去征战之志。后期在围攻安庆、天京时,这方面的短板就暴露了出来。曾国藩为此投入大力做思想工作,后期甚至放任了湘军的一些劣行。

湘军的装备属于冷热混用,但仍以冷兵器为主。其中有相当数量的西洋火炮,是从广州等口岸进口的。但曾国藩对洋枪的使用颇为抵制,这使得湘军与后来的淮军比,在武器装备方面要落后许多,甚至一些太平军的部队,火器装备都要比湘军好。

在军事上,曾国藩明显地受到理学的影响。湘军集团的首领和骨干人物,如胡林翼、左宗棠、罗泽南、郭嵩焘、刘蓉、刘长佑、曾国荃均为受当时学风影响讲习理学、注重实用的人物。曾国藩主张以礼治军。他认为,"带勇之法,用恩莫如用仁,用威莫如用礼",还说:"将领之管兵勇,如父兄之管子弟。父兄严者,其子弟整肃,其家必兴;溺爱者,其子弟骄纵,其家必败。"曾国藩的这套做法就是把封建伦理观念同尊卑等级观念融合起来,将军法、军规与家法、家规结合起来,用父子、兄弟、师生、朋友等亲友关系掩饰、调剂以至补充上下尊卑关系,以减少内部的摩擦与抵触，使士兵或下级易于服从。为达到这一目的，曾国藩非常重视对士兵的政治思想训练和军官的选拔、培养。但是，理学对他的影响也造成他在军事上出现了一些弱点，譬如行军迂缓、用兵呆板、不善打运动战，尤其不能亲自带兵打仗，等等。

除了打造能作战的劲旅，要击败太平军，还必须制定正确的战略方针。曾国藩认为，要攻占天京，彻底击败太平军，必须控制天京上游的武汉、九江、安庆等战略要点。其中打武汉是第一步，只有打下了武汉，再向下游推进，集中湖北、湖南、江西、安徽四省力量合剿，才能置太平军于死地。对于这一战略，曾国藩始终坚持不渝，十年不变，这也是他最后获得成功的重要原因。

为了实现这一战略，控制长江水路是必需的，这就需要打造强大的水师。于是水师成为曾国藩重点发展的军种，湘军水师不断得到强化，最后纵横长江上下，控制要道隘口，成为制约太平军机动能力、压倒太平军的重要力量。

曾国藩还建立幕府，吸纳人才从事政治、军事、战略制定、情报、经济等工作。由于太平军主张打倒孔孟，导致全国儒生纷纷加入反太平军的阵营，曾国藩的幕府一时人才济济，集中了当时中国最优秀的人才。罗泽南、朱孙治、王鑫等一批笃信孔孟的儒生成为湘军骨干。

咸丰三年（1853）七月，湘军赴江西救援南昌，主动向太平军发起攻击，虽然被打得伤亡惨重，罗泽南的四个弟子阵亡，但湘军拼死不退，展示了远强于八旗、绿营的战斗力。此战极大增强了曾国藩的信心，从此更加用心扩军、练军，增强湘军力量。

在此期间，战局几度紧张，朝廷一再催促曾国藩出兵。但曾国藩非常慎重，认为湘军必须彻底整训完毕方可出击。为此他甚至坐视友军败亡而不顾。

最后咸丰皇帝忍不住试问他："今观汝奏，直以数省军务，一身克当，试问汝之才力，能乎否乎？平时漫自矜诩，以为无出己之右者，及至临事，果能尽符其言甚好，若稍涉张皇，岂不贻笑于天下？着设法赶紧赴援，能早一步，即得一步之益。汝能自担重任，迥非畏葸者比，言既出诸汝口，必须尽如所言，办与朕看！"

对此，曾国藩郑重地回答：我必等到船炮造齐才能出兵。目前饷乏兵单，谁能担保有什么成效？我只有不怕死的实干就是了。与其受大言欺君之罪，不如受畏葸不前之罪！从此事也可以看出曾国藩谨慎、稳重的作战、行事风格。

不久，战况再度恶化，组建楚勇的江忠源战死庐州，曾国藩的会试座师吴文镕也战死黄州。太平军全力进攻武汉，并分兵攻击湖南。曾国藩认识到"事机幽危，不能十全"，于是率领已经练成的水陆兵勇一万七千人出征。

在出发之前，他发表了著名的《讨粤匪檄》，抨击太平军四大罪状："①视我两湖三江被胁之人，曾犬豕牛马之不若！②窃外夷之绪，崇天主之教……举中国数千年礼义人伦，诗书典则，一旦扫地荡尽！③毁宣圣之木主……无庙不焚，无像不灭，斯又鬼神所共愤怒。④农不能自耕以纳赋，而谓田皆天王之田；商不能自贾以取息，而谓货皆天王之货……人民无论贫富，一概抢掠罄尽，寸草不留。" 这一檄文对煽动地主、儒生以及众多民众参战起了很大作用。

很快，湘军便与太平军交上了手，双方各有胜负。在湘潭，湘军击败了太平军，取得大捷。但在靖港，曾国藩亲率的水陆各营却遭到大败。一出马就打败仗，曾国藩愤恨到自投于水，幸被左右救了起来。退回长沙后，曾国藩对湘军进行了整顿，强化军纪，很快使湘军恢复了战斗力，然后按照攻占武汉的既定战略方针，重新向太平军发起攻势。

咸丰四年八月（1854年10月），太平军被湘军从武汉逐出。随后，湘军三路东进，在田家镇、半壁山进行了关键一战。结果太平军再次大败，苦心经营的防线被彻底摧毁，水师基本覆没，陆师损失大批精锐，湖北疆土大部分丧失。田家镇、半壁山之捷，增长了湘军士气。咸丰四年十月二十日（1854年12月9日），曾国藩指挥塔齐布、罗泽南北渡长江，攻占黄梅等战略要地，将九江团团围困。曾国藩乐观地认为，太平军经屡次大创，"东南大局，似有转机"。

在此期间，曾国藩一边指挥湘军作战，一边努力整顿吏治、举贤荐能、减轻民众负担等，使得湖南、湖北成为湘军的稳固后方，从而有力地支援了前线战争。

太平军连续失利，太平天国东王杨秀清深感震惊，于是改派天国名将——翼王石达开赶赴安庆主持上游军事。石达开审时度势，鉴于湘军士气旺盛、军锋正锐，水师更占绝对优势的实际情况，采取了扼守要塞、以逸待劳、伺机打击的方针与湘军抗衡。

从十二月（1855年1月）始，湘军连续向九江、湖口等地发动猛烈进攻，但连连碰壁。石达开利用湘军大小战船配合不力的机会，将两者分割围攻，大败湘军，焚毁大量船只。不久，太平军再次发动更大规模的袭击。九江与小池口的太平军各抬小船数十只入江，冲进湘军船队纵火，焚烧了大批战船。太平军小船又将曾国藩的坐船团团围困，打死船上多名手下。曾国藩羞愤至极，再次投水自尽，被救起，送往罗泽南陆营。

这一仗让湘军上下心惊胆战，士气低迷。太平军转败为胜，重新掌握了主动权，随即开始了反攻。咸丰五年二月十七日（1855年4月3日），太平军第三次占领武汉，再次控制了湖北大片土地，又分兵攻江西各地，江西全省动荡不安。湘军大将塔齐布、罗泽南继续围攻九江，但仍是坚城难下。塔齐布于七月十八日（8月30日）患气脱之证呕血而死。咸丰六年正月二十五（1856年3月1日），太平军又攻占重镇吉安，随即乘胜北上攻破湘军樟树镇大营。曾国藩困守南昌，四面被围。为了打出一条出路，曾国藩派罗泽南回援武昌，会合湖北巡抚胡林翼的队伍去反攻。罗泽南想着尽快将武汉攻下来，再往救曾国藩，日夜在战场一线督战，结果被火炮击中，重伤而死。一连损失两员重要大将，战场劣势无法扭转，江西的官员又对曾国藩处处排挤掣肘，这无疑是曾国藩最困难的时候，大有山穷水尽、众叛亲离之感。

然而，曾国藩并未放弃。他所服膺的"挺经"——顽强坚持，不屈不挠，"躬自入局，挺膺负责，乃有成事之可冀"的思想，起了重要的支撑作用。他生平长进全在受辱之时，总是咬牙励志，"蓄其气而长其智，切不可悴然自馁"。艰难困苦，正是磨炼英雄、玉汝于成的好时机。"盖打脱牙之时多矣，无一次不和血吞之"。曾国藩咬紧牙关，继续对湘军水陆师进行整顿，顽强抵抗太平军进攻。

只要坚持住，事情便会有转机。果然不久之后，内外形势便发生了变化。太平军方面可谓连连失误：先是在南昌指日可下之际，石达开被调回天京破江南大营；更严重的是，咸丰六年八月初四（1856年9月2日）发生了"天京事变"，太平军诸王内部厮杀，杨秀清、韦昌辉先后被杀，部众人头滚滚、万人成骨。石达开离开天京，脱离洪秀全的控制。最初的五王死逃一空，从此天国元气大伤，走上下坡路。

清廷方面，胡林翼担任湖北巡抚以后，竭力经营，不久把武汉克复，和总督官文合作施治，替曾国藩布置了一个坚固的后方。湘军将领李续宾统率罗泽南旧部，和杨载福的水师、鲍超的霆军，都到了九江。曾国藩的弟弟曾国荃也从家中出来，招募了一支两万人的队伍前来救援，成立"吉字营"，攻吉安。这支部队后来成了曾国藩倚仗的嫡系，是湘军中最强悍、凶残的一部。至此，湘军才大有起色。

经过挫折，曾国藩的战略变得更加慎重。他常以"扎硬寨，打死仗"勖勉部下，不尚诡谋奇，力求稳慎。曾国荃也有"稳扎稳打，机动则发"之言，他生怕自己做不到，还特地写字句自勉："打仗不慌不忙，先求稳当，次求变化。"

曾国藩的谨慎态度自有其道理。就他所处的环境而言，他虽是督师，实居客寄的地位，筹兵筹饷一无实权，州县官都不听他的指挥，各省督抚又常常窘谑他，只有胡林翼诚心帮他的忙。湘军将士虽然拥戴他，可是他们的官职有的比他还高，他更像是一个道义上的统帅。因此，曾国藩是经不起败仗的。他的苦衷一般人哪能明了，于是他只能自己默默承受，牙掉和血吞。

艰苦的境遇，终于使得他在咸丰七年（1857）听到父亲死去的噩耗，立刻就率曾国华、曾国荃回籍奔丧，大有急流勇退的意思。清廷虽不允他终制，勉以"全忠即为全孝"，但他立志守礼，加之江西形势基本稳定，咸丰帝也就顺水推舟，予以同意。曾国藩就此在籍守制，在家住了一年零四个月。

2. "剿发"刽子手

咸丰八年（1858）三月，石达开率二十万大军从江西进入浙江，很快攻占常山、江山等地，并围攻衢州。湖北巡抚胡林翼和湖南巡抚骆秉章乘机奏请起复曾国藩援救浙江。清政府同意这一奏请，谕令曾国藩从戎出山。

曾国藩六月初三接到谕旨，初七即动身开始援浙之行。石达开很快从浙江撤走，曾国藩随后辗转江西等地，也未遇恶战。

重回官场，他汲取以往教训，圆滑地处理与各方的关系，如对他一直肆口攻讦的左宗棠，他也表示"甘拜下风"，从而大大减少了各类掣肘现象。

此番再次出战，曾国藩仍坚持早年确立的控制天京上游，再围攻天京的战略方针。湘军已在咸丰八年四月初七（1858年5月19日）攻陷九江，此后又在安徽连连取胜，直攻庐州。十月初十（11月15日），太平军后期优秀青年将领英王陈玉成、忠王李秀成在三河镇击毙湘军悍将李续宾、曾国藩六弟曾国华，全歼湘军精锐六千人，再次给了湘军沉重打击。痛失爱将和兄弟，曾国藩只有忍着悲痛，继续与太平军鏖战。

咸丰九年正月十一（1859年2月13日），曾国藩在奏章中详细阐述了其"平贼"战略。他认为，各省军务，安徽最为重要，江西次之，福建又次之。应当分兵三路，沿长江两岸稳步东进：长江北岸由都兴阿、李续宜、鲍超率三万人剿平皖北，进攻庐州。南岸由他自己率张运兰等两万军队剿平皖南。杨载福、彭玉麟的一万多水师则向东进攻，进行策应。

咸丰九年（1859）六月，曾国荃部占领景德镇，江西太平军被全部肃清。八月，曾国藩与胡林翼等会合，四路进攻安徽。这成为曾国藩此后取得成功的又一个转折点。

咸丰十年（1860）闰三月，李秀成、陈玉成等率太平军联合攻灭围困天京数年之久的清军江南大营，随即进军苏南、浙江，开辟了"苏福省"等新的根据地。江南大营的彻底崩溃，标志着清政府在南方直接控制的绿营已基本瓦解。至此，清政府能够依靠的镇压力量只剩下湘军等团练武装，从而被迫进一步向曾国藩等人放权：咸丰十年四月十九日（1860年6月8日），咸丰帝谕令曾国藩署理两江总督，六月二十四日（8月10日）即实授之，并任以督办江南军务的钦差大臣。曾国藩实权在握，得以自由施展身手，进一步加强镇压太平军的力量。他认定，攻克安庆是攻占天京、消灭太平军的关键。他与胡林翼制定了分进合击计划。不久，安庆完全被清军合围。

这一时期，江南一带的军情不断奏急，朝廷要求曾国藩分兵救援。他拒绝了清政府的要求，坚持认为，要占领天京，必先控制其上游，"自古平江南之贼，必踞上游之势，建瓴而下，乃能成功"，坚持不从安庆撤围。

为解安庆之围，太平军采取了围魏救赵之计，由陈玉成、李秀成分别从长江南北两岸往西进攻武汉。北路陈玉成部一直攻至黄州，直逼武汉，湘军后方空虚，一片混乱，但是由于英国侵略者的干涉，太平军攻占武汉的计划未能实现。南岸李秀成部一直攻到曾国藩驻扎在祁门的老营附近。这时皖南北部十室九空，自南京至徽州八百余里，处处有太平军的踪影，无一日不打仗。曾国藩虽遭遇包围，却依然镇定自若。他的部下都劝他移营别处，他说：我初次进兵，遇险即退，后事还能说吗？我离此一步，无死所也。他艰苦支持了几个月，手书遗嘱，帐悬佩刀，从容布置，不改常度。李秀成兵临武昌后又很快南撤，经江西进入浙江。安庆之围终于未遭太平军动摇。

曾国藩加紧围攻安庆。陈玉成未克武汉，围魏救赵之计没能奏效，于是便回军与太平军其他各部联手，直接解安庆之围。湘军一分为二，一部分拼死阻击太平军援军，使之无法靠近安庆；另一部分零敲碎打，一一拔除安庆外围据点，再猛攻坚城。咸丰十一年八月初一（1861年9月5日），安庆终被攻下。太平军守军近两万人牺牲，城内百姓亦遭血洗。湘军建立以来，"荡涤未有如此之酷者矣！"安庆保卫战是关乎太平军存亡的关键一战，丢失这一上游要地后，天京基本已处于无险可守的境地。

这一时期，北京的政治形势发生了重要变化：咸丰帝在热河去世，慈禧太后和奕䜣发动辛酉政变，杀死了咸丰帝生前安排的肃顺等顾命大臣，夺取了政权，改年号"同治"。慈禧、奕䜣仍继续执行重用曾国藩等镇压太平军的方针，诏命曾国藩统辖江苏、安徽、江西、浙江四省军务，四省巡抚、提督以下各官均归其节制。命太常寺卿左宗棠赴援浙江，提督、总兵以下各官归其调遣。同治朝一改咸丰帝苛刻寡恩的做法，先后赏曾国藩加太子少保衔、协办大学士，曾国荃也受封布政使衔，以按察使遇缺题奏，赏穿黄马褂，又先后以沈葆桢、左宗棠、李续宜、严树森、骆秉章、刘长佑、毛鸿宾等为江西、浙江、安徽、湖北、四川、广西、湖南等地总督、巡抚，东南各个要省，全部落入湘系人马的势力范围。曾国藩至此更得以放手镇压太平军，与过去那种受多方掣肘、忍气负重的情形相比已是天壤之别。

太平军方面，洪秀全对于军国大事没有制定明确切实的战略计划，此时只顾在宫中养尊处优，不理朝事。李秀成、陈玉成同样也没有制定较为长远的破敌战略，东西两头征讨，处处受湘军截击，腾挪空间越来越有限。

反观曾国藩，他始终成竹在胸，按照既定的战略计划步步为营，不断稳健地向南京紧逼，特别是攻克安庆后，更是加速了这一进程。同时，针对太平军在江南纵横的新形势，加之湘系人马力量不断增强，曾国藩在坚持之前战略的同时，提出了新的对策：

一是奏请由左宗棠节制浙江军务。这样做既能配合湘军对天京的围攻，还能减轻自己因权力过大而受到的各种猜忌，更能避免与不愿服从自己指挥的左宗棠之间的矛盾。不久李秀成攻占杭州，浙江巡抚王有龄死后，曾国藩即命左宗棠速带六千人入浙救援。

二是将江苏的军务交给李鸿章处理。李鸿章原是曾国藩门生，两人曾产生矛盾，李鸿章一度离开，第二年又回到曾国藩幕府之中，曾国藩对其依然信任如初。此时李鸿章回安徽招募兵员，按照湘军方式组建淮军。太平军攻占苏南后，当地大批官绅逃往上海，原在上海的江苏官员勾结英、美、法列强势力，联合阻止太平军的进攻，几度击破太平军的兵锋。与此同时，上海官绅又派人到安庆请曾国藩出兵援救，并许诺每月捐银二十万两用作军饷。曾国藩认为，如有一支偏师往苏南进攻，可以有效减轻他进攻天京的压力。于是便派李鸿章的淮军前往上海，同时保奏李鸿章为江苏巡抚。

曾国藩对李鸿章的作战行动时时加以指导，李鸿章认真贯彻执行，到同治三年（1864）四月，淮军从太平军手中攻夺了整个苏南，使太平军的东部疆域极大缩小。淮军也在战斗中发展壮大，成了与湘军并立的又一支武装。当然，淮军崛起难免对湘军的利益造成冲突，曾国藩、曾国荃与李鸿章时不时发生龃龉，但总体依然保持了有效的配合。

至此，左宗棠节制浙江，李鸿章节制江苏，沈葆桢节制江西，李续宜节制安徽，湘系人马四面合围，向太平军的核心地区渐渐逼近。

曾国藩关注的重点仍旧是攻占天京。天京一克，太平军也就会土崩瓦解。他依然采取稳健的进攻方式，先逐一拔除外围各据点，再挥兵直指天京。虽然在这个过程中，各部协同出了些问题，但曾国荃仍率一路孤军疾进，于同治元年五月初三（1862年5月30日）抵达雨花台，同日湘军水师直进至天京城下。

此时，太平天国政治更加腐败、政局更加混乱，陈玉成在皖北为多隆阿的清军所逼，向捻军将领苗沛霖乞援，被苗沛霖诱执，解至清军胜保营，遭到杀害。解围的希望被寄托在李秀成的身上。李秀成部署军队阻击湘军其他部队的增援，自己亲率大军直攻雨花台。适逢江南病疫大行，湘军军士染疾而死的很多，曾国藩弟弟曾国葆亦病后过劳致死。但湘军依然顽强抵抗，在水师的大力支援下，以伤亡五千人的代价，守住了营盘，李秀成被迫撤退。

此后，洪秀全又令李秀成进袭武汉，以解天京之围，但李秀成不仅无法西进，反而遭遇失败，损失了大批人马。至此，太平军再也无力打破湘军的围攻。曾国藩大力扩充曾国荃部队，使围城湘军达到五万人之多。同治二年（1863），李鸿章的淮军和英国人戈登帮助清廷编练的常胜军从上海开始进发，围攻苏州。太平军内讧，杀守将投降。淮军进而克常州。李秀成回到南京，苦劝天王突围赴江西，但洪秀全兀自不从。同治二年五月初十（1863年6月25日），太平军失去江浦。五月十五（6月30日），湘军再克太平军防御坚固的九洑洲。同治三年（1864），左宗棠攻克杭州，基本扫平浙江。至此天京城内的太平军彻底成为瓮中之鳖。

天京城内的太平军虽被长期围困，粮弹皆乏、士卒饥疲，仍顽强守御。湘军的强攻不断受挫。清政府不断严谕进攻，舆论也肆意攻击，曾国藩兄弟一时处境窘迫。特别是淮军扫平苏南以后，朝野要求淮军前来助阵的呼声越来越强烈，李鸿章也企图前来分这场战争最大的红利。在巨大压力下，曾国藩兄弟强催湘军发狠猛攻。湘军各部也打红了眼，凶悍之气不衰，坚持攻城不懈，先后夺取了制高点天堡城、地堡城。此后日夜向城内开炮，同时开掘通向城内的地道。

同治三年四月二十七（1864年6月1日），天王洪秀全在万般绝望中病逝。六月十六（7月19日），湘军炸开太平门附近城墙，蜂拥入城，与太平军展开惨烈的巷战。随即大肆屠杀抢掠，一代古都惨遭摧残。李秀成掩护幼天王突围出城后，与幼天王失散，在方山被捕。幼天王等随后也在江西被俘，轰轰烈烈的太平天国起义就此失败。

天京既克，曾国藩立刻向北京发红旗报捷，清廷动容相庆。曾国藩、曾国荃兄弟立此大功，受到清政府丰厚懋赏：曾国藩授太子太保、一等侯爵，世袭罔替。曾国荃授太子少保，一等伯爵。二人皆赏穿黄马褂，戴双眼花翎。

即便在此殊荣面前，曾国藩也没有得意忘形，他十分清醒，知道此时恰恰是危险的时候。无数功成名就之人，就是在这时埋下祸根，引来日后杀身大祸。他知道，当前自己手握重兵，整个东南一带，他是实际上的权力掌控者，早就引起朝廷的不安和各方势力的暗中猜忌。他曾对李鸿章说过，长江三千里，几无一船不张挂他的旗帜，外间一直怀疑他兵权过重、利权过大。此外，一直有说法认为，李秀成被捕后乞降，写了长篇自供状，曾国藩阅后即将其斩杀，原因便是李秀成在自供状中劝说曾国藩称帝，取清廷而代之。这是令曾国藩感到非常恐惧的，他生怕自供状的内容被外界知道，加深各界尤其是清廷对他的猜忌。

于是，曾国藩自削兵权，并开始努力恢复江南地区的经济和社会秩序、恢复民众正常生活：补行江南乡试；抓紧时间修复南京城内的书院；刊印书籍，恢复遭到太平军破坏的文教事业，以笼络知识分子。为刺激经济文化的恢复和繁荣，他还带头游览南京秦淮烟花之地。这一系列举措极大提升了曾国藩的威望。

3. "平捻"留憾

太平天国刚刚覆灭，同治四年（1865），曾国藩又奉命攻剿捻军。

捻军原是活动于河南、江苏、山东、安徽一带分散的反清武装团体。咸丰二年（1852），捻军各部公推张乐行为盟主，统一行动、作战，并成为太平军的忠实同盟军。天京陷落后，太平军残部与捻军继续合作抗敌，在高楼寨一战中一举击毙蒙古亲王僧格林沁率领的清廷嫡系部队，给清军以沉重打击。清廷紧急调动曾国藩为钦差大臣，北上"平捻"。

曾国藩制定了军事围剿与政治清查相结合的"平捻"方法，一方面加强军事进攻，一方面厉行保甲制度和坚壁清野，推行"就地正法"的恶政，大开杀戒。他企图以血腥手段割断民众与捻军的联系，使捻军丧失民众的支持和根据地的庇护，和当年的白莲教起义军一样，成为无源之水、无根之木，最终走向败亡。

在具体的军事行动上，曾国藩认为"若贼流而官兵与之俱流，则节节尾追，着着落后"，因此必须采取"以静制动"的行动方针：以拦截和追剿相结合的办法，利用山川、河流等自然障碍阻击、包围、拆散、聚歼捻军。为克服兵力不足的弱点，他划定黄河以南，沙河、淮河以北，贾鲁河以东，运河以西为不同战区，分区进剿；同时调集马队作为游击之师，以保持军队的机动性，以便及时根据具体需要投入作战。

在兵力编制上，由于湘军裁撤过多，曾国藩被迫抽调淮军作为主力进剿。他在后勤保障方面也妥为布置，确保士饱马腾。

经过精心准备，同治四年五月二十五（1865年6月18日），曾国藩正式展开"平捻"作战。但是，"平捻"的困难程度依然远超想象。由于战线拖得太长，各部很难协同，无法对捻军进行有效的合围，捻军可以轻易突破包围而去。湘军、淮军长于南方水陆战斗，对北方平原地区的骑兵作战不熟悉，其骑兵部队无法与捻军骑兵相抗衡。

经过一段时间的苦战，曾国藩见分区进剿和骑兵追歼的方法皆难在短期内奏效，于是改变战术，采取"河防"之策，即利用自然河道限制捻军的活动。但是捻军依然破坏了曾国藩的防堵计划，突围而去。这无疑是对曾国藩的沉重打击。"平捻"军事行动一再受挫，清廷终于在同治五年十一月初一（1866年12月7日）下旨，令曾国藩回任两江总督本任，改以李鸿章为钦差大臣专事"平捻"。曾国藩不得不无比遗憾地离开了。但他胸襟宽广，下台后依然全力支持李鸿章的作战行动，在后勤上全力以赴地进行保障。

李鸿章继续坚定执行曾国藩的战法，稳扎稳打，最终获得了成功，分别剿杀了东、西两支捻军。农民起义军再遭残酷镇压，曾国藩也再次受到朝廷封赏。但曾国藩始终将"平捻"战事视为自己平生的一件憾事。

二、兴洋务，推动中国近代化进程

曾国藩所处的时代，清朝国内阶级矛盾异常尖锐，土地兼并严重。冗繁的官僚机器不但难以运转，还拖慢了整个社会发展的脚步。整个帝国从上到下都闭目塞听，不知外部世界早已今非昔比。终于，在1840年爆发了第一次鸦片战争，中国战败，被迫打开国门，开始沦为半殖民地半封建社会。民族矛盾愈发尖锐的同时，原有的地主与农民的阶级矛盾进一步激化，各地起事、骚乱、民变和小规模的武装暴动频繁出现、此起彼伏，预示着一场动摇清王朝统治根基的空前大事变即将发生。

对鸦片战争的深刻影响，曾国藩和中国绝大多数士大夫一样，缺乏足够的敏感，觉得这只是爆发在边疆一隅的战事而已。曾国藩也同样感受不到世界大势的变化，但是，他对于国内阶级矛盾的激化和形势的危急，却是深有体会。他同罗泽南、刘蓉、江忠源、郭嵩焘等一批士大夫、儒生密切联系，分析时局，考虑对策。及道光帝去世、咸丰帝即位后，曾国藩连上多份奏折，抨击吏治腐败，官员办事"退缩""琐屑""敷衍""颟顸"，社会危机四伏，民间疾苦太深，"银价太昂""盗贼太众""冤狱太多"。他甚至批评咸丰帝"文饰""骄矜"，取用那些圆滑谄媚之人。

在镇压太平军的过程中，曾国藩才逐步走上洋务之路，成为地方洋务派的创始者之一。

1. 力行"洋务"经世

五口通商后，西方侵略势力步步深入中国。到了太平天国起义时期，西式武器已被清军和太平军共同使用。此时中国的国内战事已经改变了过去那种以冷兵器为主的作战模式，进入了冷热并用时代，单靠冷兵器已经难以在战场上取得优势。曾国藩在实践中认识到，洋炮比中国的土炮性能优越，确是克敌利器，所以，他耗费巨资，前后购买了上千门洋炮。尤其是湘军水师，其船头火炮多为前膛装弹的西洋滑膛炮，每每在水战中大显威力，打得太平军樯倒桅裂。但出于理学思想，曾国藩不愿意湘军过于"西化"，故而对西洋武器的接纳程度不像李鸿章那么高，始终抵触使用洋枪。他认为，"用兵之道，在人而不在器""攻守之要，在人而不在兵"，还说："炸炮、轮船虽利，然军中制胜究在人而不在器。"这导致在围攻天京时，面对杨辅清等装备洋枪和开花弹的太平军先进部队，湘军非常吃力，据曾国荃形容，太平军"弹如雨下"，湘军伤亡巨大。相反，淮军则尽力使用西式武器，武器先进程度超过了湘军和太平军。

而第二次鸦片战争对曾国藩的思想触动更大。洋人攻占北京，火烧皇家宝地圆明园，迫使清帝仓皇出逃，死在京外。列强强迫清廷签订《天津条约》《北京条约》，扩大侵略权益，事后又"化干戈为玉帛"，帮助清廷镇压太平军。清廷亦发生辛酉政变，之后与洋人加强勾结，从中央层面开始维护清王朝统治的洋务运动。波谲云诡的政情变幻，对曾国藩产生了巨大影响。但曾国藩的经世思想帮助他迅速调整观念，顺应这一潮流，开始应对洋务问题。他认为中国之所以遭受屈辱，是因为自身力量不足所致。

曾国藩的洋务思想主要有下列几方面：

一是限制外人干涉中国事务的程度。曾国藩认为，应与西方国家进行接触，而不是拒之门外，因为想拒绝也拒绝不了。但是不能让西方国家直接干预中国的根本性军政问题，必须将与它们的交往限制在一些次要的层面，如经济层面。当时，洋人"助剿"太平军的问题迫在眉睫。咸丰十年（1860）十月，清廷下旨命令曾国藩对俄国提出的出兵"助剿"和代运漕粮要求进行复奏。曾国藩经过认真考虑，认为不宜允许俄国"助剿"，但可同意其代运漕粮。

同治元年（1862），发生了"阿思本舰队事件"：清政府花费巨资筹建一支近代化舰队，进攻天京。但受托筹办舰队的洋员李泰国却擅自将舰队交予英国海军上校阿思本指挥，要求清廷不得干预。曾国藩得知后坚决反对，联合曾国荃、李鸿章、彭玉麟等实力派强硬拒绝"阿思本舰队"前来助战,建议宁可花费的银子全打水漂,也不能要这样的舰队。最后清政府听从了曾国藩等人的意见,将舰只全部退回。在这件事上,曾国藩无疑维护了国家的主权。

二是必须搞清外国情况,有针对性地"驭夷"。他有意识地组织人手研究"夷情",并对西方几个大国进行了分析,认为英国最狡黠,法国次之,俄国的势力大于英、法,英国对其有所畏惧,而美国则"性质醇厚,其于中国素称恭顺"。正是因为有这种分析,他此后进行购买武器、派遣留学生等洋务活动,皆有意垂青于美国。

三是必须加快向西方学习科学技术,实现自强。这是曾国藩洋务思想的核心。咸丰十一年(1861),他明确支持奕䜣关于购买西洋船炮的主张,在其《复陈购买外洋船炮折》中说:"购买外洋船炮,则为今日救时之第一要务。凡恃己之所有,夸人所无者,世之常情也;忽于所习见,震于所罕见者,亦世之常情也。轮船之速,洋炮之远,在英法则恃其所独有,在中华则震于所罕见,若能陆续购买,据为己物;在中华则见惯而不惊,在英法亦渐失其所恃。……购成之后,访募覃思之士,智巧之匠,始而演习,继而试造,不过一二年,火轮船必为中外官民通行之物。"同治元年(1862),他又重申:但使彼(洋人)之所长我皆有之,洋人恭顺,"则报德有其具";洋人叛逆,"则报怨亦有其具",从而进退可恃,立于不败之地。

由此也可见,曾国藩不仅要购买洋器,而且要实现自造。对自造他尤其重视,锐意讲求,很早便开始了这方面的探索与实践。

早在进剿太平军初期,曾国藩便设立炮局,召集国内优秀匠人前来仿制洋炮和西洋水雷。咸丰十一年(1861),曾国藩在安庆设立了第一个近代兵工企业——安庆内军械所,制造洋枪洋炮。后来,攻占天京后,曾国藩将该厂迁往南京,扩建为金陵机器制造局。同治元年(1862),安庆内军械所试造火轮船,曾国藩"阴有争雄海上之志"。同年,华蘅芳和徐寿试制成功第一台蒸汽机,曾国藩十分高兴,在其日记中写道:"窃喜洋人之智巧我中国人亦能为之"。同治二年（1863），徐寿在金陵试制小火轮船一艘，曾国藩极其欣赏，命名曰"黄鹄"。这是中国最早的自制火轮船之一，且在制造过程中没有任何洋人参与。曾国藩亲乘此船试航，并打算"将以次放大，续造多只"。同年，友人将中国第一位留学生容闳介绍给曾国藩，曾国藩遂令其赴美购买机器，以图建设制造局。同治四年（1865），容闳携购得的机器归国。

李鸿章在上海期间，天天和外国人接触，曾致书曾国藩"深以中国军器远逊外洋为耻"，因此极力"资取洋人长技"。同治四年，曾、李二人在上海设立江南机器制造总局。曾国藩命冯焌光、徐寿负责经营，华蘅芳助之。容闳曾高度称赞曾国藩设立江南制造总局的开创性功劳："自余由美国采购机器归国以来，中国国家已筹备千百万现金，专储此厂，鸠工制造，冀其成为好望角以东之第一良好器厂。故此厂实乃一永久之碑，可以纪念曾文正之高识远见。世无文正，则中国今日还不知能有一西式之机器厂否耶！"

金陵机器制造局和江南制造总局是曾国藩一直关照的重点，他尽一切能力促进两厂的发展，使两厂成为有名的近代化兵工企业，在洋务运动和中国近代化进程中扮演了重要的历史角色。

此外，江南制造总局还设立了一个译书局，将外国科技书籍译介到中国。这是中国洋务运动中的一件大事，此后西洋文化的输入都以此为张本。

2. 重视新式人才培养

从曾国藩的上述洋务实践中可以看出，曾国藩对容闳、徐寿、华蘅芳等新式人才非常器重，其幕府中云集了各类谙熟制造和数理之学的人才。曾国藩不因他们不是科举出身，是"非正统"学人而轻视他们，而是放手任用，信任有加。特别是对容闳这个中国留学毕业生第一人，当时许多顽固派视其为异类，但曾国藩对其却非常赏识，将其纳入幕府，委以重任。容闳也不负所托，在洋务运动中发挥了十分重要的作用。特别是建议选派幼童出国留学一事，他具有首倡之功。

之前，容闳久欲施行其得自美国之新教育计划而不得，自见用于曾国藩后，乃得条陈计划。他建议："政府宜选派颖秀青年，送之出洋留学，以为国家储蓄人才。"容闳具体安排了派遣之方：先派一百二十名学生，分四批派出，每年派三十名，年纪在十二至十四岁，学习年限十五年。如第一、第二批确有成效，则以后即永定为例，每年派出此数量的留学生。曾国藩对此完全赞同，准备照容闳之计划开展公派留学工作。经过反复酝酿，同治十年（1871），曾国藩与李鸿章订立了选派章程十二条，委派容闳在上海设立留美预备学堂具体办理。随即同年七月初三（1871年8月18日），曾国藩、李鸿章联衔上奏了《拟选聪颖子弟赴泰西各国肄业折》，正式奏请选派幼童赴美国留学。同治十一年（1872），曾国藩和李鸿章再次联衔会奏派遣学生出洋，以容闳为副委员，每年选送三十人。他们认为：西学讲求实用，科目众多、学理深邃，且不断发展。中国要取其长、购其器、探其秘，不学其学，根本不行。这种对西方的学习绝不能一蹴而就，非长期努力不可，而亲自聆教，"百闻不如一见"，更能奏效。比起在国内开设同文馆、译书局等措施，此举可"收远大之效也"。可惜此时曾国藩已届垂暮之年，一切的事业都不能不让李鸿章代办了。同年，第一批留美学生启程，这时曾国藩已经去世，未能目睹这个中国历史上开风气之先的壮举。对此容闳言道："故文正种其因，虽未亲睹其结果，而中国教育之前途，实已永远蒙其嘉惠。今日莘莘学子，得受文明教育，当知是文正之遗泽，勿忘所自来矣！"

总而言之，曾国藩所谓的"自强之道"是地主阶级在民族危机日趋严重的形势下提出的一个解决中国现实出路问题的政治方案，并直接促成了洋务运动的兴起。从社会经济的角度看，洋务运动成为中国近代化的起点。然而从政治的角度看，曾国藩等人主观上力保反动腐朽的清朝，客观上则违逆中国人民争取民族独立和自由民主的历史潮流，且难以阻止中国半殖民地化日益加深的趋势。

三、道德文章，为世所尚

1. 湖湘学人重经世

在晚清，湖南地区可谓人才辈出。然而直到清代道光年间，湖南的经济文化一直处于落后状态。湖南北阻大湖，境内多山，既远离全国的政治文化中心，又与文化发达的江浙地区很少往来，遂使湖南士人思想保守、消息闭塞，不容易受到外部思想的影响。湖南的这种地理环境和社会历史状况，造成湖南学术界的两个显著特点：一是程朱理学一直居于统治地位，一是注重经世致用。

湖南地区的理学传统源远流长，成为晚清理学复兴的一个重要基地。乾嘉以来汉学风行海内，然而"湖湘尤依先正传述，以义理、经济为精宏，见有言字体、音义者，恒戒以逐末遗本。传教生徒，辄屏去汉唐诸儒书，务以程朱为宗"。所以湖南文士多习理学，习汉学者很少，但无论治理学或者治汉学，都注重研究有用之学和社会实际问题，而论其功力则当首推魏源。魏源长期致力于经世致用之学，尤为重视历代典章制度的考订，对湖南的学术风气有着很大影响。他所辑录的《皇朝经世文编》一书，由贺长龄刊刻发行后，"三湘学人，诵习成风，士皆有用世之志"。

湖南的这种学术风气对曾国藩这一代士人影响很大，可以说是曾国藩集团形成的思想基础。当时，湖南有两所名气最大的书院，一所是岳麓书院，另一所是城南书院。清代乾嘉以来，这两大书院的几代山长都讲习宋学，注重实用，因而这两所书院实际上成为培育曾国藩集团的思想教育基地。曾国藩集团的首领和骨干人物，如曾国藩本人、胡林翼、左宗棠、罗泽南、郭嵩焘、曾国荃等都在这两所书院学习过。

京官时期，曾国藩真正开始了其理学实践。道光二十一年（1841），曾国藩为了弄清治学门径，向他的同乡长辈唐鉴登门求教。唐鉴，字镜海，湖南善化人，翰林出身，道光二十年（1840）内召为太常寺卿。他号称理学大师，在京师士林中颇有声望，因而曾国藩慕名投拜，向他请教"检身之要，读书之法"。唐鉴教导他，读书应当熟读《朱子全书》，以此为本身体力行。为了进一步强调理学的重要地位，唐鉴对曾国藩说："为学只有三门，曰义理，曰考核，曰文章。考核之学多求粗而遗精，管窥而蠡测；文章之学非精于义理不能至；经济之学即在义理之中。"他又说："经济不外看史，古人已然之迹，法戒昭然，历代典章不外乎此。"

曾国藩在写给诸弟的信中说："近得一二良友，知有所谓经学者、经济者，有所谓躬行实践者；始知范、韩可学而至也，马迁、韩愈亦可学而至也，程、朱亦可学而至也；慨然思尽涤前日之污，以为更生之人，以为父母之肖子，以为诸弟之先导。"可见唐鉴等人对他鼓舞之大、影响之深。

道光二十二年（1842），曾国藩向倭仁请教修身之道。倭仁告诉他"研几工夫最要紧"。倭仁说颜子之"有不善未尝不知"是研几工夫，还告诉他必须"写日课"，并且要"当即写，不宜再因循"。倭仁所说的"研几"就是要抓住思想或事物发展过程中刚刚露出的苗头加以认真研究，从而发现其发展趋势和利害关系；其"克己之法"就是通过静坐、写札记等自省工夫和相互讨论，将一切不合封建王道的杂念消灭在微露苗头之时，以使自己的思想沿着封建圣贤所要求的方向发展，并且将学术、心术、治术连通一气，使学问得到增长、道德水平得到提高，从而逐步体会和学习治理国家的本领。这就是理学家那一套完整的修、齐、治、平理论。

但曾国藩对于程朱理学并不是盲目崇拜的。他在政治实践中逐渐发觉程朱理学有"指示之语，或失于隘""病于琐"等局限。他认为应该对程朱理学与陆王心学采取兼收并蓄、扬长避短的态度，以此推进儒学发展。

这一时期，曾国藩在学术问题上除向唐鉴、倭仁等请教外，还经常与刘传莹、吴廷栋、邵懿辰、何桂珍等人进行讨论。这些人多为治理学者，唯刘传莹、邵懿辰治汉学，刘传莹属古文经学派，邵懿辰为今文经学派，他们在京师都有些名气。这些交往活动不仅使曾国藩增长了各方面的见识，也使他大大提高了个人声望。

由于他的地位和全国政治形势的变化，曾国藩并没有成为一位学问家，但其所提倡的经世之学、齐家方法等为后世留下了丰富的思想文化财富。他是中国传统士大夫的典型代表，是儒家"内圣外王"理想人格的成功实践者。儒学讲求修身、齐家、治国、平天下。而论修身，曾国藩高度自律，遵行理学修身规则，成为封建道德的典范；论齐家，曾国藩注重对家庭成员的教育，《曾国藩家书》是他毕生齐家思想的真实写照；论治国平天下，曾国藩办湘军，安清朝江山，平定太平天国，镇压捻军，晚年还以实际行动开启了中国近代史上的洋务运动，掀开了近代中国学习西方的序幕。

曾国藩尤其强调重视《礼》学和人的心性修为。他认为人的心性修养既要尊德性，又必须行以实际，反对空浮宽泛之论。曾国藩汉宋兼采，"尊德性"与"道问学"两者相辅相成，彼此统一，而其统一的结合点即在于经世思想。他的"尊德性而道问学"在实践上的体现是组建湘军，镇压太平天国起义，挽清王朝于既倒。

曾国藩一生服膺"挺经"，非常相信主观意志的作用，有时甚至把自己一生中取得成功的原因归之于"坚忍"二字。他说："李申夫尝谓余怄气从不说出，一味忍耐，徐图自强，因引谚曰'好汉打脱牙，和血吞'。此二语是余生平咬牙立志之诀。余庚戌、辛亥间为京师权贵所唾骂，癸丑、甲寅为长沙所唾骂，乙卯、丙辰为江西所唾骂，以及岳州之败、靖港之败、湖口之败，盖打脱牙之时多矣，无一次不和血吞之。"又说："本部堂办水师，一败于靖港，再败于湖口，将弁皆愿去水而就陆，坚忍维持而后再振。安庆未合围之际，祁门危急，黄德糜烂，群议撤安庆之围，援彼二处，坚忍力争而后有济。至金陵百里之城，孤军合围，群议皆恐蹈和、张之覆辙，即本部堂亦不以为然，厥后坚忍支撑，竟以地道成功。"通过这些经历，他得出结论，"凡发一谋，举一事，必风波磨折，必有浮议摇撼"，"可见'天下事'果能坚忍不懈，总可有志竟成"。曾国藩与太平军鏖战十余年，屡败屡战，最终成功。

镇压太平军后，曾国藩认为此时应当"功成身退，愈急愈好"。他断然采取了一系列措施：奏请停止向他拨给广东厘金，以削利权；大量裁撤湘军，特别是不再保留曾国荃所部，该部被清政府视为曾氏弟兄嫡系部队，是清廷最不放心的一支力量；基本保留李鸿章的淮军，作为继续镇压各地起义军等反清力量的工具；奏请曾国荃因病开缺，回籍调理。这四个举措受到朝野的一致赞赏，极大缓和了他与清政府的矛盾，曾氏家族的功名、地位皆得到保全。曾国藩"忠君体国"的理念深入骨髓，加之清廷对其也有隆遇之恩，因此他是断然做不出取清廷自代之举的。

此时，理学官员在朝中已经荣登显要，他们占据朝内外要津，引起统治阶级内部各派势力的盈缩消长，具有举足轻重的地位。而在地方，湘系及与之关系密切的将领随着曾国藩地位的上升与巩固，一个个飞黄腾达，如李鸿章先为江苏巡抚，后升两江总督；刘长佑任直隶总督；左宗棠任闽浙总督；沈葆桢任江西巡抚；曾国荃任浙江巡抚等，他们都与曾国藩有密切的关系，因而成为地方大员。这些具有理学背景的人物，在镇压太平天国起义中发挥了极其重要的作用，逐渐成为统治阶级内部一批新兴的实力派，支撑起清王朝岌岌可危的江山。

《曾国藩家书》是曾国藩的书信集，记录了他近30年的活动，主要包括修身、齐家、治军、为官等诸多方面，所涉及的内容相当广泛。虽然涉及的领域广泛，但其核心内容始终围绕着修身做人、治家教子展开，其中蕴含着优秀的道德思想内涵。曾国藩的家庭道德教育思想广泛吸收儒家的仁、孝、忠恕思想，践行"修身、齐家、治国、平天下"的理念；同时也深受道家持盈守虚思想的影响，追求静虚、寡欲、盈亏之理；此外还受墨家强本节用思想、佛家慈悲平等思想的影响。

曾国藩在家庭道德教育方面回归原始儒学，强调修身从齐家开始，把传统伦理道德付诸家庭德育实践。其核心表现为行道妻子，孝悌为本；勤俭持家，克己奉公；乐天知命，修身为本；读书明理，不忮不求。他的家庭德育思想既有对儒家的传承，又与时俱进，强调道德与实践的统一。他的家庭德育思想影响深远，近代许多人曾提倡阅读《曾国藩家书》。

曾国藩的思想始终以理学为核心，而又显得博杂多变，这与他一心为封建统治阶级尽忠报效的政治志向和经世致用的治学作风是分不开的。他将平生所学付诸实践，以期挽回封建统治阶级日趋衰落的形势，重新振兴摇摇欲坠的清王朝。曾国藩力图恢复经济发展、整饬吏治、巩固清王朝统治。但是，他很快发现民生凋敝越来越严重，阶级矛盾在继续发展。而最使他失望的是清廷中枢无人能力挽狂澜，大清朝可谓"抽心一烂"，中兴已无希望。在这种背景下，曾国藩仍然循规蹈矩，勤政理事，清案、赈灾、察吏、治水，无所不至，还撰写了不少文章，深入研究学问。只是，他的内心实际上惶惶不安，几乎难以度日。

2. 身陷天津教案困局

同治九年五月（1870年6月），天津发生了震惊中外的天津教案，曾国藩再次充当消防队长，被清廷紧急委派前往处理，结果铸成了他的终身遗憾。

同治九年（1870）四月，天津发生多起儿童失踪事件。时值天气炎热，疫病流行，天津育婴堂中有三四十名孤儿患病而死，每天有数百人到坟地围观，挖出孩子的尸体查看。于是民间开始传出"外国修女以育婴堂为幌子，绑架杀死孩童作为药材之用"等荒谬谣言，导致民情激愤，反洋教情绪高涨。有数千名群众包围了教堂，教堂人员与围观的人群口角，引起抛砖互殴。法国驻天津领事丰大业要求清方派兵镇压，没有得到满意的结果，在前往教堂的路上，与知县刘杰相理论，怒而开枪，打伤了知县的侄子刘七，民众激愤之下先杀死了丰大业及其秘书西蒙，之后又杀死了十个修女、两个神父、两个法国领事馆人员、两个法国侨民、三个俄国侨民和 30 多名中国信徒，焚毁了望海楼天主堂、仁慈堂和位于教堂旁的法国领事馆，以及当地英美传教士开办的其他四座基督教堂。破坏行动持续了三小时。事件爆发后，外国军舰驶向天津，以法国为首的七国公使向总理衙门抗议。

清政府极为紧张，一面发布谕旨严令各地保护教堂和通商口岸的外国机构，一面立即指派曾国藩前往天津查办。曾国藩此时身体已十分衰弱，患有肝病，右目全盲，左目仅剩余光，并有眩晕症。接到此谕，他立即意识到自己将陷入凶险莫测的政治旋涡之中。怀着悲怆的心情，曾国藩硬着头皮于当年六月初十到达天津。

事关朝廷安危，所以曾国藩认定处理此案的方针是不惜屈辱求和。上谕要求曾国藩"和局固宜保全，民心尤不可失"，但要同时做到这两点谈何容易。曾国藩奏称："此次天津之案，事端宏大，未能轻易消弭。中国目前之力，断难遽启兵端，惟有委曲求全之一法。"他认为，"以后仍当坚持一心曲全邻好。惟万不得已而设备，乃取以善全和局。兵端决不自我而开，以为保民之道；时时设备，以为立国之本，二者不可偏废"，解决的办法"应以拿犯、赔银二者为结束"。

按照这个观念，曾国藩发布《谕天津士民》，对天津人民多方指责。随后他经调查，确认育婴堂并无诱拐、伤害孩童之事。于是他更加积极缉凶，先前已抓捕了 80 余人，但能认定为真凶的不过七八人。曾国藩担心人数太少洋人会不满意，决定进一步搜捕，定要凑足 21 人抵命。他向李鸿章交底说，他拟查处 21 人，一命抵一命，便可"交卷"。他决心对案犯无论能否找到证据，皆要定案，哪怕明知是冤屈。

这一做法遭到舆论的广泛质疑和强烈谴责，连曾纪泽、李鸿章都认为不妥，对他进行规劝。但曾国藩悍然不顾，继续我行我素，固执地认为非如此不能让洋人满意而弭衅，于是最后判 20 人死刑，25 人流放，赔偿各国银 49 万两，派崇厚为中国特使赴法国"谢罪"、赔礼道歉。法国因随后发生了普法战争,无暇顾及东方事务,因此接受了这个条件。

对这个交涉结果,朝廷人士及民众舆论均甚为不满,"诟詈之声大作,卖国贼之徽号竟加于国藩。京师湖南同乡尤引为乡人之大耻",曾国藩声誉大受影响。面对沸腾民怨,清政府为推卸自身投降屈膝的责任,装聋作哑,不为曾国藩辩护,反而让李鸿章接替曾国藩处理天津教案。这等于宣布天津教案是曾国藩个人办坏,由于他的软弱无能,清政府不得不中途换人。曾国藩惨被朝廷作为替罪羊抛弃,但他只能再次"牙齿打脱了和血吞"。交接后,曾国藩问李鸿章:"你与洋人交涉,准备怎么办?" 李鸿章回答:"我想与洋人交涉,不管什么只同他打痞子腔。" 李鸿章最后做判决时,将死刑改为16名死刑、4名缓刑,其余不变。

曾国藩并不承认自己的所作所为是错误的,他抱怨朝野舆论根本不理解他委曲求全的苦心。到了南京后,他既对清政府的前途更加担忧,更为天津教案而内疚、恼怒,心情压抑,外症内恙不断加重,身体每况愈下。终于,在同治十一年二月初四(1872年3月12日),曾国藩突然逝世于两江总督衙署,终年62岁。清政府对这个忠实臣仆进行了优恤:拨专款治丧,赐祭,发上谕褒奖,开复所有处分,追赠太傅,予以最高等级的谥号"文正"。然而,这也难掩曾国藩一生所服膺、践履的理学,在面对日益加深的国内外矛盾时显得苍白无力。理学的复兴究竟还是难以拯救积重难返的衰颓国势。

以曾国藩、李鸿章、左宗棠为代表的湘淮系汉族地主阶级地方势力的崛起,是清末地主阶级政治结构发生的最为明显的变化。许多出身于湘淮系的新贵,如曾国藩、李鸿章、左宗棠等,后来大都转化为洋务派,成为洋务运动的中坚力量。理学经世派在洋务派乃至整个洋务运动中具有举足轻重的地位,然而曾国藩维护"中体"的思想观念终究敌不过弱国无外交的现实,所谓中兴,不管是于国还是于儒学,都是回光返照。曾国藩虽然一只脚迈进了近代化的进程,但他终究是个旧士大夫,只能被埋葬在封建王朝的暮气之中。

曾国藩是近代中国重要的政治家、军事家、哲学家，在文学、教育、书法方面也颇有造诣，具有重要的历史地位。百余年来，他一直是众多学人研究的对象，但是对他的评价却始终充满争议，难求统一。在他的身上，体现了历史，尤其是中国近代历史的复杂性。他在人类历史上最大规模的战争之一——太平天国与清王朝的战争中发挥了决定性作用，血腥镇压了底层人民对腐败的清王朝的反抗，手上沾染了千万人的鲜血，但也阻止了太平军对中国传统文化的过度破坏。他肇建的湘淮系成为近代军阀的鼻祖，并使汉族官僚崛起于清朝政坛，最终在日后取代清王朝。他力图通过洋务新政来为清王朝续命，却又无形中吹响了中国近代化的号角。他所提倡的新理学、经世之学、齐家方法等为后世留下了丰富的思想文化财富。关于曾国藩的是非争论还会随着有关研究的深入而继续下去。

参考文献

1.《清史稿》。
2.《清文宗实录》。
3.《清穆宗实录》。
4. 曾国藩：《曾国藩全集》，北京：中华书局，2018年。
5.《国朝先正事略》。
6.《续碑传集》。

李鸿章

中国近代化的开创者

李鸿章履历表

姓名	李鸿章
别名	号少荃
民族	汉族
生卒年及所处时代	1823—1901，晚清时期
生平履历	道光三年（1823）正月初五生于安徽省合肥市肥东县东乡（今合肥市磨店乡）。父李文安，母李氏，在兄弟姐妹八人中，李鸿章排行第二
	道光二十年（1840），考中秀才，岁试时被滋园学使拔取第一
	道光二十四年（1844），应顺天恩科乡试，得中第八十四名举人
	道光二十七年（1847），第二次参加会试（首次在道光二十五年，即 1845 年，未中），列二甲第十三名进士。朝考后，改翰林院庶吉士。后任翰林院编修，累充武英殿纂修、国史馆协修
	咸丰三年（1853），太平军势如破竹，李鸿章奉命随工部左侍郎吕贤基一道，在安徽办理团练，入周天爵幕
	咸丰九年（1859），入曾国藩幕。自咸丰三年（1853）起，丁忧在籍的曾国藩受命帮助办理湖南团练，有效抵抗了太平军。李鸿章在曾幕，初掌书记，继司批稿、奏稿，深受赏识，翻开宦海生涯新篇章
	同治元年（1862），招募淮勇，汇集铭字营（刘铭传）、树字营（张树声）、鼎字营（潘鼎新）、庆字营（吴长庆）、春字营（张遇春）。李鸿章仿湘军章程，为淮勇定营伍之法，正式成立淮军。是年底实授江苏巡抚，并领导淮扬水师、太湖水师；引进西方武器和机器生产，开展自强运动
	同治四年（1865），以江苏巡抚、署理两江总督之权势，积极推进自强运动，成立江南制造总局、金陵机器制造局，参与天津机器局的筹建
	同治七年（1868），剿灭捻军，赏太子太保衔，升协办大学士
	同治九年（1870），接替曾国藩办理天津教案
	光绪九年（1883），中法战争爆发，延至十一年（1885），李鸿章代表清政府与法方签约

生平履历	光绪十一年（1885），海军衙门成立，由醇亲王奕譞总理，李鸿章会办，加快了北洋海军建设
	光绪二十一年（1895），农历三月（4月），代表清政府与日本签订《马关条约》，承认朝鲜独立，同意割让台湾岛和辽东半岛，赔款2亿两白银。李鸿章成为众矢之的，受到举国上下唾骂
	光绪二十二年（1896）春，俄皇尼古拉二世举行加冕典礼，李鸿章奉命作为头等专使前往祝贺，签《中俄密约》。沿途周游英、法、德、美等欧美各国
	光绪二十七年（1901），公历9月7日，李鸿章与庆亲王奕劻代表清廷签订《辛丑条约》，向各国赔款4.5亿两白银、答应惩办祸首等。农历九月二十七（11月7日），李鸿章病卒，谥曰"文忠"

在晚清时代，李鸿章无疑是中国最为重要的一位人物。少年科第，壮年戎马，中年封疆，晚年洋务，他的一生见证了传统的中国如何被近代化的滚滚潮流裹挟着蹒跚前行。在他的参与下，大清帝国实现了最后一次中兴；他的一生事业，在他身后数十年中仍可见到难以磨灭的痕迹；经他之手签订的条约，塑造了近代中国在世界格局中的整体面貌。在他逝后百余年间，人们对他的评价褒贬不一，反差极大，所谓"誉之者达其极点，毁之者亦达其极点"。而不论对他一生功过如何评判，讨论中国迈入近代的过程，我们绝绕不开李鸿章那无处不在的身影。

一、儒生而戎马

1. 中进士前程似锦

1823年2月15日，也就是清道光三年正月初五，李鸿章出生在安徽合肥。他的祖上世代耕读，至父亲李文安时，家族的兴旺之兆方开始显现。在1838年的戊戌科会试中，李文安高中进士。与他同榜的有后来对大清国运和李鸿章的人生都产生了重要影响的曾国藩。

李鸿章字渐甫、子黻，号少荃，在兄弟六人中排行第二。从幼年开始，他便在父亲的引导下涉猎儒学经典，并投入大量精力习练科举所需的应制时文和试帖诗。在应试方面，李鸿章表现出极高的天赋，18岁便中了秀才。1843年，刚过弱冠之年的李鸿章奉父命进京准备参加乡试，并于次年顺利中举。中间经历一次会试落榜之后，1847年他又成功考取进士，成为一名翰林院庶吉士，这时的李鸿章年方24周岁。两年后，其兄李瀚章也以拔贡方式参加朝考而获一等。短短十余年间，合肥李氏成了少有的"一门三进士"之家。

李鸿章首次进京时意气风发，曾连作《入都》诗十首，其中第一首最为世人所熟知。其诗云：

丈夫只手把吴钩，意气高于百尺楼。
一万年来谁著史，三千里外欲封侯。
定须捷足随途骥，那有闲情逐野鸥。
笑指芦沟桥畔路，有人从此到瀛洲。

在这篇挥斥方遒的文字中，这位青年儒生对自己向往的功业和豪情丝毫未加遮掩。对仕途前程的渴望、执迷和阔达雄健的气魄，在很大程度上塑造了李鸿章的性格特质，并进而影响了他人生中的许多关键选择。

我们可以以曾国藩为参照来感知李鸿章的某些性格特质。在北京准备科举之时，李鸿章便"以诗文受知于曾夫子，因师事之，而朝夕过从，求义理经世之学"。曾国藩也认为这位后生"大才可用"，并将李鸿章和与之同榜的三位进士并称为"丁未四君子"。比较曾、李二人，可发现他们有着一脉相承的思想倾向，即对义理与经世之学高度认可。

清代学术发展历程一直以汉宋之争，即考据与义理之间的对立统一构成主流脉络。考据学者侧重对儒家经书内容与细节的具体考证，义理学者则更为注重对宋代以来在天下秩序中作为根本原则与规范的"道"之阐发。嘉道年间，随着社会危机的加剧，经世之学作为一种重要性不亚于二者的思想路径开始得到越来越多的关注，魏源、贺长龄、陶澍、包世臣等均是其中代表。他们认为作为社会中坚力量的士人应对国家和社会做出实质性的具体贡献，因而积极倡导在河工、漕运、盐务等与富强直接相关领域的实务改革，并留下了大量著作传世。

如前文所述，曾国藩师承多家，学兼汉宋，并深谙桐城派古文之学，以"通儒"闻名。他将学术体系分为义理、考据、辞章和经济四项，以义理居首。在他看来，考据的意义在于充实义理，辞章的意义在于阐扬义理，而经济的意义则在于以义理之道经世济民，因而显得格外重要。曾国藩生于湖湘，秉承了该地将理学的道德精神与经世致用的实效相结合的地域文化，一生以事功践履着义理之道。

而李鸿章与曾国藩虽均以事功扬名，但两人有一个绝大不同之处，即曾国藩毕生为人行事皆以其深厚的儒家学问作为根底，而李鸿章却并未在学问方面投入过大精力。虽然他自称"鸿章弱冠时，颇有志为学"，但是过早地走上建立事功之路使得他并未经历长久的沉潜于书斋中的时光。在少年的科考生涯中，他接受了儒学经典的系统训练，也具备了写出华丽雄壮的诗文的能力。师从曾国藩后，他对桐城派所热衷的"文以载道"论推崇备至，这些构成了其学问的根底，但它们更多地停留在工具层面。后来，他因办理洋务而较多接触西方人与西方的技术，但也并未从根本上去深入探究西学之堂奥。后人梁启超以"不学无术"四字概括李鸿章对世界竞争之实质的无知，可谓有其道理。

但沉潜书斋之意愿的缺乏却得以让李鸿章更进一步继承乃师的经世精神，并在事功之路上走得更远。他并不像曾国藩一样在儒家道德训练方面十分用心，而是始终以务实作为一生事业的根本基调。在晚清政局波谲云诡与内外交困的纷扰杂乱中，李鸿章能够成为全国举足轻重的人物，正是凭借了其种种气魄宏大的务实行为。然而，学术底蕴的缺乏却容易使其所务之实缺乏可以凝聚在一起的核心力量，因而在强大的时代潮流冲击面前易显得精神涣散，也无力针对现实之弊做出更进一步的大刀阔斧的根本变革。李鸿章一生勉力经营的事业终以风流云散收场，很大程度上也要归结于此。

1850年，李鸿章三年的庶吉士生涯结束。散馆之后，他以优异成绩被授以翰林院编修，正式成为一名翰林。翰林院是朝廷栋梁之材的根本储备之所，唯有曾为翰林者日后方有可能入阁成为大学士，得享士林中的最高荣誉。身为一名儒生，未经太多波折便获得了最为符合"正途"的出身，李鸿章的似锦前程似已铺就。

2. 赴国难投笔从戎

然而，大清日益衰颓的国运与经世务实的处事方式导致他未能循着以往的方式一帆风顺地平步青云。在李鸿章供职翰林院的那个年代，大清可谓内忧外患、风雨交加。1851年1月，在广西起事的洪秀全、杨秀清等人建立了国号为"太平天国"的政权。两年之后，他们指挥太平军攻克南京并定都于此，改名为天京。与此同时，一伙以"捻"相称的农民反清武装势力也正活跃在安徽、河南一带。"捻"即一伙的意思，其成员多为生活无着的流民。当时皖北大旱，百姓困苦，捻军因而声势大盛。这两股势力搅乱了大清的半壁江山，也为有着经世情怀、希望挽救帝国颓运的士人提供了许多施展拳脚的机会，曾国藩、李鸿章等人的人生轨迹均由此而发生转折。

1852年，时任礼部侍郎的曾国藩因母亲去世回到家乡湖南湘乡守制。第二年，朝廷任命叛乱地区十省的在籍官僚为督办团练大臣，曾国藩于此时受命督办湖南团练。所谓团练，即由地方士绅组织当地民众训练而成的乡勇武装力量。清朝军力本以八旗、绿营为主力，而经过二百余年的积弊，这两种军事组织已腐化堕落，不堪战场调用。早在嘉庆朝平定川楚白莲教起义的过程中，团练这种武装便已成为清廷所依赖的主要力量。团练取饷于民，依靠深入民间清查保甲、坚壁清野，可以有效地实现地方自保，断绝敌方给养。面对太平天国与捻军起义的困扰，随着官军的步步失利，团练又成为朝廷所考虑的主要手段。

曾国藩深知八旗与绿营的弊端所在：征调派遣不便，兵将不相知，平日差役繁重、无暇操练，兵士油滑善于钻营，等等，不一而足。怀着以天下为己任的经世情怀，曾国藩在受命为督办团练大臣后便开始积极任事。在一番深思熟虑之后，他提出将团练改为官勇，由从前的取饷于民改为官家筹饷，仿照明代戚继光之"戚家军"的营制，组建一支新的军队。凭借着他坚忍不拔的努力，在晚清有着重要历史意义的"湘军"诞生了。

当曾国藩在湖南筹练湘军之时，李鸿章也由北京回到了自己的故乡安徽。在当时的南部诸省当中，安徽战事尤剧。1853年2月，省城安庆被太平军攻陷，巡抚蒋文庆死于太平军刀下。朝廷命工部侍郎吕贤基赴安徽协办团练防剿事宜，当时的合肥李氏家族因其"一门三进士"的荣光，已然成为当地望族，吕贤基素识李鸿章之才，又以其熟悉乡里事务，加之其家族在当地富有人望，因此奏请让他一同随营协办事宜。自此，李鸿章离京南下，开始了其由儒生而戎马的岁月。

李鸿章到达安徽之时，太平军与捻军正此起彼伏、气势方盛，全省已被漫天烽烟所席卷。在1853—1858年五年多的时间里，李鸿章募集乡勇，与太平军和捻军几度交战，多次立下战功，也多次从滚滚硝烟中幸免于难。那时，主持安徽事务的封疆大吏多无善果，在巡抚蒋文庆遇难后一年多的时间里，先是署理巡抚的周天爵老死军中，继而接任巡抚的李嘉瑞数月后即被免职，其后由立战功较多的江忠源出任巡抚，但不久江忠源便因城破而投水自杀殉职。在江忠源之后的数年中，安徽巡抚由满洲镶白旗出身的福济担任，而李鸿章在其幕中效力，担任组织、指挥、参谋等工作。1854年，李鸿章因功蒙赏加知府衔；1856年，又赏加按察使衔。虽获数次封赏，但处在整体飘摇的大环境中，李鸿章大概并未获得太多的成就感。在最初南下的那一年，将其携至安徽的吕贤基便因兵败城破而投水身亡。此后数年里，李鸿章又经历了父亲在军中的突然逝世、所率团练被数度击溃、多次落荒而逃以及祖宅被敌军焚毁一空等各种打击。他作诗感慨："国难未除家未复，此身虽去也踟蹰。"一片难以突破的阴霾正笼罩着他的身心。

后来，随着老师曾国藩及其所率湘军的到来，阴霾被驱散的希望才得以显现。从1854年2月起，曾国藩带着他所练就的湘军水陆两军沿着湘江一路北上，与太平天国展开苦战。在此之前，李鸿章在湖南善化署理知县的兄长李瀚章便已入曾国藩幕府，为其襄办粮务。1858年12月，曾国藩移师援皖，到达江西建昌。李鸿章前往拜见，自此便留在了曾国藩之幕府，协助处理公文奏稿等事务。曾国藩称其"天资于公牍最相近，所拟奏咨函批，皆有大过人处，将来建树非凡，或竟青出于蓝，亦未可知"。许多曾国藩所上的重要奏折出自李鸿章的手笔，其中即包括弹劾两代帝师翁心存之长子、时任安徽巡抚翁同书的著名奏折。

在这一时期，李鸿章与曾国藩朝夕过从，言行身心均深受其影响。此外，他也曾协助曾国藩之弟曾国荃领兵出征。1860年，李鸿章一度因不同意曾国藩对败将李元度的弹劾而负气离开，但二人均深知对方乃不可多得之人才，值此乱世，正有互相倚仗之必要。几通书信之后，李鸿章于次年重新回到曾国藩幕府，再获重用。这一事件充分显现了曾、李二人身为成大事者的圆通与气度。

3. 独当一面克天国

此时，北方政局接连发生了几件大事，与大清的气数极有关联。1860年9月，英法联军攻入北京郊区，咸丰帝北狩热河避暑山庄，并于次年8月崩逝。他临终前，以皇子年幼，命载垣、肃顺等八人为赞襄政务王大臣，主掌朝政。1861年11月，慈禧、慈安两宫太后联合恭亲王奕訢发动政变，议八大臣之罪，并建立了垂帘听政之制，这是慈禧太后掌权之开端。

大约正在此时，身在南方乱局中的李鸿章即将迎来人生中的重要转折。1861年下半年，太平军在浙江接连获胜，战火直逼上海。当时的上海已极为繁盛，为财赋重镇，与大量江南官绅及外国势力的切身利益极有关联。上海官绅因而派代表晋见曾国藩请援，而此时的湘军亦无兵可派。他们继而请于李鸿章。曾、李二人亦知上海干系重大，不可落于敌手，于是议定设法援沪。曾国藩本决定以其弟曾国荃为主帅，由李鸿章辅佐募兵援救。但此时曾国荃正于家乡湖南募兵，一心想要攻破太平天国的天京巢穴，对救援上海并无兴趣，因此百般推托。于是，李鸿章得到独当一面的机会。1861年12月，曾国藩保举李鸿章出任江苏巡抚。同月，李鸿章奉曾国藩之命回到原籍安徽募集乡勇，编练为淮军。此一去，便如同猛虎入林、蛟龙出渊，其一生事业由此隆隆直上。

当时合肥一带的团练已比较强悍有力，那里又是李鸿章的乡里所在，他熟知当地人情风俗，因此决定对旧有团练加以改编，以期速成。在合肥，他得到张树声、周盛波、潘鼎新、刘铭传、吴长庆等团练首领的鼎力支持，很快便组织起了一支军队。1862年4月，李鸿章率淮勇两千余人先期从安庆走水路出发抵达上海，随后剩余淮军陆续分拨东下。

淮军是以湘军为蓝本而组建的，所谓"淮由湘出，尤有水源木本之谊"。淮军、湘军均实行"兵为将有"的制度，士兵为长官自行募集，故兵将关系亲厚，易形成强大的凝聚力，在战场发挥巨大的作战能力。但是，淮军的道德色彩和儒学意识远较湘军薄弱。曾国藩在募集湘军时，采用"选书生率乡农"的方式，尽量以在地方有科举功名之人担任统帅。对于士兵，他强调要选用偏僻之地未沾染市井气息的山乡居民，注重对士兵的思想教育，将忠孝节义的观念与长幼尊卑的秩序推广到军营之中。对这些方面李鸿章则不甚注重。他的淮军当中将官成分混杂，有地方实力派，有盐枭出身者，也有敌军降将，只要具备战斗力，能够为我所用即可。因此，与湘军相比，淮军是一支极具功利性的军队。

湘、淮二军的另一主要不同之处在于西化的水平方面，而这种不同要归因于上海这座城市的特点。淮军初至上海时，衣衫多破烂，以布帕包头，军容不整、军纪不严，为沪上外国军队所耻笑。在军械方面，当时的淮军尚与湘军相同，冷兵器之外，均为每营备小枪百余杆，抬枪 24 杆。枪支需从前腔加火药，以药线为引，极易因受潮而成为"哑炮"。在上海，李鸿章亲眼见证了洋枪、洋炮之威力，他在致曾国藩的书信中称："洋兵数千，枪炮并发，所当辄靡，其落地开花炸弹真神技也！" 因此，他开始不惜巨资大力引进西方的军事产品。除为士兵配备新式洋枪之外，淮军还建立了独立的洋炮队，同时寻觅外国军官，为士兵教习武器，并逐渐采用西式操练方法。很快，淮军就成了中国第一支较为系统地接受了近代化武装和训练的军队。

李鸿章在上海所接触的外国军队是当时由沪上官、商出资，由外国人担任军官而组建起来的武装，被称为"洋枪队"。它的首任队长是美国人华尔。在淮军入沪之前，洋枪队承担了上海针对太平军的主要防卫工作。第二次鸦片战争之北京和议达成后，法、俄等国即提出"借师助剿"，表示愿意帮清政府平定太平天国之乱。随后，洋枪队得到官方的正式承认，华尔被委任为副将，其洋枪队也改称为"常胜军"。在与太平军作战的过程中，这支军队发挥了重要作用。

对于这支外国人率领的军队，新任江苏巡抚李鸿章既对其战斗力有所倚重，又未如前任巡抚一般对其表现出十足的热心。见了常胜军后，李鸿章产生了一番"自强"的信念，正如他在致曾国藩的信中所屡屡提及的"力求自强，不与外国人掺杂"，"无论军事如何紧急，鸿章却未求他出队帮忙"。在华尔战死之后，继任队长的是美国人白齐文。此人作风激进，索饷未得竟至强抢，李鸿章立即将其革职。对于随后继任的英国人戈登，他也时刻将"调停笼络"与"裁制控驭"放在心头。他对淮军的改造正是其"自强"观念的表现之一。随着日后职权与能力的增大，这番"自强"的愿景贯彻在他的许多事业当中。不同于以往士人从文化角度对"天朝上国"怀有的虚骄心态，李鸿章在与外国人打交道的过程中逐渐培养了切实必要的爱国观念。

1862年6月，即李鸿章赴沪两月之后，他率军与太平军接战于徐家汇一带，大破之，进而趁机肃清松江，自此淮军信心大增。在此稍前，曾国荃亦已率湘军扎营雨花台，进逼太平天国之天京。曾国藩则在安庆坐镇，统筹指挥。湘、淮二军上下呼应，一场大战即将打响。此时太平军的主力是占据苏、常一带的忠王李秀成，对他而言，上海的淮军是一个时刻相伴的威胁，而天京作为根本重地，险情亦不容不救，因而陷入两面受窘的困境。9月，李秀成率部分军队西援天京，留慕王、听王等留守。11月，趁李秀成在西路交战之时，李鸿章亲率大军与慕王、听王会战，歼擒一万数千余人。不久后，经天京城外曾国荃的力战，李秀成撤回本部。

1863年，淮军方面的程学启联合戈登之常胜军向苏州进发。经过数月围攻，李秀成于12月1日离城而去。数日后，太平军余部以郜永宽为首与淮军达成协议，以戈登为中保，率八王投降。为防止其降后复叛，李鸿章于宴席之上杀此八人。此事颇有失信之嫌，亦体现了李鸿章为人务实而不拘道德小节的特点。戈登甚至因此事与李鸿章反目，一度要取其性命以捍卫荣誉，费尽周折方才了结。因克复苏州之功，清政府赏李鸿章太子少保衔，穿黄马褂。

苏州城破之后，太平天国胜利的希望已极为渺茫，李秀成劝洪秀全弃城率军而走，被拒绝。1864年3月，曾国荃部合围天京。5月，淮军攻克常州。6月，天王洪秀全去世。7月，天京城破。轰轰烈烈的太平天国运动至此完全失败。

4. 平捻军奠基"中兴"

曾国藩毕生以儒家圣贤之道德典范自勉，常怀急流勇退之志，太平天国的平定意味着其事功已达顶点，而他又知晓湘军将领多功高难制，遂将旧部多加遣散。但太平天国虽已勘定，捻军却仍在活跃。于是，剿捻的重任便被更多地寄托在了李鸿章及其淮军身上。1864年12月，太平天国余部与捻军会合，声势大振。不久后，被清廷倚为重将的蒙古亲王僧格林沁中捻军埋伏阵亡。1866年10月，捻军在河南分为东西两支，向两路作战。12月，朝廷命曾国藩回两江总督本任，筹划后路粮草，以李鸿章为钦差大臣，专办剿捻事宜。针对捻军流动性作战的特点，李鸿章遵循并灵活运用曾国藩制定的"以静制动"策略，沿黄河设防，步步为营，两年内成功将两路捻军平定。1868年8月，李鸿章得赏加太子太保衔，升协办大学士，之后受召来京陛见两宫太后与同治皇帝。

从咸丰三年（1853）离京至此时，共历一十五载，当年的儒生历经戎马生涯，已成为独当一面的封疆大吏。抵京后，李鸿章获赐紫禁城内骑马如仪，终于一日看尽长安花。

在历经太平天国与捻军等战乱的冲击之后，大清帝国迎来了"同治中兴"之局，但在李鸿章等"中兴名臣"的身上，一些根本性的变化已然悄悄发生。其中最为突出的即权力之下移，地方主义势力开始抬头。自嘉庆朝平白莲教之乱中团练兴起，地方军事化的进程便已然隐现。至曾、李的湘、淮军起，这一趋势已极为明显。乱局戡定后，过去被分散的督抚权力被集中在一批汉族大员手中，他们掌握了部分的独立财政权，在用人方面也极有话语权。虽然这时的清廷作为儒家帝国秩序的正统所在，对于地方仍掌握着绝对的权力，但一些独立的苗头正在浮现，并将随着中央的衰落而日益增长。由湘、淮而至日后的北洋，地方权力始终在传承并强化，终于在民国时期酿成了军阀混战的格局。

另外我们也应注意到，这场"中兴"是一场儒家秩序的胜利。曾国藩是儒家道德的坚定维护者和自觉实践者，他将正统秩序中潜藏的力量加以最大程度的调用。对于洪秀全杂糅了种族论及基督教教义的反叛思想，他在檄文中称之为"开辟以来名教之奇变"，并高呼"凡读书识字者，又乌可袖手安坐，不思一为之所也"。由此他成功地调动了地方士绅的活力，并以之为骨干筹练湘军。清廷作为儒家正统秩序的维护者，对当时整个中国来说仍有存在的必要，这是这场胜利的根源所在。

李鸿章虽与曾国藩同样是儒家政教的坚定维护者，但正如上文所指出的，他身上也有着不同于乃师的一些特质。正是这些特质让他走得更远了一步，让他意识到自己所处的时代乃"三千年未有之大变局"，并通过种种实际行动成为中国近代化之路的开局者。

二、李鸿章与中国近代化的开局

李鸿章从未将平定太平天国与捻军起义看作自己事业的顶峰与终点。身处战局中的他在致友人的书信中便曾言道："盖目前之患在内寇，长久之患在西人。堂堂华夏，积弱至此！"仅此只言片语便可见其远见卓识。李鸿章不是中国最早意识到西方人之强大与优势者，但却是最早有能力将这种认识转化为广泛的具体行动，并产生巨大影响的第一人。从训练淮军时，到之后历任封疆的数十年生涯当中，李鸿章始终将"洋务"作为重中之重。

李鸿章的"洋务"之路是伴随着"自强"的意识而发端的。"自强"是中华文明中的一个古老观念，是身为社会中坚力量的士人阶层保持对华夏文化的自信并怀柔远人的一种主要手段，所谓"外有敌国，则其计先自强。自强者人畏我，我不畏人"。随着晚清以来西方人的强势到来，危机意识开始广泛弥漫在许多士人心头，他们纷纷开始重提"自强"的口号。

在第二次鸦片战争造成的剧烈冲击浪潮退却之后，北京方面终于对外国人的存在做出了实质反应。1861年，经恭亲王奕䜣、大学士桂良、户部左侍郎文祥奏请，在京师设立总理各国事务衙门（简称总署），专事对外交涉事宜。次年又设京师同文馆，选八旗子弟若干师从西方人教习。在奕䜣等人看来，唯有自强才是"审敌防边以弭后患"之根本。而在此前后崛起的地方大员曾国藩、李鸿章、左宗棠等也纷纷开始谋求自强之术，其中又以李鸿章的影响最为深远。在封疆任上，李鸿章先后担任江苏巡抚，署理两江总督，后又被任命为湖广总督，1870年调任直隶总督，成为"疆臣之首"。利用自身的影响力，他开启了一系列自强事业。

1. 培养洋务人才，收其效于将来

李鸿章深知当时之世谋求自强之道的关键在于西方，而增进对西方的了解关键在于人才。因此，他从很早便开始从人才培养的角度谋求变革。1863年3月，李鸿章奏请于上海、广州这两个与西方接触最多的重要城市添设外国语言文字学馆，以培养通西学的人才。不久他奉旨将上海敬业书院改建为广方言馆，招收14岁以下儿童住馆学习，聘英国人为教习，教授外语及自然科学知识。这里培养的学生后来大多成为各机构的翻译人员。

李鸿章本人虽少年科第起家，但对于地方实际事务的多年操练让他深知，在传统的科举体制中士人所受的知识训练不足以应对当世变局，因而他很早便在思考对于科举现状进行改革。1864年，他致书总署，提出若要学习外国利器，培养懂得相关技术的人才，最好"专设一科取士"，因为唯有从制度层面给予出人头地的保障，令"士终身悬以为富贵功名之鹄"，方能达全"业可成，艺可精"的效果，从而会集人才。另外，他也针对"习为章句帖括，嚣嚣然以经术自鸣"的反对者上疏回击，称这些士人对和保国安民有关的一切实政丝毫不加以深究，一味认为理财之道乃是为了搜刮利润，治兵之人皆是为了巩固自己的权势。他认为"俗儒之流弊，人方之败坏因之，此最可忧"。

1872年，已任直隶总督的李鸿章与曾国藩联名致函总署，请求派少年子弟赴美留学，由此诞生了中国第一批政府公派的留美幼童。该计划由中国首位耶鲁大学毕业生容闳大力提倡，得到李鸿章的鼎力支持。按计划拟选定共120名幼童，分四批赴美，每批学习15年，之后回国听政府派遣。在李鸿章的主持下，首批学生共30名于1872年8月登船赴美，随后三年中又有三批分别启程，120名之数全部完成。留学生以翰林出身的陈兰彬担任监督，以保证儒学训练。在设想中，他们应主要学习工程技术等西学项目，在思想意识层面仍需保持中学正统。而实际上，在美国的社会大环境中，这点很难做到。很快，这些年轻人从思维观念到饮食服饰等方方面面均已西化，甚至有人剪去了辫子。这些变化引发了极大批评，1881 年，政府决定中止这一项目，将全部留学生召回国内。据容闳记载，李鸿章对这一计划的中道而止在私下里表示极为不满。虽然这批幼童当中顺利完成大学学业的寥寥无几，但却成为为中国近代化建设做出巨大贡献的最初一代人，其中包括著名铁路工程师詹天佑、曾任清华大学校长的唐国安、清末的交通总长梁敦彦、民国初年的内阁总理唐绍仪等。

虽然李鸿章很早便认识到人才培养的重要性，但此事绝非朝夕之间便可成功的，其收效更多在于将来。况且，培养新式人才乃至调整科举制度牵连甚广，在许多人眼中，这是对于中国千年来正统儒家秩序的极大威胁，会导致人心失范、风俗糜烂，因而阻力重重。在北京，恭亲王奕䜣最早筹办京师同文馆时，便引来物议沸腾，有人创作一对联称："鬼计本多端，使小朝廷设同文之馆；军机无远略，诱佳弟子拜异类为师。" 这位道光帝的六皇子因多与洋人打交道而得到 "鬼子六" 的外号。身为天潢贵胄的奕䜣尚且需面对如此多的非议，李鸿章所谋之事的艰难程度可想而知。因此，讲求务实的李鸿章并未在这方面过多致力，而是将更多的精力放在了眼前的事业上。

2. 修战守之具，办民用工业，为近代工业之祖

李鸿章早年所开创的洋务事业集中于军事方面。他曾言道："彼见我战守之具既多，外侮自可不作，此不战而屈人之上计；即一旦龃龉，彼亦阴怀疑惧而不敢遽尔发难。" 提升自身实力来应对外部挑战，是李鸿章长期关注的重点。前文已提及，在编练淮军与太平天国相对抗的过程中，李鸿章便已深刻意识到西洋枪炮的重要性。"自强" 的意识令他绝不会满足于仅从洋人手中购买装备，刚率淮军到达上海不久，他便开始筹建自

己的兵工厂。1862年12月，李鸿章授命英国人马格里和中国官员刘佐禹创办了上海洋炮局，开始生产弹药。此局在李鸿章的主导下先后迁移至苏州与南京，并改组为金陵机器制造局。此后百余年中，虽历经政权的多次更迭，这个兵工厂却一直保存下来。在民国时的抗日战火中，它西迁重庆，抗战胜利后迁回南京，于中华人民共和国成立后改组为南京晨光机器厂，最终发展成了今日的南京晨光集团有限责任公司。

李鸿章创办的最大的军事企业是1865年6月在上海成立的江南机器制造总局。曾国藩亦筹划了它的建立，但总体来说出力最多的是李鸿章。这一机构的前身是一个美国人开设的铁厂，后又引进了容闳从美国订购的一批机器。曾、李在会奏中指出，设此局的目的在于"将外洋各种机器实力讲求"，"为今日御侮之资，自强之本"。另外，他们也有着在日后进一步生产有裨于民生日用的各种耕织、印刷等机器的打算。在之后的数十年中，这一机构成了江南的洋务制造业基地和国家的机器生产重镇。它下设十多个分厂，承担了生产军火、修造轮船、制造机器、炼制钢铁等多种任务，直隶与江南军队所使用的武器大部分都由其生产。它还将广方言馆纳入其中，负责翻译科技书籍、培养外语人才。这一机构的主体部分在民国后仍作为兵工厂存在，直至抗日战争时被拆毁。另外，其造船部门在清末改称"江南船坞"而开始独立运作，至中华民国后改为江南造船所，中华人民共和国成立后又改为江南造船厂，至今仍是我国重要的制造企业。

自1870年调任直隶总督后，李鸿章便将洋务事业的重点转向近代民用工业的创办，其中重要的民用工业包括上海的轮船招商局、机器织布局，唐山的开平矿务局，天津的中国电报总局。因政府缺乏足够的资金，这些企业多向商人募股，采用官督商办的形式。

1872年成立的轮船招商局是李鸿章所办民用企业中业绩最好的一个，它的主要建设目的在于防止外商垄断中国的民船航运业。其总部设在上海，在国内的天津、烟台、汉口、广州等主要港口和国外的横滨、神户、吕宋、新加坡等地都设有分局，买办商人徐润、唐廷枢、盛宣怀先后主持局务。招商局成立后，与当时占据中国航运业主要业务的美国旗昌轮船公司、英商太古轮船公司等展开了激烈竞争。官方的背景令招商局得以承载了许多诸如漕粮运输之类的大宗业务，顺利站稳了脚跟。1876 年有奏折中提及，因招商局之成立，"中国之银少归洋商者，约 1300 余万两"。1877 年，它以 220 万两银购买了美国旗昌公司的全部旧轮船和其他设备，将船只增至 33 艘，业务能力大为提高。在航运业务之外，轮船招商局还出资创办了中国近代的第一家银行、第一家保险公司、第一家电报局，并修建起了第一条铁路。此外，它参与筹办的南洋公学，成为今天上海交通大学的前身。1909 年轮船招商局改为完全商办，民国后又被国民政府收归国营。中华人民共和国成立前后，招商局在大陆的一部分先由人民政府接收，迁往香港的全体员工及 13 艘轮船后亦宣告起义。如今从时常可见到的"招商银行"之名号中，我们仍可依稀追忆起李鸿章当年所开创的事业。

1878 年，李鸿章开始主持筹建上海机器织布局。在此之前，他便曾感叹："英国洋布入中土，每年售银三千数百万，实为耗财之大端。"此织布局之开设，正有与洋人争利的目的。1880 年，著名学者、自幼即从事买办的郑观应为上海机器织布局草拟了招商集股章程，李鸿章又为之奏请"十年以内只准华商附股搭办，不准另行设局"，也就是说十年之内不准中国商人在上海另行开设同类性质的企业，只能将资金投入该厂以分股息，从而保证该厂的利润最大化。此外，它还享受减免厘税等多重优惠政策。然而由于中途发生的上海金融风潮和人事更迭等原因，这一企业迟至 1890 年才开工投产。三年后，厂房又因火灾而焚毁。李鸿章深知与洋纱、洋布争利的必要性，毅然决定重建。1894 年，由盛宣怀等募股，将之改名为华盛纺织总厂，建成投产。繁盛之时，厂中工人多达数千。在中国棉纺织史上，上海机器织布局具有划时代的意义。

李鸿章洋务事业的另一重点在于开矿，其中又以煤矿为重，在这方面成绩最突出的是开平矿务局。早在筹办各类军工产业之时，李鸿章便深切意识到能源的重要性。1877年，李鸿章委派主持轮船招商局的唐廷枢负责筹建开平矿务局，次年8月正式设局开井，这成为中国第一个使用机器的近代煤矿。自1881年开始，开平矿务局全面投产，煤炭得到不断开采，其投资者渐多，效益也越来越好。此后，煤矿开采量不断实现跳跃式猛增，大幅占领市场，有效抵制了洋煤的销售。据统计，1882年天津煤炭市场上投入的洋煤尚有5400余吨，至1886年这一数字已减至300吨左右。此外，该处所出产的煤矿还大量销售至香港和海外地区。1892年唐廷枢去世，江苏候补道张翼继任矿务局总办，经营腐败，入不敷出。后来，这一煤矿逐渐落入英国人之手。

"官督商办"是李鸿章后期所办诸多洋务事业的主要形式，它极大程度地反映出古老的中华帝国体制与近代商业资本运营之路结合初期的一些特点。所谓"官督"即由官方委派总办、会办等职，代表政府参与管理；"商办"即参考西方股份制公司的形式，募集商股筹办并扩大企业。因此，这些洋务企业中的主要负责人，如盛宣怀，便带有十分浓厚的"亦官亦商"色彩。采用"商办"是为了最大限度地利用社会资金扩大规模，也避免了政府方面有可能遭受的风险损失。而"官督"的背景则可谓利弊参半。一方面，它使得企业具备了官方提供的保护和特权，能够更大程度地集中力量应对风险和竞争，也有能力去破除许多社会观念所带来的巨大阻力，而这些都是仅靠民间力量所无法实现的。另一方面，晚清官场的暮气也从一开始便进入了这些新兴的产业当中，令其难以进行最为优化的合理运作。人情干预、贪墨腐化等难以根除的官场陋习仅是负面影响之一部分，更主要的还在于这些企业需承担政府的许多巨额财政开支，如电报局便曾在八年间先后为朝廷报销银140余万两，轮船招商局更时时要负担诸如赈灾、筹防、恭贺帝后生辰等事项的款项。由李鸿章的手笔描摹出的这一开创性的"官督商办"图景开启了中国近代化事业的道路，同时也预示着这条道路注定充满坎坷。

3. 筹备北洋水师，甲午付之东流

站在今天回望李鸿章所统筹开创的这些事业，我们可认定其为当之无愧的中国近代化开创者。但对当时身为疆臣之首、朝廷支柱的李鸿章来说，这些事业尚并非他所最为看重的。以"自强"为期许的他深知，要与洋人同处地球而朝夕接触，非有强大的兵力作为后盾保障不可，因而其事业重心仍在于军事与军队建设。三十余年里，他所练成的淮军早已分赴直隶、山东、两江、两广、台湾等沿海各地，成为最主要的国防力量。而尤使李鸿章得意者，是他先后经营十余年，最终在1888年正式成立的北洋海军。

自鸦片战争时英军汹汹东来之后，庞大的中华帝国便处于外人武力的窥伺之下。第二次鸦片战争时期，英、法由海上进犯天津，进而攻入北京城内，俄国也于东北和西北边疆趁机侵占了大量领土。19世纪70年代，俄国在中亚之阿古柏侵入新疆所制造的混乱中又占据了西北重城伊犁，而新崛起的邻国日本则在东南沿海虎视眈眈。于是，海防与塞防之事如何料理便成了当时之急务。李鸿章主张全力发展海军，在西北采取守势，甚至可暂时放弃新疆，力保京师心腹重地不受来自海上的致命威胁。但西北作为有清一代二百年来所全力经营之区域，在许多人心中才是重心所在，因此以左宗棠为代表的大臣力主塞防。二者相持不下，最终清廷决定海防与塞防兼顾，支持左宗棠出兵西北，同时也全力筹建海军，每年拨四百万两白银作为海防经费。

1875年，身为北洋大臣的李鸿章受命创建水师。此后，他先后向英国、德国订购了十多艘船舰，并在旅顺与威海建立起两个海军基地。此外他还创办了天津水师学堂，培养相关人才。1884年，中法战争中，法国偷袭福建水师，致使其全军覆没，清廷受此刺激，决议大力发展北洋水师，于次年采纳李鸿章的建议，设立了专门的海军衙门，以统辖事权。海军衙门的全称是总理海军事务衙门，以光绪帝的生父醇亲王奕譞为首，但实际上重要事务均由李鸿章负责。1888年，颁布《北洋海军章程》，在其条例

管理下，北洋海军正式宣告成立。此时，它拥有巨型铁甲船两艘、高速巡洋舰七艘、炮船六艘、鱼雷艇六艘、练船三艘、运输船一艘，新旧船舰共计25艘，总吨位达4万多吨，号称"远东第一"。各舰首领及军官多有留学英国皇家海军学院的经历，中层军官中也有很多是原留美幼童。舰队有外国军事技术专家担任指导，平时操练命令亦用英语发号。北洋海军是中国第一支比较完备的近代海上军事力量，李鸿章对它的练成颇为自得，曾在上奏中称，此后"但就渤海门户而论，已有深固不摇之势"。

很快，李鸿章近30年来兢兢业业所开展的事业及其所练兵力便到了接受检验的时刻，前来"检验"它们的对象是经明治维新后崛起的日本。中日两国海军的近代化之路很大程度上是在相互竞争中完成的。1874年，由于日本以铁甲舰侵略台湾而造成的压力，清廷始下决心发展海军。1886年，水师已有小成，提督丁汝昌曾率六艘舰艇访问日本长崎，其水兵上岸后与当地居民发生冲突而丧命，空气一度极为紧张，清朝方面因挟军舰之威而态度强硬，此事给了日本极大的刺激。时至1894年，岁次甲午，双方海军的一场生死决战终于到来。这次战役连同陆上的一系列战斗共同构成了史称"甲午战争"的事件，它是决定两国未来数十年国运的关键，也将成为李鸿章个人生命历程中的又一转折点。

1894年，朝鲜爆发东学党起义，清廷与日本同时派兵赴朝协助其政府平叛。平定之后，日本军队不撤反增。7月25日，在丰岛海面上，日本舰队向北洋舰队正在执行任务的舰艇发动突然进攻，战争由此爆发。陆路方面，淮军早已失去了昔年对付太平天国起义军与捻军时的锐气。平壤之战中，淮系总兵左宝贵中炮殉国，总指挥叶志超下令放弃战斗，全军撤退至鸭绿江内，朝鲜全境于是落入日本之手。在境内防军中，湘、淮、满洲、神机营等各系军队混杂，事权不一，日军很快长驱直入，占领旅顺。海路方面，则有黄海战役和威海卫战役两次大战。9月17日，两国海军主力在黄海海面遭遇，双方激战五个多小时，北洋海军损失五艘军舰，其中包括作为主力的致远、经远两艘巡洋舰，邓世昌、林永生等舰艇管带殉国。日本海军也有五艘军舰重伤。此战之后,北洋海军主力尚存定远、镇远两艘铁甲舰,此后在李鸿章的严令之下死守威海卫,北洋方面丧失了对于黄海的制海权。1895年1月,日本海军进攻威海卫。历经一个多月的苦战死守,北洋海军战力耗竭,又无援兵可盼。最终,提督丁汝昌、总兵刘步蟾等自杀殉国,余部投降,所剩军舰均被日军俘获。至此,北洋海军全军覆没,李鸿章的毕生得意之作付诸东流。

甲午战争的失败对李鸿章来说是个沉重打击。此时已是73岁高龄的他追述一生,称:"予少年科第,壮年戎马,中年封疆,晚年洋务。一路扶摇,遭遇不为不幸,自问亦未有何等陨越。乃无端发生中日交涉,至一生事业,扫地无余……半生名节,被后生辈描画都尽。""一生事业,扫地无余",这八个字读来尤为可叹。但是,这番"中日交涉"绝非"无端"发生的,由此两字可知,李鸿章对世界大势之趋向的认识终究是不明朗的。身处岛国、资源有限的日本经过君臣协力掀起一番维新事业后,势必要通过对中国开刀来获取进一步向前发展的动力,同时也向国民展示其成就、向世界宣示其地位。蹒跚的中国终究比日本慢了一步。

面对日本,李鸿章的失败几乎是注定的。有评论称他是"以一人敌一国",因为日本军队所面对的绝大多数是李鸿章所创练的军队。对于此战,李鸿章的态度从来都是消极的。因为他深知,在紧锣密鼓筹备慈禧太后六十大寿庆典的进程当中,在朝臣的猜忌与攻讦之下,北洋海军的经费已长期不能到位,弹药武器久未更新,这支军队着实撑不起举国的寄托。李鸿章对于世界大势虽不完全了解,但对当时的中国国情却可谓洞若观火。他曾叹道:

> 我办了一辈子的事,练兵也,海军也,都是纸糊的老虎,何尝能实在放手办理?不过勉强涂饰,虚有其表,不揭破犹可敷衍一时。如一间破屋,由裱糊匠东补西贴,居然成一净室,虽明知为纸片糊裱,然究竟决不定里面是何等材料。即有小小风雨,打成几个窟笼,随时补葺,亦可支吾对付。乃必欲爽手扯破,又未预

备何种修葺材料、何种改造方式，自然真相破露，不可收拾，但裱糊匠又何术能负其责？

古老、复杂而庞大的中华帝国终于落于人后，这并非李鸿章一人之过。但历史却深盼李鸿章能负起责任，因为他曾是那个时代里最有可能带来希望的人。

三、与外交相伴的半生

自甲午战败后，李鸿章所赖以自重的淮军与北洋海军都已凋零，但他仍一直作为中国政局里极为重要的一方力量活跃着，直至1901年去世。其中的原因，多要归结于他在与洋人打交道的半生里积累起来的丰富外交经验和崇高个人威望。因此，要理解李鸿章及其时代，必须对其与中国外交相伴的后半段人生有所认识。

1."痞子腔"与订约

李鸿章外交事业的正式开始，要追溯到1870年的天津教案。前文已述，当时天津发生了多起儿童被拐骗失踪事件，而在法国天主教堂所设的育婴堂中又恰有许多孩子因疫病身亡，于是关于外国人对中国儿童剖心挖眼的谣言在民间开始盛行，最终酝酿成了大量士绅、民众与外国教士之间的激烈冲突，致使法国教士侨民16人、中国教民30余人被杀，教堂被焚毁。由此，外国军舰逼临天津，各国公使纷纷抗议。朝廷委派时任直隶总督曾国藩来处理此事，曾国藩顾全大局，为消除外人寻衅开战之由，对中方犯事者处置极重，并发布《谕天津士民》对民众加以训谕规劝。舆论因而哗然，曾国藩几为士议所不容。此时，朝廷调李鸿章为直隶总督来接手此事，令曾国藩回任两江。

李鸿章在上任前，与老师曾国藩有过一番交谈。曾国藩问他如何打算，李鸿章回答："与洋人交涉，不管什么，我只同他打'痞子腔'。"曾国藩微露不满，劝其以"诚"相待方为长远之计。由此亦可见二人性格之不同。李鸿章对此事的最终处置与曾国藩大体相同，而量刑稍轻，但其时正当法国忙于应对普法战争之时，在中国问题上有所放松，此事遂较为轻易地得到了结。自此之后，李鸿章能办外交的名声也开始流传。1870年11月，清廷在总理各国事务衙门之下设北洋大臣一职，由直隶总督李鸿章兼任，办理外交事宜。

　　若说李鸿章以"痞子腔"同洋人打交道，这其实更多地体现在具体事宜的行事风格上。而究其实质，李鸿章与曾国藩、奕䜣等均可谓是"诚"字方针的执行者。曾国藩提出"诚"的道理十分简单："诚能动物，我想洋人亦同此人情。……我现在既没有实在力量，尽你如何虚强造作，他是看得明明白白，都是不中用的。不如老老实实，推诚相见，与他平情说理。虽不能占到便宜，也或不至过于吃亏。"在儒家的天下秩序中本无外交的概念，但时至晚清，旧有的"天下"范式已不能涵盖列国之间彼此互通的形势。国力既不如西方人，欲图自存，则唯有一面依其所认同之公理以诚相待，一面急图富国强兵之策，方能免于祸患。在与外国人打交道的过程中，李鸿章等最早发现他们的目的并非简单的占我国土、凌我人民，而主要是希望从通商当中谋利，既如此，则不必事事皆付诸毫无把握的战争，如其所言："洋人所图我者，利也，势也，非真欲夺我土地也。自周秦以后，驭外之法，征战者后必不继，羁縻者事必长久，今之各国又岂有异哉。"至于如何"羁縻"西国，则莫过于利用他们十分注重的条约的签订。李鸿章曾说过："两国相交，全靠条约，条约如何可以改变？"基于这种认识，李鸿章主持处理了多数外交事件，先后签订了中英《烟台条约》（1876年9月）、中日《天津条约》（1885年4月）、中法《会订越南条约》（1885年6月）等一系列对外条约。

2. 以夷制夷终成空

在与外国交涉的过程中，李鸿章逐渐积累起了一套"以夷制夷"的经验。他意识到列国之间的利益并不一致，通过有重点地拉拢一些国家和利用与某些外国人之间的私人交谊，可达到制衡另一国家的效果，从而实现自身利益。在1883—1885年间中法开战时，李鸿章便利用这一策略展开了广泛的外交活动。他一方面通过曾国藩的长子、时任驻英公使曾纪泽在英国积极策动干涉中法之间的争执，另一方面也通过执掌中国海关总税务司的英国人赫德派人赴巴黎活动，最终主持了和议。

无论是"痞子腔"抑或是"以夷制夷"，通过种种手段展开的外交活动归根结底要以国力为出发点和落脚点，否则终将是镜花水月。然而在晚清纷繁复杂的官场政局中，当权者所考虑的并非仅有国事，更需考虑自己的政治生涯。一生务实的李鸿章更是如此。于是，在晚清外交事务的发展过程中，我们还可以看到一些染上十分浓重意气色彩的行为。当官场派系之间的纠葛过度牵涉进关于外交事务的决策当中，而忽略了国力的实际情状，国事便有可能一坏而不可收拾。不幸的是，在甲午战争前后的对外事务中，这种意气色彩恰好十分浓厚。

在此需要介绍另一位重要的政治人物——翁同龢。他是江苏常熟人，父亲是咸丰帝的老师翁心存，其本人则是状元出身，同治与光绪两代的帝师，曾长期掌管户部。在晚清政局中，翁同龢与李鸿章一度是最为重要的两位人物。时人感念国事艰难，曾作一对联称"宰相合肥天下瘦，司农常熟世间荒"，所讽刺的便是这两人。他们之间早有宿怨，翁同龢的兄长翁同书在安徽巡抚任上因曾国藩的参奏而被下狱待斩，后遭戍新疆，而这道奏疏据说便出自李鸿章的手笔。随着光绪帝逐渐长大成人，之前曾长期由慈禧太后掌控的国家最高权力也开始向其转移，一股被视作"帝党"的政治势力渐渐形成，而身为帝师的翁同龢正是其领袖。利用长期以来在科举上的影响力，翁同龢身边会集了一批由翰林出身并以"清流"自居的年轻官吏。为扩大自身的声势及政治影响力，他们在甲午前后的对日交涉事宜中积极主战，营造了强大的战争舆论。

然而无论是对于国际形势和日本情形，还是对于中国的自身实力，这些清流均不十分了然。在他们的想象中，日本不过是"岛夷小丑，外强中干"，而"我中华讲求海防已三十年，创设海军亦七八年"，战定能胜，因而一意上疏要光绪帝责成李鸿章"妥为筹办，不准稍涉因循"。在慈禧太后主政的三十余年里，李鸿章早已位高权重，也因此树大招风。此时国家有事，自然引得众人责成其一战剿平日本。而李鸿章与洋人打交道已有二十余年，对战局并无胜算。单以北洋海军而言，早在1891年便已由翁同龢之户部奏请停止购买外洋枪炮、船只、器械，装备长期未得到有效补充。面对日本的汹汹来势，李鸿章仍寄希望于其"以夷制夷"的老办法，指望各国调停。于是，主战者不能战，能战者不愿战，战和两端皆不可恃，甲午一战中国便在这种气氛中一败涂地。

战败之后，李鸿章被拔去三眼翎，褫夺黄马褂。失去了淮军和北洋海军的政治资本，于是外交能力成了他最大的筹码，亦成了他在官场继续生存的重要手段。对日和谈之始，清廷派遣总理衙门大臣张荫桓、湖南巡抚邵友濂为代表，对方以其人微言轻、事权不足而拒绝谈判，点名要求以李鸿章为全权大臣负责此事，于是有了李鸿章的马关之行。由于敌军兵临城下，这场谈判已是毫无讨价还价之余地。最终，因有日本暴徒行刺李鸿章，他脸部中弹，方才换来日本减免一亿两白银赔款的让步。

3. 联俄以自重，自"重"国轻

签订完《马关条约》，中国又新增了割地、赔款、开放口岸、让渡特权等种种负担。此时国内对李鸿章已是骂声一片。时人将其与刚去世的丑角杨三并举，作一对联称"杨三已死无苏丑，李二先生是汉奸"，讽刺可谓尖锐之极。此后，李鸿章开始了联俄以自重的最后一段外交生涯，于是中国本已不堪的局势在李鸿章最后这步棋中变得更加难以收拾。

李鸿章之联俄在甲午战争败局初现时便已开始。在出使日本之前，李鸿章已先和俄国公使喀希尼私相约定，由俄国出面保全中国疆土，而中国向其让渡东北部分军事及铁路之权。在《马关条约》中，日本划定中国割让辽东半岛。此地干系甚重，于各国在东亚的势力平衡也是一个威胁，因而引得俄、法、德三国出面干涉。事情完结之后，俄国向总署要求李鸿章兑现先前之承诺，引得舆论哗然。1896年，俄皇尼古拉二世举行加冕礼，俄方建议以中国在国际上声誉最隆之李鸿章为使前赴莫斯科致贺。此时的李鸿章在国内的一片骂声中早已赋闲，其直隶总督、北洋大臣之职均被罢免，于是借此机会出访俄国与欧洲各国。在莫斯科，李鸿章受到隆重接待。自5月开始，俄国外交大臣和财政大臣开始与李鸿章多次密议，俄国沙皇亦亲自出面与之商议，最终达成了中俄《御敌互相援助条约》，即《中俄密约》。在此条约中，俄国承诺与中国共同防卫日本，借此获得了在中国东北修建并利用铁路、战时可出兵、战时可登陆中国全部口岸等种种特权。李鸿章奏称此约"可保大清二十年无事"，并称"若回绝必至失欢，有碍大局"，敦促朝廷早日授权签字。有这一密约，东北实际已被画为俄国的势力范围。

　　回国后，李鸿章进入总理各国事务衙门，而此时翁同龢也已在总署行走，卅始负起外交责任。1897年发生了一个外交事件，让翁同龢亦深知了个中之艰辛。而李鸿章在其中屡行拆台之事，中国的外交形势在这番意气之争中日益恶劣，最终陷入被瓜分的浪潮中。事在该年11月，山东巨野两名德国传教士被杀，德国因此派军舰占领了胶州湾，并开始与中国交涉，要求获得租借胶澳（青岛）、在山东修筑铁路、开采沿线矿藏等多项特权，史称"胶澳事件"。此时总署中主要负责出面交涉的正是翁同龢。但在他之前，李鸿章已得到消息，并开始联络俄国公使请求协助。此时的翁同龢与总署其他成员对此仍一无所知，直至次日方才接到电报。其实德国在出兵前，便已与俄国互通消息，就胶州湾一事达成了共识，俄国亦早有所布置。在中德谈判进行时，李鸿章屡屡与俄方先通声气，并私邀其出面向德国索取胶州湾，俄国因而有口实出兵旅顺、大连。

由于李鸿章之作用，俄国有了许多介入此事的机会，这成了中德谈判之间的一个重要影响因素，致使翁同龢屡屡有"再三驳诘，舌敝唇焦"之叹，并曾在日记中记载李鸿章"真拆局矣"。最终，中德之间签订了《胶澳租借条约》，将青岛租借给德国99年。中俄间也签订了《旅大租地条约》，将旅顺、大连及附近海域租与俄国25年。德、俄先行下手之后，英、法亦不甘落后，列强瓜分中国之局便由此造成。此中，李鸿章自甲午失势之后联俄以自重，并借此打击翁同龢之个人行为实在难辞其咎。

总体来看，李鸿章虽是当时中国当局者中于世界局势认识最为清醒的人，但他仍是一位认同天下秩序的儒家士人，是大清帝国中的一位官僚。作为大清的"裱糊匠"，他所毕生修补的正是这一体制。他的"以夷制夷"方略以及在晚年外交中所表露的强烈个人意气均体现了现代国家观念在其意识中的缺乏。虽然他在实际事务的处理当中早已察觉到维持中华文明数千年之久的儒家秩序在当世的失效，但亦表示无可奈何，正如他在1872年致友人的书信中所表示的："仆每恨今世学人侈诩著述，毫无实际，误尽苍生。又自恨久霸尘网，招不学之消，未免矫枉过正。来示谓'天下大局日难一日，人才风尚日坏一日'，二语实已勘破机关。"天下大局日难、人才风尚日坏，仅靠"裱糊"的本事必然回天乏术。

李鸿章的"裱糊"之术最后一次施展，所涂饰的是帝国最高统治者在对外交涉中更为率性的一次个人意气释放后的残破图景。1900年，在义和团民众所造成的幻觉气氛中，慈禧太后向英、美、法、德、意、日、俄、西、比、荷、奥匈十一国宣战，八国联军由此攻入北京。在戊戌年北京政局急速变动的旋涡中离京的李鸿章再度临危受命，重被授为直隶总督兼北洋大臣，回京主持和谈。

在帝国的风雨飘摇中，这位年近八旬的老人走到了生命的尽头。1901年11月7日，《辛丑条约》签订正好两个月后，李鸿章溘然长逝。多年后，有一首据称是李鸿章绝笔的"临终诗"开始被人们反复吟咏，颇可与其少年时那篇意气风发的《入都》相对而读。尽管此诗可能并非出自李鸿章的手笔，但它无疑可被视作这位老人平生最后一次进京的最佳写照。诗云：

> 劳劳车马未离鞍，临事方知一死难。
> 三百年来伤国步，八千里外吊民残。
> 秋风宝剑孤臣泪，落日旌旗大将坛。
> 海外尘氛犹未息，诸君莫作等闲看。

从广州一路北上，走过的是八千里的山河破碎，也是三百年的国运尾声。大清的最后残局终究还是须得李鸿章来勉强收拾，才得以在海外尘氛中保留最后一丝表面上的尊严。

曾经"三千里外欲封侯"的那个青衿子弟如今早已遍尝了功名富贵，却终究未能让那"一万年来"的中华旧史在自己手中得到重新书写——他仅有的功业在于竭尽所能地让那句号画得圆满体面。秋风落日映衬着宝剑旌旗的苍凉，李鸿章流尽了最后一滴泪，大清帝国的命运不久也将宣告终结，古老的中华文明正在逐渐走向更进一步的深刻转型。

参考文献

1. 梁启超：《李鸿章传》，北京：中华书局，2016 年。

2. ［美］刘广京、朱昌崚：《李鸿章评传：中国近代化的起始》，陈绛译校，上海：上海古籍出版社，1995 年。

3. 苑书义：《李鸿章传》，北京：人民出版社，2004 年。

4. 林文仁：《派系分合与晚清政治：以"帝后党争"为中心的探讨》，北京：中国社会科学出版社，2005 年。

5. 郑洁、刘文鹏：《李鸿章外交之道》，西安：陕西师范大学出版社，2002 年。

6. 雷颐：《李鸿章与晚清四十年》，太原：山西人民出版社，2008 年。

7. 王垒：《李鸿章"临终诗"辨伪》，《澳门理工学报（人文社会科学版）》2015 年第 1 期。

康有为

『传统与现代之间』的改革者

康有为履历表

姓名	康有为
别名	字广厦
民族	汉族
生卒年及所处时代	1858—1927，清末民初
生平履历	咸丰八年（1858），康有为出生
	光绪三年（1877），祖父康赞修遇难而死，康有为因此荫难监生
	光绪十四年（1888），赴京师应顺天府乡试，不第。同年，第一次向光绪帝上书，提出"变成法、通下情、慎左右"，不达
	光绪十七年（1891），始开讲堂，号长兴学舍（后更名为"万木草堂"）。同年，在其弟子陈千秋、梁启超协助下，刊行《新学伪经考》
	光绪二十一年（1895），入京会试，获赐进士出身。在此期间，参与了"公车上书"活动，多次上书光绪帝请求变法，并在京师创办《万国公报》（后改名《中外纪闻》）。同年，出京南下，通过梁鼎芬取得了张之洞的支持，创办了上海强学会
	光绪二十二年（1896），1896年初以上海强学会名义刊行《强学报》，用孔子卒后二千三百七十三年纪年。张之洞遂解散强学会，停办《强学报》。同年回粤，讲学于万木草堂。写成《孔子改制考》《春秋董氏学》《日本变政考》等
	光绪二十四年（1898），接连上书请求变法，光绪帝下"明定国是"诏书，正式宣布变法维新，并召见康有为，命其在总理衙门章京上行走。同年，慈禧太后发动政变，变法失败，康有为也流亡至日本
	光绪二十五年（1899），赴加拿大，联合华侨创办保商会，旋易名保皇会
	光绪二十六年（1900），义和团运动爆发，康有为授意唐才常组织自立军"勤王"，然旋即失败
	光绪二十七年（1901）至民国元年（1912），周游世界各国，其间将保皇会改称国民宪政会，将之作为推动宪政的团体，并潜心著述，先后撰成《大同书》《戊戌奏稿》《救亡论》等书，逐步形成了"虚君共和"的政治主张
	民国二年（1913），康有为回到上海。六年（1917），参与张勋拥戴溥仪复辟的政治活动
	民国十六年（1927），病逝于青岛

康有为是近代中国戊戌变法的倡导者,他试图仿效西方与日本,改变积弊深重的中国。虽然此次变法没有成功,而康有为本人也饱受争议,但不可否认的是,康有为及这场变法将维新变革、以求发展的思想深深烙在中国人心灵深处,强化了中国人"变革图强"的意识。表面上崇尚西方文明的康有为,其所作所为,实际上也是传统士人的经世思想在面对严重社会危机时的一种强烈反应。

一、"经世"思想的养成

1. 早年好学

康有为,字广厦,号长素,广东南海人,生于咸丰八年(1858)。他出身于广东著名的理学世家,自称其家始祖于南宋时自南雄迁至南海定居,其家族中最先跻身士人阶层的是其九世祖,自其至康有为这一辈(二十一世代)家族人员中,共有十三代士人。康氏家族有着以理学为中心的深厚家学背景,其家中先辈多在地方任官职,尤其是其高祖康辉、曾祖康健昌、祖父康赞修,同地方上的硕儒有着深厚的师友之谊。他们受到儒学"经世"思想的影响,注重将儒学思想应用到处理政务的实践活动中去,因而"为官师皆有惠教"。康有为幼年适值太平天国运动晚期,太平军残部尚游荡于广东地区,其父祖等人曾参与"围剿"活动,帮助维持了清朝在当地的封建统治秩序,这也说明了康氏家族作为儒家地主阶层的阶级属性。

康有为早年政治思想的根基源自传统儒学。他自六岁起学习《大学》、《中庸》、《论语》以及朱熹注《孝经》,自幼脑海中被灌输的都是儒家经典。虽然他博闻强记、过目成诵,被乡人目为神童,但他生性讨厌八股制艺,好为纵横之文,喜欢博览群书,尤好经说、史学、考据诸书。

因而尽管从14岁便开始参加童子试，他却常由于文不对题、不擅八股文体名落孙山。康有为自幼跟着祖父康赞修在连州官舍读书，其祖父"日夜摩导以儒先高义、文学条理"，从那时起，有为"始览《纲鉴》而知古今，次观《大清会典》《东华录》而知掌故，遂读《明史》《三国志》"。在祖父的悉心教导下，康有为不仅在学问上茅塞顿开，还"频阅邸报，览知朝事，知曾文正、骆文忠、左文襄之业"，从此"慷慨有远志矣"。康有为从小接受的是儒学正统教育，又受祖辈、父辈的耳提面命，且性情执着，少年时代便有志于圣贤之学，言必称"圣人"，而其名又叫"有为"，因而乡亲们便给他起了个半是期许半是嘲讽的绰号"圣人为"①。进入青年时代后，康有为遇上两位对他影响很大的老师，一位是国学大师朱次琦，另一位是他的政治启蒙导师张鼎华。朱次琦是康有为祖父康赞修的挚友，康赞修对他很是称赞，康有为遂自19岁起拜之为师。在康有为看来，其师治学"平实敦大，皆出躬行之余"，"以末世俗污，特重气节，而主济人经世，不为无用之空谈高论"，他将明清之际提倡"经世"之学的顾炎武、王夫之同朱次琦相提并论，可见"经世"思想对年轻的康有为影响之深远，这在康有为日后的政治实践中还会有所体现。张鼎华时任翰林院编修，康有为在西樵山与之相遇，张鼎华极为欣赏康有为的才华，两人相谈甚欢，康有为从张鼎华那里"尽知京朝风气，近时人才，及各种新书，道、咸、同三朝掌故"。康有为后来回忆这段难忘的经历，认为他从朱次琦那里"得闻圣贤大道之绪"，从张鼎华那里"得博中原文献之传"，以至后来以"南望九江北京国，拊心辜负总酸辛"这样的动情诗句来表达回忆起这段往事时的激动心情，可见在康有为心中，这段学习经历是多么宝贵。

---

① 林克光：《革新派巨人康有为》，中国人民大学出版社，1990，第16页。

2. 讲求"通经致用"

在朱次琦、张鼎华的影响下，康有为的关注点转移至对"经世"思想的探求上。他"念民生艰难"，产生了"救世"的想法，从此"以经营天下为志"。出于对"经世"思想的学术关怀，他研读了《礼记·王制》《文献通考》《经世文编》《天下郡国利病书》《读史方舆纪要》等书，阅读时所写之笔记也是围绕着"经世"思想而展开的。同样是出于这样的人文关怀，他也开始关注"西学"，并在21岁那年去了趟香港，亲身感受了西方人"治国有法度"，不能再以夷狄视之。于是，康有为开始了其整合中西之学的尝试：一方面，他通读蒋良骐《东华录》《钦定大清会典则例》《十朝圣训》等"国朝典故书"，试图构建对清朝国情的清晰认知；另一方面，他"大攻西学书，声、光、化、电、重学及各国史志，诸人游记，皆涉焉"。中西融合是康有为政治思想的一大特点。在接受"西学"的过程中，康有为明显受到浓厚的传统思维的制约，因而形成了中西杂糅的复杂面相，这也为理解康有为的思想带来了很大难度。虽然学界一致将康有为认定为"维新"的主将，但这并不等于应将其思想理解为同传统因素的决裂；相反，传统因素还构成了康有为政治思想的核心，是我们讨论康有为这个人物永远绕不开的话题。"经世"思想是康有为政治思想的中心，也是中国历史发展的内生动力。这种思想自明清之际为顾炎武等人所倡导以来，多被概括为"经世致用"或"通经致用"，其中便包含着"通经"和"致用"这两个层面。诚然，"经世"思想的终极目标在于"致用"，但"通经"更是实现"致用"的必要条件。

"通经致用"是"今文经学"的主张，是在清代"今文经学"复兴的背景下产生的。"今文"的名称，最早出现于西汉时期。相传秦始皇焚书坑儒以后，儒家典籍有很多缺失散佚，而当时民间尚有人将之藏于屋壁之间。西汉初年设立"五经博士"，所用经书多是由当时通行的隶书写的，因而所谓"今文经"，就是用汉朝时的当代文字书写的经书的意思。到了后来，散于民间的古书逐渐被发现，多是用战国时期通行于东方六国的文字书写的，因为这些文字通行于汉以前，而当时又鲜有能识读这些文字的人，因此叫作"古文"。于是以这两种文字为载体，分别形成了"今文经学"与"古文经学"，这两个经学学派所研究的文本的区别不仅在于用于书写的文字不同，而且字句、篇章都各有不同，其中对于古代制度以及人物的批评也有不同，尤其是对孔子也持有完全不同的观点。相较于古文经学，今文经学现实政治关怀的色彩更为浓重。汉武帝时，出于强化专制主义中央集权的需要，在汉武帝的授意下，董仲舒改造儒家学说，将经学神学化，融合为以"三纲五常"为准则的"大一统"理论。"大一统"是今文经中"春秋公羊学"的理论，董仲舒利用了今文经学的思想工具，实现了汉武帝构建统治权威的需要，因而今文经学作为当时儒学的正统，居于独尊的地位。后来到了西汉晚期，王莽以刘歆提倡的古文经《周礼》作为改制的依据，提高了古文经学的地位，以至到东汉，古文经学逐渐压倒了今文经学。到黄巾起义后的乱世，融今文、古文为一体的"郑学"（东汉郑玄所创）出现了，它既不讲政治，也不谈思想，而是适应儒家"明哲保身"的传统习惯，因而流传很广。此后，今文经学便一直被湮没在历史之中，直到清代乾嘉时期才又复兴起来。从清代今文经学的开创者庄存与（1719—1788）、刘逢禄（1776—1829），到道光年间的龚自珍、魏源，再到康有为的老师朱次琦，"通经致用"的经世思想逐渐从今文经学中脱胎而生，扫除了儒学的汉、宋门户之见，从春秋公羊学中汲取"大一统"的思想资源，以此维护清朝作为"大一统"王朝的合法统治地位，并以天下为己任，致力于惠及国计民生的改革。因此，朱次琦对康有为的影响不是简单意义上的传递知识，更是将其纳入了清代今文经学的思想流派之中。

二、维新变法前的准备工作

1. 寻求变法之道

19世纪80年代的清朝经历了中法战争"不败而败"的耻辱,从此国势正如康有为所言:"方今外夷交迫,自琉球灭、安南失、缅甸亡,羽翼尽翦,将及腹心。比者日谋高丽,而伺吉林于东;英启藏卫,而窥川、滇于西;俄筑铁路于北,而迫盛京;法煽乱民于南,以取滇、粤。"这些大清昔日的藩属国相继沦为英、法、日等国的殖民地,以清帝国为核心的东亚地区传统的藩属体系出现了瓦解的迹象,包括清帝国在内的东亚各国被卷入了"万国竞立"的血雨腥风之中。面对这一空前危局,举国上下的有识之士不可能无动于衷,康有为的《上清帝书》(《上清帝第一书》)便在这样的时代背景下应运而生。康有为这份上书是在光绪十四年(1888)以荫监生赴京师参加顺天府乡试的过程中写就的,时值福建水师马尾惨败,他目睹帝国主义的强横与清政府的腐败无能,深感再不发愤图强、及时改革时弊,中国将国亡无日。于是他以这种急切的心情写就了这份《上清帝书》,期待清政府改弦更张,接受他的劝告,并提出了"变成法、通下情、慎左右"三项具体建议。[①] 所谓"变成法",就是摒弃祖宗之法不可改变的旧观念,根据形势改革弊政,参酌古今中外的法制,推行新法以治理国家;所谓"通下情",就是祈求清朝统治者能放下点架子,削减阻隔言路的重重障碍,使大小臣工都能发表意见,以收下情上达的成效;所谓"慎左右",就是要求清朝统治者辨明忠奸,革除那些专意逢迎、欺瞒皇上的佞臣,提拔重用那些直言敢谏又有真才实学的忠臣,让他们参与政治。[②] 由于受到许应骙、李文田等顽固派大臣的阻挠,这份上

---

① 赵立人:《康有为》,广东人民出版社,2012,第29页。
② 马洪林:《康有为评传》,南京大学出版社,1998,第34页。

书未能送达光绪皇帝御览。这次上书固然失败了，但也引发了康有为更为深刻的思考。苦思冥想之后，康有为认识到上书失败的原因在于"国民之愚""人才之乏"，只有通过教育培养更多的维新人才，才能扩大自身的政治基础，推进维新事业的发展。光绪十六年（1890），康有为全家迁往广州，住在城内其曾祖父康式鹏的老屋云衢书屋，广州学海堂的陈千秋、梁启超听说康有为上书请求变法遭到打击，刚从京师归来，先后慕名投其门下，成为康有为最先收的两名弟子。次年，康有为在这两名弟子的协助下，租赁长兴里邱氏书室，正式开设学堂，即"长兴学舍"，也就是后来为人所熟知的"万木草堂"。这在当地引起了热烈的反响，吸引了曹泰、韩文举、徐勤、梁朝杰、王觉任、麦孟华、陈和泽、林奎等粤中俊秀入学。康有为自述其办学的目的在于"大发求仁之义，而讲中外之故，救中国之法"，尤其主张通经致用、挽救时局，因此他在教学中注重联系实际，喜欢征引欧美的事物，与中国的历史和现状进行比较，并标举自己的思想，进而培养出一批维新的骨干力量。

从光绪十六年到光绪二十三年（1897）间，康有为在广州一边聚徒讲学，积极培养维新精英；一边又致力于理论方面的研究。他在这几年撰写的著作中，《新学伪经考》与《孔子改制考》尤为引人注目。《新学伪经考》刊印于1891年，这部著作是康有为在看到今文经学家廖平的著作后，沿着廖著的思路推衍而成的。在这本书中，康有为发古文经之伪，明今文经学之正，以《史记》为依据，遍考周、秦、西汉的书籍，以今文经为主要框架，遍考古文诗书，经过一番推断，证明古文经为"伪经"。《孔子改制考》更是认为孔子之前的历史茫然不可考，所谓"六经"都是孔子伪托先圣的名义"制造"出来的，进而突出了孔子"素王"的形象。他还运用春秋公羊学"通三统"的学说，指出夏、商、周是随时因革，绝非沿袭旧制；用"张三世"的学说，论证历史是沿着据乱世、升平世、太平世演化发展的。表面来看这是春秋公羊学的思想，但已然蕴含源自西方"进化论"的"线性发展"历史观。康有为将孔子"托古改制"的思想同其维新变法的政治实践相结合,进一步论证了维新变法的合理性。《新学伪经考》与《孔子改制考》这两部著作在社会各界引发了强烈的反响,尤其是康有为强调孔子"素王"的形象,甚至将自己比附于"托古改制"的孔子,乃至想以孔子纪年取代清帝纪年,更是引发了知识界的不小震动。

2. 走向政治前台

甲午战争的惨败宣告了"洋务运动"的破产,彻底终结了清朝统治者"同光中兴"的政治幻想,也刺激了举朝上下救亡图存的危机意识。1895 年 4 月 17 日,文华殿大学士李鸿章与日本总理大臣伊藤博文签订丧权辱国的中日《马关条约》。消息传来,各级官员和到京会试的各省举人纷纷上书反对。康有为此时在京参加会试,见群情激愤,意识到有必要联合有志之士,发动一场更大规模的请愿运动,以将其变法图强的主张上达天听,遂为众人所推,起草了一份洋洋洒洒 18000 字的《上皇帝书》,借此将其早已酝酿好的有关变法图强的腹稿挥洒于纸墨丹青之上,发动了浩浩荡荡的"公车上书"。同年 5 月,康有为考中进士,并借机递上《为安危大计,乞及时变法、富国养民、教士治兵,求人才而慎左右,通下情而图自强折》,即所谓《上清帝第三书》,交都察院代递。此折包含两大部分内容:一是提出了以"富国""养民""教士""练兵"为中心内容的自强雪耻之策,二是提出为实现此目的所应采取的"求人才而擢不次""慎左右而广其选""通下情而合其力"等具体举措。① 所谓富国之策,是国家发行钞票,民间筹款修筑铁路,开办机器厂,设立轮船公司,开发矿山,各省设立局厂,自造银圆,官办邮政等。所谓养民之策,是向西方学习,成立农学会、茶学会,推广新技术;鼓励发展工商业,各州县设立考工院,译外国制造之

---

① 赵立人:《康有为》,广东人民出版社,2012,第 73 页。

书,选派学童肄业;国家设立商院,各直省设立商会、商学,以商务大臣统之;劝工、惠商、恤贫。① 所谓教士之策,重点是普及教育,改专考弓刀步石的武科为艺科,令各州县遍开艺术学院,凡天文、地矿、医律、光重化电等分立学堂;设立报馆,介绍西学。所谓练兵之策,包括整顿绿营、寓兵于农、重振旗兵、改善装备、设立武备学堂、加强海军。在革新庶政方面,除裁汰冗员、改革官制外,还建议实行普选基础上的议会制度。

值此国破家亡的危急关头,即使是清朝统治集团中最冥顽不灵的守旧派,也不能不为顾全身家性命而考虑在一定程度上更张旧法、变通成例了。因此,都察院经过磋商,于6月3日将这个充满改革新思想的长篇条陈呈给光绪帝。急欲雪耻的光绪帝对此折非常重视,即命另行抄录。6月7日抄就,递呈慈禧太后。6月11日,慈禧太后阅毕,发下交军机处封存。随后,又有多位官员上书请求"仿照西洋新法,整顿中国旧法",自上而下实行变革。在这股变革浪潮的推动下,光绪帝于同年7月19日颁布谕旨,明确表达了其急欲实施变革以救亡图存的决心。之后,在8月11日,根据户部对给事中褚成博奏折所作之"仿照西例,改归商办"的议复,光绪再次颁布谕旨,明确支持、鼓励和保护民营企业,鼓励民间资本收购效益不佳的官僚资本,明确宣布"一切仿照西例",尤其鼓励侨商资本的注入。光绪帝的这两道谕旨标志着清朝维新运动的起点。变法初期取得了一定的成就:各地官府与乡绅集资认股,创办近代实业,将西方先进的科学技术投入近代化的生产产业中,大大提高了生产效率。然而值得注意的是,变法初期的成就主要集中在经济领域,传统的政治体制却并未被触及。康有为在《上清帝第三书》中提议设立议会,甚至还将之与汉朝的议郎相联系,渗透着托古改制的思想,但像这样触动传统政治体制的改革设想在变法初期却并未引起光绪帝的共鸣。毕竟甲午惨败,清

---

① 赵立人:《康有为》,广东人民出版社,2012,第71页。

朝统治者直接想到的是"图自强而弭隐患",唯有富国强兵,才能救亡图存,至于政治方面的改革,一方面过于超前,为当时人所不能接受;另一方面相对于经济方面的改革收效太缓,并不能解决当时的燃眉之急。因此就连康有为自己在之后的《上清帝第四书》中,也不再强调设立议会的重要性,并将议会当作帝王统治的辅助工具,而非独立的权力机构。他认为:"至会议之士,仍取上裁,不过达聪明目,集思广益,稍输下情,以便筹饷。用人之权,本不属是。"康有为这样说,一方面还是让重点回归富国强兵事业的建设,另一方面也是为了强化光绪帝的威权,以收取变法之效。为了变法的顺利开展,康有为奔走各地,积极从事各种形式的宣传活动。就在"公车上书"的同年(1895)8月,康有为在北京创办了《万国公报》,随后又出京南下,于次年(1896)1月以上海强学会的名义刊行《强学报》,用孔子卒后二千三百七十三年纪年,同年回粤,讲学于万木草堂,续成《孔子改制考》《春秋董氏学》《日本变政记》,继续完善其托古改制的理论,以此作为变法的依据。1897年,康有为又赴桂林讲学,并在当地成立了圣学会,创办了圣学会的半月刊《广仁报》,还仿照万木草堂的模式附设了广仁学堂,招生授课,试图在广西宣传变法思想,增强维新运动在民间的影响力。然而,就在康有为的变法宣传活动在各地如火如荼地展开的同时,随着光绪皇帝的成长,光绪帝这位支持变法的领导者同慈禧太后的矛盾也在逐步累积。慈禧太后作为19世纪后半叶清朝政局的实际操控者,自然不会轻易放开最高权力,而光绪帝富于春秋,自然渴求乾纲独断的大权。为了满足其不断扩张的权力欲望,光绪帝积极在身边培养政治势力,以抗衡以慈禧太后为首的"后党"势力,同时试图借变法这个契机强化帝王权威。因而就在这场轰轰烈烈的变法运动逐步展开之际,一场帝、后两党之间的最为残酷的政治争斗也在拉开序幕。

三、"百日维新"中的康有为

戊戌变法自 1898 年 6 月 11 日（光绪二十四年农历四月二十三）光绪帝"诏定国是"，决定变法起，至同年 9 月 21 日（八月初六）"政变"止，共计 103 天，史称"百日维新"。在这 103 天中，康有为等"维新派"人士与帝党结合，得到光绪帝的助力，通过光绪帝发布一些"上谕"，使自下而上的带有群众性的变法要求变为自上而下进行改革的实际行动。

1. 变法维新政策的制定

1897 年冬，德国强占山东胶州湾，帝国主义瓜分中国的阴谋日益显著，国家命运危在旦夕，维新变法运动随之高涨。事件发生后，康有为于 1898 年初从广州赶到北京，先后递上《上清帝第五书》、《上清帝第六书》与《上清帝第七书》，以外患威迫急请光绪帝变革传统政治制度。他建议：①大誓群臣，以革旧维新，采天下之舆论，取万国之良法；②开制度局于宫中，将一切政事制度重新商定，设十二局推行新政；③设待诏所，许天下士人上书，称旨则隶入制度局。康有为尤其以沙皇彼得一世变法图强为例，建议光绪帝模仿彼得一世实行变革。在康有为等维新派的推动下，光绪帝于 1898 年 6 月 11 日发布《明定国是》诏书，指出"五帝三王，不相沿袭"，不能"徒蹈宋明积习"，而需及时变法。"诏定科举新章，罢《四书》文，改试策论，立京师大学堂、译书局，兴农学，奖新书新器，改各省书院为学校，许士民上书言事，谕变法。裁詹事府、通政司，大理、光禄、太仆、鸿胪诸寺，及各省与总督同城之巡抚，河道总督，粮道、盐道，并议开懋勤殿，定制度，改元易服，南巡迁都"。16 日，光绪帝召见康有为。康有为先陈述中国在外国的逼迫与分割下，已经到了生死存亡的关头，非尽变旧法不能自强。他认为，所谓变法，需要把制度法律先行改订，否则只是变事，不是变法。他请求光绪帝统筹全局，"先开制度局而变法律";接着又着重指出八股取士的危害性,"今群臣济济,然无以任事变者,皆由八股致大位之故"。如何筹集到充足的资金以将变法推行下去,也是困扰着光绪帝的一个问题。对此,康有为举出日本发纸币、办银行,以及印度设田税等例子,并说中国地大物博、资源丰富,可以利用这一有利条件,效仿西洋和日本,实行财政方面的改革,但同时也指出"民智不开"是当时中国所面临的根本问题,亟须解决。经过这次召见,光绪帝准备重用康有为,但因荣禄、刚毅等反对,只给了他在总理衙门章京上行走的职位,准予专折奏事,自此开始正式任用康有为参与变法。康有为借着专折奏事的特殊待遇,不断地上奏折、递条陈,有的自己具名,有的为别人草拟,在短短的三个月中,提了不少新政建议。这些建议是对《明定国是》这一纲领性文件的细化,主要包括:设立制度局总揽大局,拟定宪法,召开国会,实施政治体制方面的改革;劝励工艺,鼓励创新,发展工商业,广开税源,以"智民富国";在各省、府、州、县设立农学局,兴农殖民以富国本,并仿效外国农学会振兴农业;废除漕运,改筑铁路,废除八股取士,开设学校,改革考试制度,培养实用性人才以适应变法的需要;裁撤绿营,设立武备学堂,仿照德、日进行军事体制方面的改革;翻译各国书籍,派人留学,国家主持办报,为变法提供智力支持;定孔教为国教,禁绝妇女缠足等社会陋习,废除民间淫祠,改良社会风气;废除满、汉之别,定国号为"中华"。针对康有为的这些奏议,光绪帝也发布了相应的上谕,内容包括:政治方面,允许士民上书言事,鼓励大小臣工议论时政;命各部院删去旧例,另定简明则例,精简机构,裁汰冗员;允许旗人经营商业。经济方面,命各省设立农工商局,置办机器,试办农务;奖励士民创作新法,颁布《振兴工艺给奖章程》十二款;京师专设矿务铁路总局,督办各处铁路;在京师及各通商口岸设立邮政局,发展邮政以取代传统的驿传体系;命户部编列预算,按月刊报,缓解财政困境。军事方面,命各省力行保甲,以新法编练军队,并筹款添设海军。文教方面,废除八股,改为策论,变通科举,命此后考试以实学、实政为主；将译书局改为官督商办，命各省学堂译外洋农学诸书；命各省挑选学生赴日本留学；改《时务报》为官报，并在京师筹办报馆；创办京师大学堂，在全国范围内兴办矿务、铁路、海军等专门学堂，命各省兴办中、小学堂。

2. 变法背后的政治斗争

光绪帝任用康有为等维新派推行变法，试图强化君权，这不可避免地遭到以慈禧太后为首的"后党"的强烈抵制。随着变法的推进，一场帝、后两党之间的残酷政治斗争也在渐渐展开。而作为维新变法的最高决策者，光绪帝在"百日维新"期间做了这样几件事：①任用维新派，颁布一条条"新政"上谕。如6月16日召见康有为，并"著在总理各国事务衙门章京上行走"，此后还任用了梁启超、谭嗣同、杨锐等维新派人士。②对实行新政较为认真之人加以奖励。如9月14日奖励湖南巡抚陈宝箴"坚持定见"，举办新政。③对后党表示让步。如在颁布新政的同时，曾十二次到颐和园慈禧太后处"请安驻跸"，并为后党也留有出路，命端方、徐建寅、吴懋鼎经办农工商总局，这几人的保荐人又是刚毅、裕禄和王文韶，还命农工商总局酌用詹事府等被裁人员。④对明显掣肘新政的旧党予以打击。如斥革文悌，以及将礼部尚书怀布塔、许应骙等六人革职。由此可见，光绪帝一方面任用维新派人士，壮大帝党的政治力量，积极推行变法新政；另一方面既驳斥后党，又任用后党，对后党做出了若干让步。不难看出，光绪帝是想在维持帝、后两党之间的政治平衡的前提下推行变法新政。然而，帝、后两党彼此间处于政治的对立面，后党又控制着军政实权。值得注意的是，就在同年6月23日，后党的要员荣禄被实授直隶总督、北洋大臣，从而"身兼将相，权倾当朝"。同时，后党也不时借机削弱帝党，打击维新派。比如，就在"诏定国是"后四天，在慈禧太后的默许下，支持维新派的帝党成员翁同龢被黜退；不久，后党的许应骙又以康有为"少即无行"，"借端牟利，借经弋名"为理由，对他予以指斥；后党甚至想调康有为至沪督办官报，以削弱维新派。此外，在新政的执行过程中，中央各部院和地方官员也多执行不力，甚至故意推托。比如7月29日上谕各部院衙门删去旧例，另定简明则例，吏部就一直强调"例案太繁"，后来经过光绪帝的一再催促，吏部才于9月1日具奏办理。至于光绪帝寄以极大希望的地方官僚，除湖南巡抚陈宝箴认真办理外，其他督抚有的借词推托，比如关于裁兵一事，各督抚认为"无可再裁"，张之洞就以变通武科后，使"民藏兵器"，而"武生、武举本多强梁生事之徒，又假以利器"，"宜防隐患"为借口，进行抵制；有的彼此观望，比如两江总督刘坤一、两广总督谭钟麟对"谕令筹办之事"并无回复。光绪帝固然锐意改革，任用康有为等维新派力量，却遭到来自中央与地方的多重阻力，这是由于手握军政实权的后党进行了大力阻挠。光绪帝迫于来自后党的压力，于7月26日命康有为赴上海督办《时务报》，实则将之调离了北京。此后，帝、后两党的矛盾日益加深，而光绪皇帝仍旧举棋不定，谭嗣同等维新派人士又对实际情况判断有误。最终，慈禧太后先发制人，于9月21日发动政变，囚禁光绪帝，再出"训政"，扼杀了这场轰轰烈烈的变法运动。

其实，若单论康有为的变法思想，若后党的慈禧太后、荣禄等人从一开始就反对的话，那么作为变法纲领文件、由光绪皇帝正式发布的《明定国是》诏书就不可能发布出去，毕竟此时慈禧太后还把持着朝政，因此，这至少证明慈禧太后对变法的内容基本上还是接受的。但康有为试图通过制度局控制全局，实现其变法理想，这种夺取最高统治权的尝试无疑会引起慈禧太后的反感，使整个变法陷入帝后党争的泥潭之中，面临着夭折的重大风险。王照在"戊戌"前后与康有为"过从甚密"，他甚至认为变法之局虽然由光绪帝开创，但实际上有赖于慈禧太后的默许，至于慈禧太后到变法后期拉拢守旧派，走向变法的对立面，他则认为慈禧太后这是出于争权夺利的一己之私，而要想使变法顺利进行，需要调和光绪帝与慈禧太后的矛盾，"以名誉归太后"，即尽可能地不去触动慈禧太后的最高地位。① 王照准确地看出了康有为强烈的夺权欲望,而这势必会招致居于高位的慈禧太后的严重反感,徒增变法的阻力。这也正如茅海建先生所言,当时守旧派与维新派在许多地方的斗争是权力斗争,而非政治理念之争。② 虽然康有为是个伟大的理想主义者、深邃的维新思想家,但他在变法期间结怨太广、夺权的欲望过强,对帝后党争的复杂局势分析不足,将筹码片面地押在了光绪帝这位封建君王身上,使这场轰轰烈烈的变法运动逐步沦为赤裸裸的权力之争,这也就为变法的失败埋下了祸根。

3. 变法的意义

戊戌变法虽然以失败告终,但却是一场发生在甲午战争后"救亡图存"的爱国运动,也是一次思想启蒙运动。"维新"之名,始见于《诗经·大雅·文王》"周虽旧邦,其命维新"。后来人们称改变旧制、推行新政为"维新"。鸦片战争后,西学东渐,伴随着中西文化的交融、冲突,"维新"的概念也变得和过去不同,指"维"资本主义之"新","变"封建主义之"旧"。③ 启蒙,是对传统的反思与批判。戊戌维新是中国近代史上第一次思想启蒙运动,它对旧传统的冲击主要表现在对封建纲常名教的冲击上,而这种冲击体现在两个方面:

一是戊戌维新在政治上使皇帝的权威发生了变化。在中国漫长的封建统治下,皇帝的权威是不可动摇的。"君为臣纲,父为子纲,夫为妻纲"是封建社会的三种主要道德标准,也是专制统治的理论基石。皇帝的权威被视作"天理",是不容违背的。康有为主张学习西方,但在今文经学"尊王"观念的主导下,他坚持在光绪帝这位君王的主导下推行变法,同时也立足中国国情,认为当时中国是大国、弱国,面临着严重的内忧

---

① 赵立人:《康有为》,广东人民出版社,2012,第162—163页。
② 茅海建:《康有为与他的〈我史〉》,载《广东社会科学》2009年第1期。
③ 同上。

外患，不能不学习西方，变法图强，但也不能只学西方的"器艺"而忽视"西政"。他通过对比中外异同，主张"择法俄、日以定国是"。在他看来，俄国、日本这两个国家都是依靠其君主自上而下地推行变法，因而中国的变法也要依靠光绪帝，这便需要年轻的光绪帝冲破后党的束缚，伸张其皇帝的权威。然而事实证明，在后党的围追堵截下，光绪帝不但没能将变法推行下去，反倒自身被囚，这不啻为对君主权威的致命损伤。后来到了《辛丑条约》签订时，时人甚至有所谓"载湉小丑，未辨菽麦"这样对光绪帝的蔑视之辞，专制君王权威之受损可见一斑。

二是戊戌维新在文化上使孔子的权威发生了变化。自从汉武帝采用董仲舒的建议，尊儒家为一统后，儒家思想浸润甚深，孔子"述而不作"的圣人形象受后人崇奉勿替。为了变法的需要，康有为撰写了《孔子改制考》，塑造出"托古改制"的孔子，以对抗"述而不作"的孔子，把封建时代的大圣人演为维新的改制者，并把资产阶级的民权、议院、选举、民主等都附会到孔子身上，还用自己的观点阐发儒家经籍，想借用孔子的权威来"托古改制"。孔子是封建时代尊奉的圣人，其地位的"转移"，自然会引起封建卫道者的反对，他们纷纷诬指康有为"乱成宪""伪六经""背叛君父，诬及经传"。这样一来，维新人士以"孔子改制"始，又以"孔子改制"被封建卫道者诬为"背叛君父，诬及经传"终，封建时代的圣贤经传既遭到"诬及"，孔子的"圣人"地位也就发生变化了。

四、戊戌前后的人际网络

康有为是近代中国伟大的维新思想家，更是一位活跃于晚清政坛的政治活动家。当他将其维新思想运用于晚清改革的政治实践中时，他便已置身于其周围政坛复杂的人际关系网络之中，并与其周围的政治人物产生复杂的关系。因此，梳理康有为的人际关系网络，同样是理解康有为这样一位晚清政治活动家的有效途径。下面我们将先后梳理康有为与翁同龢、光绪帝、张之洞和梁启超之间关系的演变。

1. 结识帝党——与翁同龢之关系

翁同龢身为"帝师",处在"帝党"和"后党"两大政治势力的平衡点上,是晚清政局中的重要人物。1888 年,康有为赴北京应顺天府乡试,并借此行展开了同"清流派"的交往。时值中法战争后,清朝国势日蹙。康有为试图向在京高官,尤其是以翁同龢等人为代表的忧国忧民的"清流派"官员推销自己以西方近代体制变革清朝政治的学说,但"清流派"官员整体上对此反应冷淡。其中,翁同龢也拒绝了康有为同其见面的请求。不过康有为未因求见被拒而气馁,他随后起草了《为国势危蹙,祖陵奇变,请下诏罪己,及时图治折》,即《上清帝第一书》。康有为在此书开头便向慈禧太后和光绪帝揭示了清朝周边形势的险恶和社会上存在的空前危机,提出了著名的"变成法,通下情,慎左右"的政治主张,提倡"采周汉之法意",也就是将西方民主政治文明附会于传统的儒家思想,充满了"托古改制"的色彩。翁同龢这次虽然仍拒绝代递康有为的上奏,也没有接见康有为,但私下却对康有为刮目相看,将其上述内容详细摘抄。据康有为自述,他真正得到翁同龢的赏识是在 1895 年呈《上清帝第四书》不达之后,而且这次翁同龢是亲自登门拜访。据康有为说:"时翁常熟以师傅当国,憾于割台事,有变法之心,来访不遇,乃就而谒之。常熟谢戊子不代上书之事,谓当时实未知日本之情,此事甚惭云。乃与论变法之事,反复讲求,自未至西,大洽,索吾论治之书。时未知上之无权,面责常熟,力任变法,推见贤才。常熟乃谓:'与君虽新见,然相知十年,实如故人,姑为子言,宜密之。上实无权,太后极猜忌。上有点心赏近支王公大臣,太后亦剖看,视有密诏否。自经文芸阁召见后,即不许上见小臣。即吾之见客,亦有人窥门三数巡之者,故吾不敢见客,盖有难言也。'吾乃始知宫中事,然未知其深,犹频以书责之,至谓:'上不能保国,下不能保身。'常熟令陈次亮来谢其意。然苟不能为张束之之事,新政必无从办矣。"虽然康有为的自述不免有夸张之处,但至少说明翁同龢在此次会面的过程中还是赏识康有为的。

然而随着"变法"的开展,翁同龢与康有为之间的分歧也开始显现。针对康有为影响下光绪帝关于"专讲西学"的决策,翁同龢认为"西法不可不讲,圣贤义理之学尤不可忘"。这其中明显含有与光绪帝变法改革的主旋律不相和谐的因素。光绪帝试图将康有为提出的变法改革思想运用到政治实践中去,以此强化自身作为君主的权威,这使得这场变法也成为光绪帝借以夺取最高权力的工具。翁同龢素以稳重著称,作为帝党的要员,他纵横于帝、后两党矛盾日趋尖锐的晚清政局,力图维持帝、后两党之间的政治平衡,进而也确保了晚清政局的稳定。而康有为作为一名激进的维新思想家,政治经验却远远不足,又颇为自负,打着"托古"的旗号"专意讲求西法",虽然利用了大量的传统儒学"今文经"的思想主张,但在实际效用上却是用西方近代思想严重挤压了传统制度赖以存在的政治空间,最终会妨害清朝的立国之本。甲午惨败激发了清朝朝野上下谋求变革的强烈欲望,翁同龢更是如此,这从其先前对康有为的支持便可见一斑。但作为一位政治经验丰富的传统官僚,他也注意到"变法"应适度进行,至少不能使之超出各方势力所能掌控的范围,更不能使之成为引发各方势力激烈争斗的导火索。然而对翁同龢这一片"苦心",光绪帝所做出的回应则是1898年5月辞退了这位政治经验丰富的"老臣"。缺乏翁同龢这样的温和派作为中和剂,康有为与光绪帝所主导的这场变法在一条过于激进的道路上走向失控,最终陷入权力斗争的无底深渊。

2. 同床异梦——与光绪帝之关系

康有为与光绪帝之间的关系比较耐人寻味。对于康有为而言,最先使其进入光绪帝和慈禧太后这两位最高统治者视野中的,是其1898年1

月呈递的《上清帝第六书》,此书后被康有为收入其1911年编纂的《戊戌奏稿》之中,并易名为《应召统筹全局折》。该折强调"明定国是"的重要性,认为"自古开国之法无不新,故新为生机;亡国之法无不旧,故旧为死机",因而必须审时度势、明定国是、变法维新。康有为还特别强调借鉴日本明治维新的政治经验,"大誓群臣以革旧维新",设立制度局与待诏所推行新政,并深化国家与地方各职能部门的改革。除了借鉴日本的改革经验,康有为还呈递了《俄彼得变政记》一部,以彼得大帝"发愤变政"为榜样,要光绪帝"垂鉴此书,日置左右",这样一来,"彼得举动,日存圣意",光绪便能够发愤图强,以强大的君权推行新政。彼得一世与光绪帝同为专制君王,康有为请求光绪帝以彼得大帝为榜样,恰恰能够吸引拥有极强权力欲望的光绪帝的眼球。虽然该折涉及很多体制性改革,但康有为不提倡在中国设立议会制度,认为当时"民智未开",推行议会制度只会徒增改革面临的阻力,救国之策不在于开议院,只要光绪帝"留意人才,拔至左右,日与讨论,立即施行",便"拱手垂裳而土地可保,中国可安矣"。康有为抓住甲午惨败后民族危机空前加深的历史契机,向光绪皇帝大力推销其有关变法的政治学说。相对于各项具体的变法主张,康有为鼓励光绪帝以俄国彼得一世为榜样,奋发图强,抵御外侮,塑造完美的君王形象;主张通过伸张光绪帝的君权以推进变法,并强调"变"对于国家发展的重要意义。由此可见,今文经学中的"尊王攘夷"思想,以及"通三世"等"变"的思想渗透于康有为的上奏内容之中。众所周知,光绪帝为康有为的这次上疏所打动,而他之所以会被打动,很大程度上也是出于帝后之争的政治需要,并有感于康有为今文经学的思想底蕴,康有为能将其改革政治体制的激进主张以今文经学的形式表达出来,从而使一些现代性的政治主张与传统的思想资源水乳交融,因而获得光绪帝的青睐。后来,在维新变法期间,康有为利用专折奏事的特殊待遇,提了不少新政建议,其回应则是光绪帝维新期间诸多涉及变法的具体领域的上谕。从上谕的内容来看,光绪帝对康有为军事和文教方面的建议几乎全盘采纳，但在政治方面对康有为提出的定宪法、设议院则未曾涉及。光绪帝虽曾在此段时间的上谕中提到决心"开懋勤殿以议制度"，然据学者考证，所谓"开懋勤殿"云云，是在 8 月 20 日提出的，这是后党阴谋渐露，"朕位几不保"时的冒险企图，且懋勤殿实际未开。此后，光绪帝发布《振兴庶务兼采西法诏》，提到"今将变法之意布告天下，使百姓咸喻朕心，共知其君之可恃，上下同心，以成新政，以强中国，朕不胜厚望"。其中，"咸喻朕心，共知其君之可恃"，强调的是"君""朕"，不是民权。即便是光绪支持保国会时所说"会能保国，岂不大善"，也是因为它"并非有碍国家，有碍君权"。光绪帝还对"斥民权之乱政"，有利于封建名教的《劝学篇》"详加披览"，亦可见他关注的是"君权"而非"民权"。此外，光绪帝虽然对康有为经济上的改革建议有所接受，但对大筹巨款以行新政的建议，则于 9 月 16 日命户部编列预算，按月刊报，仅示"准备"。至于废漕运、撤厘金，则未有上谕颁布。光绪帝的改革重心是在军事、文教等方面，即便是经济领域的改革，也是围绕着与军事有关的工业展开的。比如《振兴工艺给奖章程》第一款中提出鼓励的，主要是"制造船械枪炮等器"；而"许以专利"的，也是开河、筑桥、电线、电话等与军事有关的工业，这些自非一般民族工商业者所能承办；对民族工商业的"恤工设厂"，却未见拨专款。毕竟光绪帝锐意改革的直接动因是甲午战败以来的严重外患，尤其是 1897 年冬德国强占胶州湾，这场近在肘腋的侵略，更是刺激了光绪帝急切改革以救亡图存的敏感神经。所以，在包括光绪帝在内的清朝当政者看来，此时他们面临的是生存问题，即如何在这个日益血腥与残酷的"万国竞立"的国际格局下生存的问题。在他们看来，生产现代化的枪炮等军事方面的改革可以直接增强国防实力，文教方面的改革也可为推行变法提供人才储备，而经济方面的改革虽然有助于实现富国强兵，但并不能直接看到成效。因此，光绪帝考虑的主要是改革所能取得的军事方面的短期成效，但他对国家经济的长期发展并没有给予足够的重视。另外，正如有学者所言，光绪帝在经济上的改革上谕，主要是布新，而没有除旧。比方说，康有为所提的裁撤厘金，实为扫除民族资本主义发展障碍的重要措施，但光绪帝却对之不予重视。如此一来，旧的不去，封建桎梏犹存，通商、惠工仍受阻扼。再有，康有为提到"夫今已入工业之世界矣，已为日新尚智之宇宙矣，而吾国尚以其农国守旧愚民之治与之竞"，要求"去愚尚智，弃守旧，尚日新，定为工国"，希望使中国从传统的农业国家转变为先进的工业国家，但光绪帝仍然固执地认为"农务为中国大利根本"，即便设立农工商总局，所任用的端方、徐建寅、吴懋鼎等人之间的意见也不一致，导致行政效率十分低下。经济方面这些没有"除旧"的改革措施，也代表着光绪帝并没有想过变封建的中国为资本主义的中国。

3. 师徒际遇——与梁启超之关系

梁启超是康有为最重要的弟子之一，康、梁之间关系紧密，自不待言。梁启超，字卓如，号任公，广东新会人，自幼熟通经史，尤其擅长训诂考证之学。他于1890年在学海堂同窗陈千秋的带领下结识了康有为，康有为向他介绍了学问的方针、"陆王心学"和"史学、西学"的梗概，梁启超由此倾倒于康有为的思想与学问，自述"生平知有学自兹始"，遂投拜康有为门下。光绪十七年（1891），梁启超、陈千秋等人请康有为在广州万木草堂讲学。康有为强调"逆乎常纬"，独辟新路，讲学内容和教学方法都与传统规矩不同。他以孔学、佛学、宋明学（陆王心学）为体，以史学、西学为用，对列强压迫、世界大势、汉唐政治、两宋的政治都做讲解，每讲一学，论一事，必上下古今，以究其沿革得失，并引欧美事例以做比较证明，学生除听讲外，主要是靠自己读书、写笔记。他们当时入草堂，读的第一部书就是《公羊传》，同时还要读《春秋繁露》，除读中国古书外，也要读很多西洋的书。此外，学生每人还有一本功课簿，凡读书有疑问或心得，即写在功课簿上，每半个月呈缴一次，再由康有为逐个批答。这种新颖生动的教学方法和与时代要求、国家命运息息相关的教学内容,使习惯于读经诵诗、死记硬背的梁启超感到新奇而兴奋。他勤奋学习,几乎全盘接受了康有为的思想学说。在此期间,他还协助康有为编写《新学伪经考》《孔子改制考》这样的重要著作,成为康有为的高足和得力助手。光绪二十一年(1895)春,梁启超和康有为入京参加会试,正值清廷与日本侵略者签订丧权辱国的《马关条约》。消息传出,群情愤慨。同年四月,康有为、梁启超发动了著名的公车上书运动,集合1000余名举人联名上书清廷,要求拒和、迁都、实行变法,从而揭开了维新运动的序幕。梁启超作为康有为的重要助手,不仅协助组织会议、联络士人,还撰文誊录、起草奏疏,发挥了突出的作用。短短的几个月时间,梁启超就从一个人微言轻的普通士子,成为一个广为人知的维新运动领袖人物了。变法理论的宣传,有力地促进了维新运动的开展,但也引起了那些反对维新运动人物的不满和嫉恨。当梁启超在上海办《时务报》时,洋务派的代表人物张之洞授意汪康年进行干预,力图控制《时务报》,梁、汪矛盾日益激化。梁启超难与其争,遂应湖南巡抚陈宝箴之邀,于光绪二十三年(1897)十月离沪赴湘,就任长沙时务学堂中文总教习。由办报改为教学,条件和环境都不同了,但梁启超并没有放弃宣传工作。在讲学过程中,他大力阐述康有为的改制理论,宣传维新思想,培养维新人才。甲午战争以后,帝国主义列强趁火打劫,力图扩大自己在华的势力范围。光绪二十三年十月(1897年11月),德国出兵侵占胶州湾,康有为赶到北京,积极组织救亡活动。梁启超由于在湖南受到反维新势力的攻击,也于光绪二十四年(1898)二月返回上海,随即辞去《时务报》主笔之职,于三月初来到北京,跟随康有为奔走呼号,决心为挽救民族危亡而尽自己的一分力量。他撰文演说,呼吁要使全国民众"咸知吾国处必亡之势,而必欲厝之于不亡之域,各尽其聪明才力之所能及者,以行其分内所得行之事"①。随着维新运动的高涨,梁启超的作用和名声也越来

---

① [清] 叶德辉:《觉迷要录》卷四,1905。

大。在"百日维新"期间,有关新政的奏折、章程,不少出自他的手笔。同年五月,光绪帝召见梁启超,"命进呈所著《变法通议》,大加奖励",赏六品衔,并命梁启超负责办理京师大学堂译书局事务。戊戌变法失败以后,梁启超逃出北京,东渡日本,开始了他的流亡生活。初到日本之时,他一度与革命派接近,甚至利用康有为去加拿大组织保皇会的机会,与孙中山等革命人士往来密切,并试图联合立会,后因康有为得知此事严厉反对,联合立会才告作罢。但是,梁启超与革命派毕竟不是同路人,他继续追随康有为,坚持改良立场。为了控制、利用舆论,扩大保皇派的影响,梁启超十分重视宣传工作,于光绪二十四年十一月(1898年12月)在横滨创办《清议报》,鼓吹"斥后保皇",为改良活动摇旗呐喊。此后,以康、梁为首的"保皇派"(即"改良派")与以孙中山等人为首的"革命派"之间的博弈成为中国近代历史发展的一个主流,当权保守势力的圈子不断缩小,最终生发了暴力革命。

4. 从"友"到"敌"——与张之洞之关系

变法前后张之洞与康有为之间关系微妙,尤其是近年来"张之洞档案"的发现,更是补充了不少相关史料,引发了研究者的强烈关注。甲午战争失败后,张之洞上《吁请修备储才折》,希望朝廷总结失败教训,变法图治。他力陈振兴国家的主张,支持反抗侵略,又办洋务企业,因此康有为在公车上书时称张之洞"有天下之望",对这位封疆大吏抱有很大的希望。康有为组织强学会,张之洞对此表示全力支持,并捐5000两银子以充会费。由于帝师翁同龢也加入强学会,当时有"内有常熟(翁同龢),外有南皮(张之洞)"之称,翁、张成为强学会的两大支柱。康有为与张之洞初次会面是在光绪二十一年(1895)十一月,时值甲午战败,张之洞时任两江总督,康、梁等人已于前一年发起"公车上书",变法的帷幕正慢慢拉开。康有为此时赴南京拜见张之洞,受到张之洞的热情欢迎和接待。康有为准备在上海设强学会,推举张之洞为会长,并代张之洞起草《上海强学会序》。后来上海强学会成立时，请张之洞列名，张之洞以会外赞助人的身份列名，并捐私款500两、公款1000两加以赞助。光绪二十二年到二十三年（1896—1897），维新派在上海创刊《时务报》，梁启超主笔，汪康年为经理。张之洞以总督的名义要求湖北全省各州县购阅《时务报》，并给予报纸经济上的支持。陈宝箴任湖南巡抚后，湖南掀起了维新运动。他在湖南的新政包括办厂、改革教育等，都得到张之洞赞许。在张之洞的影响下，陈宝箴也命令全省各州县书院的学子阅读《时务报》。变法时湖南成立南学会，创办《湘学报》《湘报》，张之洞利用其政治力量推销《湘学报》于湖北各州县。因此，从甲午到戊戌年间，作为先后担任过两江总督与湖广总督的地方实力派，张之洞还是给予了维新派较大程度的支持。但理念上的冲突却是张之洞与维新派人士之间难以逾越的鸿沟，比如《湘学报》从第十册起刊登了关于孔子改制与鼓吹民权思想的文章，这便引起了张之洞这位湖广总督大员的不满。张之洞甚至认为这件事"关系学术人心，远近传播，将为乱阶，必宜救正"，因而对湖南的维新运动施加压力。"托古改制"是康有为等维新派人士进行变法的核心理念，而这种理念在张之洞等洋务官僚看来却是对世道人心的祸乱，因而需要抵制。对于张之洞的文化性格，曾任张之洞幕僚的辜鸿铭说得最清楚："张文襄儒臣也，曾文正大臣也，非儒臣也。三公论道，此儒臣事也；计天下之安危，论行政之得失，此大臣事也。国无大臣则无政，国无儒臣则无教。政之有无，关国家之兴亡，教之有无，关人类之存灭，且无教之政终必至于无政也。……文忠步趋文正，更不知有所谓教者……文襄之效西法，非慕欧化也；文襄之图富强，志不在富强也。盖欲借富强以保中国，保中国即所以保名教。吾谓文襄为儒臣者为此。"因此，归根结底，张之洞虽然也主张变革，但其前提与目的是维护清朝既有的政教秩序，相比之下，康有为的托古改制立足于今文经学的范畴之内，是对理学指导下的清朝既有的政教秩序的挑战。此外，史学大师陈寅恪先生也有一语正中问题之要害。他是陈宝箴之孙，而陈宝箴与张之洞从属于同一政治派系，文化源流也是一脉相承的。陈先生认为，历经英法联军入侵与甲午惨败等空前危机，陈宝箴等人深知"中国旧法之不可不变"，并主张"借镜西国以变神州旧法"，这与康有为"治今文公羊之学，附会孔子改制以言变法"的理念截然不同，因而，"当时之言变法者，盖有不同之二源，未可混一论之也"。① 在陈寅恪先生看来，理念的严重冲突造成了张之洞等洋务派官员与康、梁等维新派人士之间的对立，也就是说，从变法一开始这两派的理念便已背道而驰了。而近年来茅海建等人对新发现之"张之洞档案"的挖掘更是以充足的材料印证了这一点。②

五、贯穿"尊王攘夷"思想的"保皇"行动

1. 从维新转向保皇党的内在逻辑

戊戌变法一直是中国近代史的研究热点，相关论著也已汗牛充栋，不胜枚举。有关戊戌变法的前后经过、历史意义也早已为学界反复讨论，在此便不加赘言了。康有为在戊戌政变后流亡海外，成立"保皇会"，组织"庚子勤王"等政治活动，看上去一改之前戊戌变法期间的"改革者"形象，转向了保守，因而往往受到"革命"政治话语权主导下的当今学界的批判。正如福柯所言，知识形成相应的话语体系，进而构成现实威权的基础，因此"一切历史都是当代史"。历史书写作为一种话语体系，也会受其所处时代政治权力的制约。对此，研究历史更需要采用"移情"的原则，根植当时的历史语境，尽量深入研究对象的思维世界，试图理解

---

① 陈寅恪：《读吴其昌撰〈梁启超传〉书后》，载《陈寅恪集·寒柳堂集》，生活·读书·新知三联书店，2009。

② 茅海建：《戊戌变法的另面："张之洞档案"阅读笔记》，上海古籍出版社，2014。

其行为背后的动因,这样才能尽可能地超越现实的束缚,更好地理解历史。革命话语体系将康有为维新时期的表现看作"进步的",而把其变法失败后保皇的举动视为"保守的",因而很容易使得人们对这两个政治活动的理解出现内在逻辑上的严重割裂,进而影响我们对康有为政治思想的整体性考察,这无疑是灾难性的。

从维新到保皇,其背后存在着一条主线,那便是今文经学的影响。康有为早年目睹了西学的先进性之所在,而清朝在中法战争、甲午中日战争等对外战争中的表现更促使他产生了救亡图存的意识。外部的刺激充实了康有为的思维世界,使他愿意介绍西方各国的政治制度,借鉴俄国、日本等国变法图存的经验,吸取波兰、土耳其等国亡国的教训。这些外部的知识构成了其宣传变法的理论依据,但却并不是其开展维新最根本的指导思想。正如上文所言,康有为早年深受今文经学的影响。今文经学有"三统""三世"说,其核心都在一个"变"字。因而康有为撰《孔子改制考》,将"变法"这样的"改制"之举比附于孔子身上,并著《新学伪经考》,对王莽代汉以来控制儒家学坛达千余年之久的古文经学派加以否定。康有为的思想固然夹杂了很多像"进化论"这样的西方近代科学理论,但其核心还是离不开今文经学这条传统儒家思路。

还有一条今文经学的内在逻辑贯穿于康有为从维新到保皇的政治活动中,那便是春秋公羊学中"尊王"的理念。众所周知,"尊王攘夷"是日本幕末"倒幕派"的政治主张,后来德川幕府被推翻,最高政治权力又回到天皇手上,于是大久保利通、伊藤博文等人尊奉天皇,开展了被称作"明治维新"的涉及日本政治、经济、文化、社会等多方面的近代化运动,日本从此走上了强国之路。而作为维新运动的有力支持者,明治天皇更是以一种"文明开化"倡导者的形象赢得了广大日本国民的尊崇。"尊王"是伸张开明君主的权威,"攘夷"是抵御外来侵略,只有伸张了君主的权威,才能使国家在君主的领导下有力推进各项改革,更为有效地解决来自国内外的各种危机,因而这个观念是被无数儒家知识人奉为圭臬的"王道"。在很多变法人士看来,"尊王"是维新的前提,帝王若不能拥有最高治权,变法便无从谈起,日本明治维新如此,清朝戊戌变法亦应如此。在这种思想的支配下,康有为等维新人士确立了对光绪帝的忠诚,坚定地站在"帝党"一边,与"后党"形成了对立。这势必会严重威胁慈禧太后的最高统治地位,因而也使整个变法与残酷的权力斗争挂钩,最终遭到慈禧太后的疯狂镇压。同样是基于这种理念,康有为在政变失败后流亡海外的过程中建立了"保皇派",一方面是同孙中山等"革命派"对立,但更重要的一方面是为支持表面上"位居九五"但实际已身陷囹圄的光绪帝,而反对实际掌权的慈禧太后。虽然康有为出逃海外,慈禧太后仍旧牢牢地把握着清朝最高统治权,但这并不意味着双方权力斗争的终结。

2. 不成熟的政治家

戊戌政变后,慈禧太后趋向保守,对昔日支持变法的英、日等国深恶痛绝,厌恶洋人的情绪日益增加。某种程度上来讲,顽固的立场也让慈禧太后开始偏执于一些迷信思想,最终甚至利用义和团来对付洋人,这更是引来了列强的强烈反弹。1900年6月,清朝与列强的冲突再度爆发,之后清廷在列强的打击下又一次丢失了京城,威信扫地。然而以张之洞为首的东南各省督抚却同列强媾和,宣布"东南互保",对朝廷所处之危局作壁上观。于是,康有为等人便想利用清廷内外交困的窘境,动员各地督抚反对慈禧太后,试图帮助光绪帝重掌威权。由于这场政治斗争发生在庚子年(1900),康有为等人遂称之为"庚子勤王"。为了增强"勤王"的实力,他以两广为核心,联络唐才常的自立军在武昌起事,并试图联络张之洞等实行"东南互保"之地方督抚的势力,甚至还曾想借助列强之力推翻慈禧太后的统治。虽然这场政治图谋最终以失败告终,但"尊王"的理念是深深渗透在这场政治策划之中的,为了达成这个目标,康有为甚至还谋求同列强合作,这也可谓是在残酷的权力斗争面前无所不用其极了。

虽然康有为不是一个成熟的政治家，没能改变当时中国的局势，他的人品也备受诟病，甚至在很大程度上，他的轻率冒进招来了慈禧太后对变法派的杀戮，导致变法夭折，但他仍是一个伟大的思想家，创造性地将今文经学中"变"的理念渗透于维新思想中。他未能改变中国，却倡导戊戌维新，将变法图强的种子播入国人心中，撬动了人们的思想。他在传统今文经学的学术话语中催生了变法的主张，形成了维新的理念，这种以经世思想为基础而产生的思想革命，恰恰体现了近代以来传统儒家文明的包容精神，也体现了近代中国历史发展的内生动力。在清朝最后二十多年时间中，"维新"成为最为流行的政治主题词，变法与否成为区分政治上保守与维新的一条动态界限，并不断压缩当权保守势力的圈子，最终引发社会革命。这构成了一条由帝制走向共和的重要线索。

参考文献

1.《清史稿》。

2.《康南海自编年谱（外二种）》，北京：中华书局，1992年。

3.林克光:《革新派巨人康有为》，北京：中国人民大学出版社，1990年。

4.《康有为全集·第一集》，北京：中国人民大学出版社，2007年。

5.赵立人:《康有为》，广州：广东人民出版社，2012年。

6.马洪林:《康有为评传》，南京：南京大学出版社，1998年。

7.汤志钧:《戊戌变法史》，上海：上海社会科学院出版社，2015年。

8.［清］叶德辉:《觉迷要录》。

9.《饮冰室合集》，上海：中华书局，1936年。

10.《清张文襄公之洞年谱》，中国台北：台湾商务印书馆，1978年。

11.《辜鸿铭文集》，海口：海南出版社，1996年。

12.《陈寅恪集·寒柳堂集》，北京：生活·读书·新知三联书店，2009年。

慈禧太后

女主当国与晚清变革

慈禧太后履历表

姓名	叶赫那拉氏
别名	慈禧太后，孝钦显皇后
民族	满族
生卒年及所处时代	1835—1908，晚清时期
生平履历	道光十五年（1835）11月29日出生
	咸丰二年农历二月十一（1852年2月，17岁），叶赫那拉氏被选秀入宫，赐号兰贵人，后晋封懿嫔
	咸丰六年（1856）三月，生下咸丰帝唯一的皇子载淳（即同治皇帝），晋封懿妃，次年晋封懿贵妃
	咸丰十一年（1861），联合恭亲王奕䜣发动辛酉政变，处死、革职肃顺等顾命大臣。两宫太后垂帘听政
	同治十三年十二月（1875年1月），同治帝驾崩，慈禧立自己的侄子载湉为帝，改年号为光绪。两宫太后再次垂帘听政
	光绪七年（1881），慈安太后暴卒。三年后慈禧发动甲申易枢之变，开始西宫独裁
	光绪二十年（1894），为六十寿辰庆典挪用北洋水师经费修颐和园，次年甲午战争失败，委任李鸿章与日本签订《马关条约》
	光绪二十四年（1898），光绪实行戊戌变法，慈禧发动政变，囚禁光绪，处死谭嗣同等"戊戌六君子"
	光绪二十六年（1900），八国联军攻入北京，慈禧带光绪等逃往西安。同年签订《辛丑条约》
	光绪三十二年（1906），宣布预备立宪，并于1908年颁布《钦定宪法大纲》
	光绪三十四年（1908），光绪驾崩，慈禧命溥仪继位，于隔天病逝

1908年11月15日，光绪三十四年农历十月二十二，慈禧太后去世。这个手握大权近半个世纪，在最风雨飘摇的日子里陪伴着清朝的女人，终究也没能逃过凡人的生老病死。提到叶赫那拉氏，传统的观点和现代的

媒体影视总会给她扣上"祸国殃民"的帽子。人们习惯于把她钉在历史的耻辱柱上，仿佛这个离我们今天的时代忽远忽近的女人，对于中国历史来说十恶不赦、无法翻身。

可是，从另一个角度看，或许如慈禧太后晚年最宠爱的女官德龄公主在她写的回忆录中提到的一般："揭开太后的面纱，慈禧其实也是个普通的女人。"慈禧太后褪下最高统治者的外衣，其实也无非是个寻常百姓。而接下来，我们既会看到幕后掌管晚清生死命脉的西太后，也要来看一看脱下朝服，去掉暴戾、独裁和冷酷等种种习气后的慈禧，力求还原一个真实的叶赫那拉氏。

一、身世之谜，女主出生地疑点重重

1. 出生地谜团

出身叶赫那拉氏的慈禧太后，掌权 47 年之久，历经咸丰、同治、光绪三朝，关于她的传说轶事自然不少，其中关于她出身的更是颇具传奇色彩。《清史稿·后妃传》上记载："孝钦显皇后，叶赫那拉氏，安徽徽宁池太广道惠征女。咸丰元年，后被选入宫，号懿贵人。四年，封懿嫔。六年三月庚辰，穆宗生，进懿妃。七年，进懿贵妃。十年，从幸热河。十一年七月，文宗崩，穆宗即位，与孝贞皇后并尊为皇太后。"官修史书竟然只字未提她的出生地，非常蹊跷。后世关于她的出生地的说法则扑朔迷离，有安徽芜湖说、甘肃兰州说、绥远说、北京说、山西长治说等多种。

安徽芜湖说与慈禧太后父亲惠征的任职有关。惠征曾任安徽徽宁池太广道的道员，且慈禧太后善唱南方小曲，据此有安徽芜湖为其出生地之说。事实上，惠征确实当过安徽道员，但时间在咸丰二年（1852）。在此之前，他一直在京城和山西为官。咸丰年间，慈禧太后已入宫。所以此种说法明显存在时间上的矛盾。

与芜湖说相同,甘肃兰州说也与惠征有关,据称惠征曾任甘肃布政使衙门笔帖式。但经学者考证发现,惠征曾在京内衙门任笔帖式,期间从未去过甘肃。据此认为慈禧生于甘肃,自然证据不足。

今内蒙古呼和浩特市有条街名为"落凤街"。由于慈禧太后的父亲惠征曾任归绥道道员,住在归化城(今呼和浩特市),传说慈禧太后生于此地,因而此街得名"落凤街"。然而遍查档案,惠征任归绥道道员的时间是道光二十九年(1849)。这一年慈禧太后已经15岁,时间上也有出入,此说不足为信。

慈禧太后生于北京说则得到部分史学家的认同。她出生于道光十五年(1835)十月初十,当时惠征为吏部笔帖式。清代京官三年一考核,道光十一年(1831)直至二十九年(1849)之间,都有确切的记录证明惠征在北京为官。

2. 山西情结

山西长治说是最近几年才有的新提法,具有一定的传奇色彩。考证者认为慈禧太后原名"王小慊",生于山西省长治县一贫穷汉族农民家庭,三岁母亲病故,后被卖到本县一个叫宋四元的人家,之后宋家衰落,将她卖与潞安府满人(指惠征)为婢女。因为慈禧双脚有痣,古人认为这是皇后之命,惠征觉得奇货可居,于咸丰二年(1852)(《清史稿》记载不确)将她送入宫中选秀,意在由此获利。

以上故事尽管非常传奇,却也有很多实物可以佐证。山西长治宋家后人保留着光绪年间制作的皮夹子,这种皮夹子只有皇亲国戚才有,如此偏远山区的平民怎能有此宫中之物?宋家竟然还有慈禧太后的书信:"木禧馀凵,小小聪明,姓宀,入宫门,一回相见一,方家,怪病来,几两银,寄亻,有信,十年一,宫二十年一声,上皇,前殿,行宫,城万丁山。"此外,宋家还保留有慈禧太后的照片,晚清时期的照相技术并不发达,慈禧太后生前照片也不多，在穷乡僻壤之地竟然发现其相片，令人疑惑。且当地一些民间传说，也都印证了慈禧太后确实在山西长治生活过。

近代以来一些在宫中生活过的人所写的回忆录中对于慈禧太后的描写也能反映出她生活习惯中的山西情结。如慈禧太后酷爱山西长治一带的食品，如沁州黄小米、壶关醋、襄垣黑酱、酸菜，尤其爱吃团子，她在宫中还专门请了一个长治厨师做团子；慈禧太后喜爱长治地区的上党梆子，这种艰涩难懂的地方戏曲被深宫中的慈禧太后喜爱着实令人费解。她甚至在六十大寿时专门请了戏班演唱这种戏曲。慈禧太后偏袒"山西同乡"也是有名的，如山西五台人徐继畬屡次被升迁重用；长治城厢郭从矩多次得到擢升；八国联军侵占北京，慈禧太后西逃途经山西，召见潞安府知府许涵度，仍不忘提拔，升其为冀宁道道台。山西长治说在史学界争议也颇为激烈，有人进行反驳，援引《翁同龢日记》说，同治九年（1870）八月十七日，慈禧太后母亲去世。出殡时"涂车刍灵之盛，盖自来所未有，倾城出观，几若狂矣。沿途蓬座络绎，每座千金，廷臣往吊者皆有籍李侍郎来往，颇忤意旨"。据此，认为慈禧太后幼年丧母、出身贫寒是不可信的。慈禧太后的身世到底如何，在没有确凿的证据之前，还难下结论。

慈禧太后一生，前二十余年算是和历史上每一个宫闱女子的命运轨迹一样，从贵人到嫔妃，由一个青春少女到产下皇嗣的妇人，由服侍皇帝到皇帝驾崩被尊为太后。若是她的故事到此就结束了，可能而今的历史书上"慈禧"的名号都很难出现。所以对她做评价，得从她被称为"慈禧"，与东太后两宫齐尊开始，从那几件她参与的所谓"历史大事"——洋务、维新和清末新政说起。

二、执掌大清权力，如日中天

1. 辛酉政变，掌舵"大清号"旧轮

咸丰十一年（1861），咸丰皇帝在热河行宫病逝。慈禧与慈安两宫太后拢聚奕訢等人排开八个顾命大臣，夺取政权，开始垂帘听政，史称"辛酉政变"。垂帘听政从血腥的政变而来，但当时之所以采取这种政治手段，亦确属不得已之举：其时同治皇帝年甫五周岁，还不具备行政能力，必须有人辅佐代行皇权。慈禧太后就在这个时候出现，开启了她47年掌政的起点。

从辛酉政变开始的这一段时光，用复旦大学历史系教授沈渭滨的著作《晚清女主：细说慈禧》中的一句话来概括再好不过："这是个不同于嘉道以来不思改革、墨守成规，在中世纪徘徊的新时代；这也是一个不同于以往自我封闭而力图面向世界的新时代；这更是一个不同于以往思想禁锢、万马齐喑，而是新学盛行、新潮迭起、思想启蒙的时代。"为什么这么说呢？这还得从"同治中兴"说起。此时适逢1860年清政府与英法媾和及1864年太平天国被消灭，政治上出现了一个短暂的和平时期。这个时期里，开启中国近代化历程的活动——洋务运动开始开展了。此前，通过屈辱的鸦片战争，中国的大门已被西方列强的坚船利炮打开，有识之士纷纷疾呼"师夷长技以制夷"。奈何统治者沉浸于天朝上国的美梦中，向近代化迈步的历程始终没有开启。直到咸同之交，以奕訢、文祥、曾国藩、左宗棠、李鸿章等人为代表的洋务派发出了"自强"的呼声，"夫中国之宜谋自强，至今日而已亟矣。认时务者，莫不以采西学、制洋器为自强之道"。自强以练兵为急，练兵以制器为先。于是，以创办近代军事工业为先导的"洋务运动"便应运而生。咸丰十一年（1861），总理各国事务衙门设立，洋务运动有了一个中枢机构。洋务运动从此进入

实际运作阶段。此后30余年间，洋务运动经历了从创办军事企业以"求强"到创办民用企业以"求富"的两个阶段。

说到这里，似乎还没有提到本文的关键人物——慈禧太后。在这个过程中，慈禧太后对洋务抱有什么样的态度呢？在德龄公主的回忆录中，慈禧太后对于遥远的西方文明充满了好奇。从德龄入宫起，慈禧关于西方见闻的问题就没有停止过：问德龄家人的服装配色和装饰；问法国人民参加舞会的习惯；问外国人在画画时使用的工具；问相机的原理和更多机器的使用方法……对于发达而先进的西方科技，慈禧太后其实有着很深的憧憬，但是碍于太后的面子，也碍于"祖宗之法不能变"的训制，她不能说出口，也不能对现行的东西做一个彻底而天翻地覆的更改。从这些生活细节以小见大，便可以知道慈禧太后在整个洋务运动中所持的态度并非历史书上一再强调的"顽固"和"保守"。甚至毫不夸张地说，她或多或少对洋务运动是支持的。

当时，奕䜣等人试图在京师同文馆中设立一个天文算学馆，遭到倭仁等一群顽固派的阻挠和反对，正是因为慈禧太后的默许，这一切才能够进行下去，天文算学馆才得以招生开馆。再如，慈禧太后在幼童留美一事中起了促进作用。在容闳和李鸿章提出这个大胆的想法之后，慈禧太后也及时给予支持，这才使得中国的知识分子第一次得到全面接受西方先进知识洗礼的机会。其他的，比如设厂制造枪炮轮船、修造铁路等，每一项事务基本都遭到过传统保守势力的非议和阻挠。当时的顽固派打着"一闻修造铁路、电报，痛心疾首，群起阻难，至有以见洋人机器为公愤者"的旗号，高呼着反抗的口号，但是各项事业最终都能艰难地起步，这有赖于慈禧太后在背后的默默支持。

虽然洋务运动终究没有真正使得这个国家富强起来——甲午中日战争就是最好的试金石，但是它的存在对于中国由封建国家迈向近代化的进程有里程碑一般的意义。这也是在辛酉政变慈禧太后上台之后，史学界所公认的晚清的一大功劳。从这个时候开始，清朝开启了所谓的"同治中兴"时期,也算是一段回光返照。之后慈禧太后一度放权,江山社稷也从飘摇欲坠开始逐渐有了稳固的趋势和倾向。

2. 戊戌变法背后的权力挑战

说到戊戌变法,先得从光绪帝上位开始说起;而要说光绪帝的继位,则不得不提及慈禧太后之子——同治帝的驾崩。同治十三年十二月(1875年1月),亲政不到两年的同治帝去世,年仅20岁。皇帝的死,对于一个历史阶段的影响有的时候是很小的,江山代有才人出,后面的最高统治者或许能够带给这个国家更大的辉煌;可是同治帝的死对于晚清的历史走向则有着不可低估的重要影响。试问没有同治帝的离世,慈禧太后的第二次、第三次垂帘听政还能实现吗?历史无法假设,今人无法回答这个问题,但是一个不争的事实就是:同治帝的离世,让这个原本打算安享晚年,把江山社稷逐步交由同治帝一手掌握的太后,彻底打破了幻想和侥幸。更可怕的是,同治帝的逝世,开启了晚清末代皇帝无子嗣的悲剧,这对于重皇嗣、重血脉的清代皇室来说,打击无疑是致命的。至此,慈禧太后的一生经历了一个女人所能经历的最大痛苦:少年丧父、中年丧夫、老年丧子。这使得这个女人再次把自己武装起来,扛起这个王朝的重担,重新登上了执政的舞台。真正意义上的完全属于慈禧太后的时代,也就此拉开了序幕。晚清历史的航向从这里开始驶向一个由慈禧太后掌舵的航线。

咸丰帝去世时,留下了慈禧太后和同治帝这对孤儿寡母,尚可为伴;而同治帝去世后,膝下无子嗣,慈禧太后便成了真正的孤家寡人。如果说咸丰帝去世后,慈禧太后还有同治帝作为生活的最后依靠,那么同治帝的早逝,便彻底让这个女人失去了最后的稻草。如果还要活下去,按她的个性,必须要找一个依靠,让自己能够在这上面寄生发展。而慈禧找到的东西,不用说就是皇权。只有绝对的皇权才能够让她的人生得到寄托、生命得到安顿。正如末代皇帝溥仪在自传中所说:"慈禧是个权势欲望非常强烈的女人，绝不愿意丢开到手的任何权力。对她来说，所谓三纲五常、祖宗法制只能用来适应自己，决不能让它束缚自己。"这样的心态今人看来十分畸形，但是结合前面的说辞，或许人们也能够理解了：她除了清王朝的统治权力外，什么都没有了。

光绪的故事要从这里开始谈起。同治帝去世后，慈禧太后选择了她妹妹的儿子作为皇帝，以皇帝年幼不能担政为由继续对政治实行操控。后来，慈禧太后一度放权，让光绪帝掌权，戊戌变法即由此而来。甲午中日战争的失败对中国社会的震动是巨大的，强烈地刺激了维新变法运动的兴起，也给了康有为将自己的维新思想介绍给对西方制度、思想有着无比好奇和崇拜的光绪帝的机会。泱泱大国败于"蕞尔岛国"日本，既明确地向国人昭示了日本明治维新的成功，又促使国人深刻地反省中国洋务运动的失败。维新派从血的教训中认识到，洋务运动的局限在于仅做了器物层面的变革，从学习西方的角度来看，是只知皮毛而不知本原。在维新派看来，西方富强的根本不在于近代机器生产与军事装备的发展，而在于近代经济与政治制度的变革。显然，康有为、梁启超的变法思想主张已经明显地超越洋务思想的技术改造而上升到制度创新的层面，这是之前的洋务运动所缺乏的，是中国向近代化迈出更大步伐所必不可少的。在维新人士看来，技术与制度有着内在的关联，是不可分割的统一体。因此，中国要想变法图强，不能点滴枝节地变革，而必须实行全面的、根本的改革。正如康有为所说："能变则全，不变则亡；全变则强，小变仍亡。"

甲午战争后，在维新派的宣传鼓动之下，以日本为榜样进行全面维新变法一时成为时代思潮的主流。想要有一番作为来证明政局已经脱离了"慈禧时代"，"不甘作亡国之君"的光绪帝对维新派采取了积极接纳的态度，一举将维新运动推向高潮，从而上演了"百日维新"的一幕。在"百日维新"期间，光绪帝发布了一系列变法谕旨，具体涉及政治、经济、军事、文化教育等各方面。可以说，由洋务运动开启的中国近代化运动在维新时期进入了一个新的阶段。如同洋务事业举步维艰一样,维新变法遇到的反对阻力有过之而无不及。慈禧太后起初对变法是持冷眼旁观的态度。但是,康、梁做了一件大错事——他们居然敢于怂恿执政不久的光绪帝对慈禧太后实施软禁。这样的作为天真得像是教唆孩童用幼稚的方式向大人表示反抗一般,只会起毁灭性的反效果。慈禧太后勃然大怒,转而坚定地支持守旧势力,发动了戊戌政变。光绪帝被囚于瀛台,康、梁逃亡海外,谭嗣同等"六君子"喋血菜市口,维新力量遭到近乎毁灭性的打击。一场轰轰烈烈的变法运动转瞬间便灰飞烟灭,只留下一堆没有得到实施的规划蓝图。

实际上,慈禧太后对于维新变法并不反感,就像她对于洋务运动也不反感一样。问题或许出在慈禧太后内心仍旧没有平息的权力欲上,也可能出在光绪帝太心急于摆脱慈禧太后的操控而自主腾飞的想法上。维新派想要软禁太后的做法,是真切触到了"老佛爷"的逆鳞。晚年的慈禧太后在让女官服侍时,要求女官翻译西方的报纸给她听。当听到"康有为逃至新加坡"的新闻之后,竟然勃然大怒,喋喋不休地数落外邦为什么要留一个中华的罪人,为什么这样的人还能够逍遥法外。纵使过了这么多年,这群人已经退出了历史舞台,对于她而言,既然他们曾经触及自己的底线,在她心中,就是一刻也不能够出现的名字。

"维新变法"这个历史事件恰如其分地反映了慈禧太后内心自我权威神圣不可侵犯的思想。外界的一切没有骚扰到她还好,一旦威胁到她,等待对方的就是让对方彻底消失在眼前的极端做法。说慈禧太后血腥、强势,似乎也有一定的道理。自我意识强的人,都容易有维护自我的极端作为。另一方面,慈禧太后这样保守,其实也是"祖宗之法不能变"的思想深植于心的结果。在描写晚年慈禧太后的传记中,可以经常看到她在发表对于西方先进新制度的赞扬和肯定观点的同时,不忘提带本国制度的无比优越性。在她眼中,更准确地说是在所有封建王朝的统治者心中,中华的祖制是千年文明的沉淀,经受岁月的磨洗,是最优越的。但她却从来没有意识到闭关锁国带来的落后已经在慢慢腐蚀着这个国度和文明了。

在慈禧太后晚年接待外宾时,她一般不会让光绪帝出面。她的理由是"皇帝害羞",这是一个站不住脚却又无人敢于反驳的理由。诚然,光绪帝由于自幼受到慈禧太后的强势压制,的确在历代皇帝中算得上是没有"龙威"的一位,他所谓的"懦弱"不是天生而来的,都是后天在日日夜夜的浸染下形成的对于太后由衷的惧怕。但有压迫就有反抗,维新变法就是光绪帝的反抗。虽然和所有尚未成熟的政权试图推翻已有政权一样,新生的羽翼不够丰满却试图起飞,只会重重地摔到地上,但光绪帝又确实是除了溥仪这个不算皇帝的皇帝之外思想最开化的一位皇帝。他天资极其聪颖,在德龄入宫后,她发现他不但对于外语掌握速度极快,而且对于国际事务有着充分的了解,并能发出独到的见解。这对于在封建时代深封于禁宫里的人来说实属不易。所以说,如果时间过得再久一些,光绪帝在执政方面再成熟一些,此时康、梁再出现,或许会有不一样的故事。然而这一切未可知,今人也没办法进行进一步的假设了。总而言之,光绪帝的懦弱和慈禧太后的强势在晚清的政坛上形成了鲜明的对比,这一组对比也极大程度上促成了清王朝的最终走向。

三、清末新政,最后无力的修补

关于慈禧太后与清末新政,目前看来最透彻的观点乃是著名史学家陈旭麓先生所指出的:"一种求生本能或王朝自救意识终于把一个油干灯枯的颠顶王朝推上了改革之路。"在庚子事变后,慈禧太后被迫实行新政。戊戌政变之后一段时期内,中国政治虽然一度走向黑暗与反动,但是,当慈禧太后这位清王朝的实际主宰者在新世纪来临之际于"庚子事变"中陷于绝境时,她也不得不呼唤"变法"的亡灵。在对列强一次又一次的失败中，她终于意识到"为了祖宗，为了保住祖宗留下的江山，祖宗之法是可以变的"。在内忧外患下，这位最高统治者开始寻求新的出路——那就是"变"。说来也好笑，历史的嘲讽是无情的，保守派居然成了改革者的继承人，慈禧太后居然也成了她日夜痛恨的康有为等的后来者。

1. 推行新政

1901年8月20日，慈禧太后以光绪帝的名义在西安行在，在再次强调决意推行新政的同时，宣称"予与皇帝为宗庙计，为国民计，舍此更无他策"①。此后，清朝政府便相继推行了一系列新政措施，新政的实施具体分两个阶段：第一阶段涉及政治、经济、军事、文化教育与社会生活等领域的变革，这些变革基本上都是在体制内进行的。第二阶段是政治体制本身的变革，这是前一阶段各项体制内变革发展的必然趋势。其中包括：

在政治机构方面，将总理各国事务衙门改为外务部；裁河东河道总督，湖北、云南、广东三省巡抚；裁詹事府、通政司、太常寺、太仆寺、光禄寺、鸿胪寺等衙门。

在军事方面，裁汰制兵防勇，精选若干营分为常备、巡警等军；停武科试，设武备学堂；设练兵处，编练新军；设立巡警部，举办警政。

在经济方面，设立商部；公布《商会简明章程》，制定《奖励公司章程》；颁布《商律》及《公司注册试办章程》；在京师设立劝工陈列所，设立高等实业学堂，设立户部银行。

在文化教育方面，诏开经济特科；废科举，令各省设立学堂；奖励留学。

在政治制度方面，宣布"预备立宪"，承诺将筹划召开国会，实行君主立宪制度。

---

① 朱寿朋：《光绪朝东华录》，中华书局，1958，第4771页。

在上述新政措施中，废止科举、编练新军、奖励实业、改革教育制度和推行"预备立宪"最为引人注目，传统中国因此初具现代国家的雏形。

2. 预备立宪

此时，清廷上层，包括很多满洲权贵中的有识之士，也看到了宪政改革的势在必行。这其中以载泽和端方最具代表性。

爱新觉罗·载泽（1868—1929），晚清宗室大臣，是立宪派的重要人物。他是清圣祖玄烨六世孙，愉恪郡王胤禑的五世孙，其父奕枨过继给嘉庆帝的第五子绵愉之子做后嗣，因此在皇室之中与皇帝关系较近。载泽原名载蕉，字荫坪。同治七年（1868），他出生于北京，光绪三年（1877）袭封辅国公，光绪二十年（1894）晋镇国公。1905年7月16日，清廷特派载泽和其他四位大臣——户部侍郎戴鸿慈、兵部侍郎徐世昌、湖南巡抚端方、商部右丞绍英出国考察政治，是为"五大臣出洋"，成为清廷推行宪政的一个重要阶段性标志。载泽出洋时尚未满40岁，是其中最年轻的一位。他们重点考察了美国、英国、法国、德国、俄国、日本等国家，特别是日本和德意志帝国的君主立宪政体。五大臣回国后，向清廷和慈禧太后力陈实行宪政之必要性，成为推行宪政的重要力量。这其中，载泽曾向慈禧太后和光绪帝上了《奏请宣布立宪密折》，将日本的宪政体制摆在列国之首，奏请仿日、德之例，改行君主立宪政体。

当时，清朝统治集团内部对实行预备立宪的看法并不一致，不少人仍心存疑虑，甚至公开对立宪持反对态度。他们主要担心的是两点：一是怕"立宪有妨君主大权"，二是怕"立宪利汉不利满"。因此，作为皇室宗亲和重臣的载泽在密折之中详细分析了行立宪之政的形势，"以今日之时势言之，立宪之有利有最重要者三端"：

一是皇位永固。"立宪之国君主神圣不可侵犯，故于行政不负责任，由大臣代负之；即偶有行政失宜，或议会与之反对，或经议院弹劾，不过政府各大臣辞职，别立一新政府而已。故相位旦夕可迁，君位万世不改，大利一"。

二是外患渐轻。"今日外人之侮我，虽由我国势之弱，亦由我政体之殊，故谓为专制，谓为半开化，而不以同等之国相待。一旦改行宪政，则鄙我者转而敬我，将变其侵略之政策为平和之邦交，大利二"。

三是内乱可弭。"海滨洋界，会党纵横，甚者倡为革命之说，顾其所以煽惑人心者，则曰政体专务压制，官皆民贼，吏尽贪人，民为鱼肉，无以聊生，故从之者众。今改行宪政，则世界所称公平之正理、文明之极轨，彼虽欲造言，而无词可藉；欲倡乱，而人不肯从，无事缉捕搜拿，自然冰消瓦解，大利三"。①

载泽在晚清皇室中地位相当特殊。他的妻子是慈禧太后的亲侄女，承恩公桂祥的女儿。承恩公桂祥是慈禧太后的兄弟，他有三个女儿，大女儿嫁给光绪皇帝，就是隆裕皇后；二女儿嫁给端郡王载漪，她的儿子就是一度被立为大阿哥的溥儁；三女儿就嫁给了载泽。桂祥和奕劻也是儿女亲家。

慈禧太后对这位侄女婿是十分信任的。载泽在密折中也特地表白："奴才谊属宗支，休戚之事，与国共之。使茫无所见，万不敢于重大之事，卤莽陈言。" 他恳求慈禧太后当机立断，"不为众论所移，不为浮言所动"，并称"事关大计，可否一由宸衷，乞无露奴才此奏"。有学者认为："载泽考察团各类奏折、著述的撰成，实为考政大臣与随从人员实力考求、协同作业的结果，与端方、戴鸿慈考察团找人捉刀代拟奏稿、考察报告形成了鲜明对比。"②

载泽在密折中强调的所谓"皇位永固""外患渐轻""内乱可弭" 三大利，很得慈禧太后的重视，"两宫览奏，大为感动"。

---

① 载泽：《奏请宣布立宪密折》，载《中国近代史资料丛刊：辛亥革命》第4册，上海人民出版社，1957，第27—29页。
② 潘崇：《杨寿楠与清末五大臣出洋考察——兼论两路考察团考察成果的不同来源》，载《江苏社会科学》2009年第6期。按：杨寿楠时任该团随员。

另一位能够打动慈禧太后和清廷的是端方。

托忒克·端方（1861—1911），满洲正白旗人，曾官至直隶总督、北洋大臣。在满族大臣中，端方是具有革新思想、极力赞成维新变法的人。戊戌变法期间，在翁同龢与刚毅的保荐之下，端方第一次被光绪帝召见，由此获得了年轻皇帝的青睐。此后朝廷下诏筹办农工商总局，端方被任命为督办。端方全身心地投入新筹办的部门，曾一天连上三折，其工作热情与效率可见一斑。他的作品著名的有《劝善歌》，他因此受到慈禧的赏识。戊戌变法很快被慈禧太后推翻，除京师大学堂予以保留之外，其他新政措施，包括农工商总局一律撤销，端方本人也被革职。然而不久，端方即获重新任用，出任陕西巡抚，正是在此任上，当慈禧、光绪仓皇西巡时，端方借机表现出对清廷的极度忠诚。自此他在慈禧太后心中和清廷最高层成为非常具有发言权的一位大臣。此后端方仕途较为顺利。光绪三十一年（1905），端方被调回北京，授予闽浙总督之职，不久受命与载泽等一起出洋考察宪政。回国后，端方先后具奏三次，极力陈述实行宪政之益。

不久，军机大臣瞿鸿禨、荣庆等也各有陈奏。于是清廷就命廷臣开会，并派醇亲王载沣、各军机大臣、政务处大臣、大学士和直隶总督袁世凯等共同阅读、考察各国政治大臣回京后奏陈各折，请旨办理。1906年8月28日，上述官员遵旨举行会议，并于次日面奏慈禧太后与光绪帝，请行宪政。

1906年9月，慈禧太后发布谕旨，宣布仿行宪政，开始预备立宪。对于慈禧太后来说，立宪的目的主要是维护清王朝的皇权统治，因此改革不能操之过急，尤其不能有损于皇权——毕竟能够把祖宗之法颠覆，已经是她这一封建顽固派最后的让步了。但是总体来看，正是因为是"被动让步"而非"主动前进"，这一新政从根源上就有着不彻底的问题，就像一个从开始就没打算改造彻底的作品。一方面，官制的改变不彻底。预备立宪以改革官制为先，当厘定官制馆奏请合并旧内阁与军机处，以实行责任内阁制时，慈禧太后洞察到奕劻、袁世凯集团企图以责任内阁制分享皇权的阴谋，便毫不犹豫地予以否决，仍然保留旧内阁与军机处分立的体制。另一方面，皇权架空不彻底。立宪之要"预备"，最为冠冕堂皇的理由是当时的中国实行立宪的条件尚不成熟，必须要有一个准备与过渡的时期。至于这个时期究竟要有多长，则是一个难以解决的问题。清廷起初并没有确定一个期限，立宪派感觉遥遥无期，于是请愿要求确定召开国会的年限。1908年8月，慈禧太后以光绪皇帝的名义颁布了《钦定宪法大纲》和《钦定逐年筹备事宜清单》。《钦定宪法大纲》的主体是"君上大权"，明确规定大清皇帝是大清帝国永远的绝对主宰，君权神圣不可侵犯，大清皇帝拥有大清帝国一切内政、外交大权。其条文主要仿自日本的宪法，君主的权力在此得到最为充分的肯定。说到底，这样的"立宪"是有名无实的，慈禧太后虽说要变法，但是仍旧放不下内心对于权力的渴望。就在《钦定逐年筹备事宜清单》颁布之后不久，光绪帝与慈禧太后相继去世，政局大变，预备立宪尽管仍在艰难地推行，但前途渺茫。后来的故事，世人也都知道：清王朝覆灭，中华民国成立，中国历史翻开了一个新篇章。

3. 复杂的心态

晚清新政一方面是清王朝到了末期走投无路的必然选择，另一方面也把慈禧太后渴望了解外部世界、愿意学习先进文化乃至开眼看世界的心态展现得一览无余。慈禧太后曾经一而再、再而三地向曾经到过德国、美国、英国的官员和侍从了解外国宫廷和总统府的礼节，并对中国延续数千年的宫廷礼节表示了某种程度的厌烦。就像在德龄公主《慈禧传》中"太后不断地向我询问法国宫廷里的各种礼节，从穿衣打扮到宴会礼仪，她总是要不厌其烦地问清楚"一句描述的那样，慈禧太后对西方的礼节其实也怀有好奇心，而她对于中国礼节的恪守，一定程度上源于身处最高统治者地位上的无奈。除此之外，慈禧太后还热衷于学习西方的摄影技术，喜欢阅读西方报刊，甚至连餐具也认为是西方的简单实用。在德龄的哥哥从法国留洋回来之后，慈禧太后殷切地要求他为她拍照，并且全程观摩了照片的冲洗过程，与一个怀着对新鲜事物的好奇心的孩童无异。她每日会要求身边人把西方报刊收集回皇宫，由懂得英文的女官为她翻译，每至情绪激动之处，还会对新闻大加评论一番。

实际上，慈禧太后晚年对变法的态度是一个由抵抗到妥协的过程，正是这一"妥协"促成了清末新政这一回光返照式的改革。虽然改革仍然受到她内心封建残余思想作祟的影响，结果不尽如人意，但是在史学界，对于慈禧太后的这一行为还是多持赞赏态度。而对她的"妥协"，大多数人将之归结于国难当头无路可走的无奈。其实清末新政也是慈禧太后性格中难掩的对于新事物的好奇和想要尝试的愿望的产物。因为坐上了掌握皇权的位置，她不得不把性格中本真的一面压抑到自己都忘记了。但当外界的刺激到位，掩埋于心底的性格内核便开始逐渐主导着慈禧太后的作为。所以，这一新政既有外界原因，也是慈禧太后自我反思的结果。

纵观慈禧太后掌权时代中国的近代化历程，从洋务运动、戊戌维新到清末新政，是一个近代化程度依次递进的过程。当然，这个过程是无比艰难曲折的。洋务运动只局限于技术层面的变革，经甲午战争检验，是失败的。戊戌维新指向制度层面，被慈禧太后发动的戊戌政变所扼杀。清末新政由体制内的变革走向政治体制变革，开始预备立宪，但从根本上就存在着缺陷，最终也未能使清王朝稳步走上民主宪政的道路。从某种意义上讲，慈禧太后领导的清政府以洋务运动的形式开启了中国的近代化探索历程，却又试图以预备立宪的形式制约中国近代化的进程。与东邻日本通过明治维新而实现近代化的目标不同，慈禧太后时代的中国，无论是洋务、维新，还是新政，均没能使中国顺利走上近代化的道路，而是一再错失了近代化的机遇。

四、崇奢靡、重权力、要面子，慈禧的为政败笔

作为一个统治者，慈禧太后有其失败的地方，因而广受后人诟病。她不惜挪用军费兴建颐和园供自己玩乐；为了个人的权力私欲，不惜母子反目成仇；为了权力，甚至对外国侵略者放出"量中华之物力，结与国之欢心"的说辞。

1. 不合时宜的六旬盛典

光绪二十年（1894），慈禧六十寿辰，拟"在颐和园受贺，仿康熙、乾隆年间成例，自大内至园，路所经，设彩棚经坛，举行庆典"，挪用海军经费，修缮颐和园，布置点景，广收贡献。是年适逢日本发动中日甲午战争，光绪帝主战，慈禧太后亦主战，"不准有示弱语"。但是，当有人提出停止颐和园工程、停办景点、移作军费的时候，慈禧太后却大发雷霆，甚至说出了"今日令吾不欢者，吾亦将令彼终生不欢"这样的话。后来，清军在朝鲜战场上接连失利，北洋水师在黄海之战中又遭受严重挫折。为了不影响自己的六旬庆典，慈禧太后竟希望列强出面干涉，尽快结束战争。她支持李鸿章避战求和的方针，以各种借口打击以光绪为首的主战派。只是由于形势日益紧张，面对朝野上下的重重压力，她无法再一意孤行、大摆排场，不得不改变原来的计划，缩减了生日庆典的规模。于是，在金州（今大连市金州区）、大连相继陷落，旅顺万分危急的情况下，慈禧太后在紫禁城内宁寿宫度过了她的 60 岁生日。第二年，威海卫之战中，北洋水师全军覆没。中国海陆两个战场均遭失败，以慈禧太后为首的投降派下定决心向日本求和。她派李鸿章为全权大臣赴日求和，签订了屈辱的《马关条约》：中国放弃对朝鲜的宗主国地位；赔款 2 亿两白银；割让辽东半岛（后以银 3000 万两赎回）、台湾、澎湖列岛；开放 4 个通商口岸；允许日本在通商口岸开矿设厂。这个条约大大加深了中国的殖民

地化进程，也是慈禧太后后来备受诟病的主要原因。

而在评价这一行为之前，需要分析慈禧为什么非要这么隆重地过六十大寿。对于古人来说，六十是一轮花甲。清朝人能活到六十岁实属不易，即便是普通官员六十岁都会举办寿典，更何况掌握着大清命脉的慈禧太后。康熙六十寿诞、乾隆八十寿诞都曾举办过盛大的万寿庆典，所以慈禧太后要操办自己的六十大寿，这一行为是可以理解的。但是在国家都快要保不住的时候，慈禧太后还坚持给自己祝寿，这就颇令人感到匪夷所思了。这大概和慈禧的心态也有关。26 岁的慈禧初登权力的顶峰，还记得百姓的疾苦，会在全国范围内提倡节俭。等在这个位置上坐了三十多年，过了三十多年骄奢淫逸的生活，也许她早就忘了自己在民间时的感受了，又怎么还会在意百姓呢？年轻时她踌躇满志，对未来充满希望，渴望对这个国家做出突出贡献；可是年老了，自己的理想并未实现，雄心壮志也都磨灭得差不多了，想着还不如自己多过一些自在的时光，这何尝不是她的一种逃避呢？

2. 狼狈西狩与光鲜回銮

光绪二十六年（1900），八国联军开始攻打北京，慈禧太后害怕被八国当作首要战犯处理，接连五次召见军机大臣等，决定"出京"做"暂避之计"，率光绪帝等仓皇出逃。天未明时，负责紫禁城宫中值班的辅国公载澜飞驰入宫，说八国联军已攻打东华门。太后知事情已到最后关头，要投水自尽，载澜拉住她衣服说："不如且避之，徐为后计。" 太后这才哭着徒步出宫，发不及簪，光绪帝穿着素服在后跟随。隆裕、瑾妃及大阿哥等一同登车，王公大臣或骑马，或徒步，形成一支千余人的扈从队伍。他们出神武门，由景山西街经地安门，沿着鼓楼向西顺城墙根到了德胜门，中午在颐和园饱餐一顿后，没敢耽搁，继续向西北逃去。时任军机大臣王文韶记录了出逃时的情形：两宫都换上了汉人的服装。慈禧太后穿着蓝夏布衫，梳起一个汉族老妇人的大髻，打扮成一个老村妇的模样。光绪帝穿着黑色长衫,裹上黑布战裙一条,从此开始了一年零四个月的逃亡生活。然而这样狼狈的逃亡硬生生被说成是庚子西狩,这一说法来源于吴永。慈禧太后一行逃离京城后,首站到了怀来县,没有住处,只好夜宿于鸡鸣驿。知县吴永慌忙接驾,凑合着奉上小米粥、玉米面窝窝头。尽管食品粗陋,但饥寒交迫的慈禧太后还是很高兴,对吴永心生感激之情。之后,吴永被点名随其西行,担任前路粮台会办。日夕为两宫服务的吴永,目睹了此行全过程。后来,吴永口述经过,由时人刘治襄写成见闻录《庚子西狩丛谈》。

  与仓皇出宫形成鲜明对比的是慈禧太后回宫的过程:光绪二十七年(1901),远在西安的慈禧太后令李鸿章等人与列强谈判,谈判原则是后人熟知的"量中华之物力,结与国之欢心"。委曲求全之中,清廷在《辛丑条约》上签字,同意赔款四亿五千万两白银等,八国联军这才答应撤兵。慈禧太后由此长舒了一口气。随后,她连续接到奕劻、李鸿章和各省官员"恭请两宫回銮"的奏请,"两宫回銮"的提法便由此产生。如今看来,"西狩"不过是"逃亡",而"回銮"不过是"哀归",两宫本应很低调地黯然回京,但慈禧太后好了伤疤忘了疼,把这种不光彩的"哀归"搞得像凯旋一般,沿途大事铺张,显其威风,早把化装成民妇逃出北京的狼狈事忘到了脑后。当初逃往西安,她选的是最近的线路,这线路在今天看来亦属正常——从河北进入山西境内,然后直接入陕,大方向一直向西。战后回銮路线却有点奇怪:没有选择陕西—山西—河北—北京这条最近的路返回,而是出陕西,入河南,沿黄河一路往东走到开封,然后折向北,从安阳进入河北,最后返回北京。这样一来,就该河南府官员忙碌了,洛阳百姓也跟着被折腾。果不其然,为了迎接圣驾,地方官下令在新安、洛阳、偃师、巩县(今巩义市)等地建造行宫,还对两宫入豫道路进行了大规模的整修。光绪二十七年(1901)八月二十四,两宫从西安起驾返回北京。起跸时,西安全城文武官吏都到行宫门外伺候升舆。辰时三刻,由24面黄龙旗开路,1000名骑兵前导出城,后有

3000辆装满金银的大车，百余名太监押运随行。王公大臣或乘车，或骑马，编队而行。慈禧太后衣着华丽，端坐轿中。道路两旁，五步一岗；沿途市肆，各设灯彩；士民伏地屏息，在南门外跪送。出城后仍是旌旗招展，千乘万骑气氛肃穆。沿途州县，都要设尖站、备行宫、供食需。就这样，他们一行浩浩荡荡，向着河南而来。九月初五，队伍入河南省境。河南巡抚锡良早就赶到边界处跪接，两宫停跸问话后，让他先行引导，东行30里，晚宿阌乡行宫。而河南的行宫较陕西更为阔绰：宫内地上铺设芦席，席上覆以红毡，毡上再铺绒毯，墙壁和楹柱都障以黄绫；墙上悬挂名家书画，书案陈设文房四宝；门廊挂华灯瑞彩，庭院种奇花异草。其实所谓的临时行宫，不过作一餐或一宿之用，却搞得金碧辉煌，足见皇家之奢靡。接着皇帝一行开始向洛阳进发。《洛阳市大事记》记载：慈禧太后与光绪帝路过洛阳，河南知府文悌竭力筹备迎接大典，将洛阳周南驿扩为行宫，用银三万余两，随行的两宫文武官员住在城内较大民宅，军民车辆分置四关各处。令人们印象最深的是皇帝一行轿子的威风——慈禧太后坐的是十六抬大轿，其他大轿前后各加横杠，两端各有轿夫两人，前后共为八人，这就是所谓八抬大轿。抬轿的轿夫据说都是从北京挑选来的，为走长途平稳，又经过了半年的训练。轿夫帽子上插着一撮美丽羽毛，身上穿的是黄色衣裤，上套绿色坎肩，前后心镶圆布，上绣一马，脚穿抓地虎靴，挺身叉腰，抬轿行走，步调一致，虽有波动，却不摆荡，使乘坐的人感觉舒适。轿外有黄绫棉围，轿窗上嵌着玻璃，扶手上装有香炉，内燃檀香。銮驾启行时，侍卫分左右由伞扇前导，全部执事列队引行。河南巡抚导于驾前，路的两侧五步一兵，十步一官，面皆向外，戒备森严。凡经过之处，由地方官员带领人民贡献果品，两宫则停跸颁赏，赏发银牌和小元宝。行走的顺序是光绪的轿子在前，慈禧太后的轿子在后。到行宫前下轿时，光绪帝先下轿，步行至太后轿前请安，左右扶太后下轿进入行宫后，光绪这才进入自己的行宫。都到行宫之后，嫔妃、太监各执其事，各官员分别请安后方至宿所。史料显示，从西安启程时，光绪帝、慈禧太后曾下过两道诏书，宣布豁免"陕西、河南、直隶跸路经过地方钱粮"，进入河南之前又发布旨意：尽量不扰民，不给地方添麻烦。但这不过是故作姿态而已，实际上两宫回銮，扰民不断，把各地折腾得够呛。

从动用海军军费修筑颐和园和回銮扰民这两件事，不难看出慈禧太后为政47年中的享乐奢靡习气。这自然得归因于当时皇权至上、天下为帝王家所属的思维，同时也与慈禧太后好大喜功、喜好排场、爱面子的个人性格有关。尤其是挪用海军军费修园子，直接导致了甲午战败，这无疑是其为政的最大败笔。

五、脱离政治，慈禧何许人也？

在最后一部分，我们来谈谈从政治中抽离出来的时候，本真的慈禧究竟是一个什么模样。这时候的慈禧，不再是手握国家最高权力的统治者，而是一个单纯的宫廷女子，那么她又有着怎样的个性呢？

1. 素养颇高之女子

慈禧有着隐秘的爱情生活。《慈禧生平》中有这样一句话：慈禧太后一生有两大秘密，一是她坎坷的童年，二是终生不渝的爱人荣禄。据说，青年时代的慈禧太后就爱上了当时还只是禁军统领的荣禄，他们还曾定过亲，但是这一切都因为慈禧太后的进宫发生了改变。当然，即使慈禧太后被选了秀女，他们仍然是两情相悦的。荣禄曾多次救慈禧太后于危难之中：据说，咸丰驾崩时，太后急需放在咸丰陈灵之宫中的玉玺，是荣禄和李莲英拼死帮她拿到；慈禧太后在扶灵柩回宫时，为了躲避肃顺等人的暗杀，荣禄曾从热河飞奔赶去保护慈禧太后母子。在清理了肃顺等人后，荣禄理所当然受到晋封，而为了堵住悠悠众口，慈禧太后将贴身女官撮合给荣禄为妻。对此慈禧太后心中肯定也很痛苦，但是她别无他法，隔在他们之间的障碍太多了，而为了让荣禄顺利当上军机大臣，她不得不这样做。因为这样不仅绝了自己的念想，也绝了荣禄的念想。这些凄美的故事或许有杜撰的成分，然而慈禧与荣禄存有微妙的感情的说法，自晚清以降一直在笔记小说中存在。

慈禧太后也有羞耻心，也想知耻而后勇。据德龄回忆，在颐和园内，慈禧太后曾带着德龄闲逛，当大家都把目光聚焦到地上的废墟残骸时，慈禧太后说的这番话——就算是德龄在写书时添油加醋了——也着实让人心生感动："看看窗户上这些彩色的玻璃和漂亮的绘画，庚子年的时候都被洋鬼子毁坏了。我想要牢牢记住我们从中学过的一课，所以我不想对它进行修复，这些废墟会永远提醒我。"作为一个国家的实际掌舵人，作为一个对于清王朝的感情比当时任何一个人都要深刻的人，慈禧太后又怎会把受过的耻辱轻易忘记呢？对于慈禧太后，人们始终厌恶着她"量中华之物力，结与国之欢心"的"无耻金句"，但是在那样一个特殊时期，谁都清楚不结"欢心"的下场。若慈禧太后真的想要向西方列强屈从，又怎会暗中助长"仇洋"风气，并开展清末新政来强大自身？慈禧太后在对每一件国家大事的决策上，就算多多少少出于个人情感会做得不尽如人意，但是也不是不考虑国家兴亡。如此固守"祖宗之法"的人，又怎么忍心让老祖宗的江山毁在她的手上？

慈禧太后端庄识大体，学识为宫中女子佼佼之辈。当会见完俄国驻华公使的爱人柏兰康夫人之后，慈禧太后对她发出了由衷的赞叹，一方面对她的端庄有礼赞誉不已，另一方面也把她和之前到访的女子进行了对比："在来宫中的所有女子中，我从未见过像柏兰康夫人那样端庄有礼的，有的人甚至表现得十分失礼。有些洋人以为咱们什么都不懂，小看我们。他们的这些想法，我一眼就能够看穿。"最重要的是，无论对方的行为有多么蛮横无理，慈禧太后都会对他们温文有礼。单从这点来看，慈禧太后在对于中国传统礼节的恪守和传承上还是十分到位的，不仅担得上一位大家闺秀的标准，作为国家领袖来说，其不卑不亢也是值得赞赏的。做一个并不恰当的类比，若是这样的一个女子出现在同一时期的平凡人家，怕是一位远近闻名的佳人了。

除此之外，慈禧太后的文化素养，虽算不上惊为天人，但也算是可圈可点了。《慈禧太后私生活实录》中记载，慈禧太后"对于中国古代的历史和那些比较有名的稗史或传奇等等，可说是的确有几分研究，为寻常人所不及"。曾为慈禧太后绘制过三幅肖像的美国女画家卡尔小姐在《清宫见闻杂记》中说，慈禧太后"能为诗词，出笔清新，非同凡响。又能为古文辞，得大宗气派"。在当时，口语与书面语是完全不一样的，一般普通百姓，特别是妇女，很难用文字来表达思想和情感。而慈禧太后不仅能写，还能写好，实在是比较难得的。"而太后独能振笔疾书，洋洋千言不穷，斯真稀有之才。太后尤能满文，平日最喜浏览古名家诗文集，而尤喜读英武悲壮之诗……彼于古名家之诗文词，能滔滔背诵，如数家珍。"英国人濮兰德、白克好司撰写的《慈禧外纪》也说，早在16岁尚是懿贵妃之时，慈禧太后即已是"五经成诵，通满文，二十四史亦皆浏览"。成年后的慈禧太后，更是"性耽文学，深于历史"。由于平日宫中"尝有史臣在旁讽诵"，故此慈禧"能通古今治乱大势"。总之，有相当数量的文献对慈禧太后的才华不吝言辞地进行赞美，除开部分文字可能有夸大之词，慈禧太后整个人至少在才华方面，与那个时代的大部分女性之间，就已经有了一个巨大的分水岭。

2. 作为普通人的一面

去掉最高权力者的面纱，慈禧太后也不过是个普通的女子、普通的母亲而已。她对穿戴要求严格，对于配色有着极高的天赋，见过她的人均对她的品位赞不绝口：慈禧太后出行，衣服必须要备好数十套，一天在不同的场合和不同的时刻穿的衣服也不尽相同。在每次穿衣之前，她必定要打点好手下人拿什么颜色的衣服，是褂子配马甲还是穿一身素净的长袍，她对此有着自己独到的心得。尤其是在接见外宾的朝服穿戴方面，她更是有着极高的衣品：头冠如何佩戴，上面的羽毛摘下还是戴上；朝服颜色的选择是明黄还是金色带黑；配饰的搭配是要把一粒晃眼的珍珠系在纽扣上还是要将几千粒小珍珠镶嵌在自己的衣服上。和任何一个寻常女子一样，对从大到小的穿着打扮，她都有着自己的心得与体会。她和所有女人一样爱美，乃至开创了传统美容方式的先河。无论是用鸡蛋清做面膜，并发现里面的抗皱功效，还是将发紫的大米研磨成粉末来均衡东方女人的肤色，慈禧对于女人容颜的保养不仅仅依赖御医等人的打理，自己也会主动地去进行护理。更有甚者，她的首饰有几千箱，她却不仅能够做到每天搭配的首饰不重样，还可以把每一个首饰的名字是什么，处在哪一号箱子给说得明明白白。她和普通民众一样，喜欢花花草草：慈禧太后的宫中，种满了各式各样的花草，并且由她亲自照料。她会每天中午到园中看看，把枯萎的花枝和叶子剪掉；她每到一个新的季节，就会张罗着太监们种植和打理新的花草；她每次饭后都会到山顶去看看，感受自然和花草带给她的游离于现实的片刻宁静。她爱看戏，并且会亲自改写剧本、编排舞台场景、指导演员排练：她在宫中修建了一个超出所有人想象的大戏院，规模宏大、设施齐备，直到今日再入故宫，仍然能感觉到当初戏院的宏伟大气。而各路戏子均请京城名角，精彩程度可谓异彩纷呈。最让人感受颇深的是，她不仅是高高在上的慈禧太后，也是有着常人情感的母亲：《翁同龢日记》中记载，在同治帝病入膏肓之际，慈安和慈禧两位太后秉烛细细观察面前的儿子，脸上全都是关爱和焦虑的神态。在和大臣商议请良医为同治疗救时，慈禧太后忍不住涕泪交加。在同治帝病逝之后，她更是捶胸顿足、痛彻心扉。人们总爱将铁石心肠冠在所有女强人的头上，从吕后说到武则天，再从武则天说到慈禧太后。殊不知再如何心肠硬的女强人，在儿女面前，她们总是母亲，而不仅仅是一国的领导者。中年丧子之痛，对于每一个人来说都是致命的伤痛，而同样是一个凡人的慈禧太后，又怎么会不一样呢。据说，直到晚年，她看到同治的遗物，还是会在众目睽睽下放声大哭，与任何一个普通的老妇人无异。

最后，我们谈谈慈禧对于男女平等的渴望。作为一个女人，慈禧太后大概深深地感到那个时代对于女人的满满恶意，因而想要做一些改变。这体现在她后来的一系列针对女人的政策上。比如光绪三十二年（1906），慈禧太后下达禁缠足令；她还亲自过问杨乃武与小白菜一案，使此案得以昭雪，免去经不起严刑拷打做伪证的小白菜一死，严惩浙江巡抚以下与此案有关的贪官污吏三百多人；另外，在她的默许下，开办女子学校逐渐风行于开埠较早的上海、广州等城镇。慈禧太后默许办学之举，说明当年开启中国女学兴办之门的先行者最具代表性的观点普遍为开明官僚与士绅所接受，尽管这与"男女平等"、妇女彻底解放的距离仍相差甚远，且由于与根深蒂固的几千年封建传统道德观念相左，受到拥有强大势力的封建卫道士的强烈毁谤和抵制，但女子兴学却如同星火燎原般蔓延开来。慈禧对男女平等的渴望更体现在她的生活中：第一，她不准光绪帝叫她妈妈，而是必须叫她亲爸爸；第二，她让宫里的人都叫她老佛爷。当然，从这里也不见得就能看出慈禧太后想要成为一个男人，这种称呼更多应该体现了一种心理感情和政治的需要。中国封建社会从孔子的"唯女子与小人难养也"开始，轻视女子的思想一直传袭，女子只能作为男子的附庸。在中国传统的"宗法制""家长制"的影响下，人们对男子的权力是尊崇的，天下最尊崇的男人自然是皇帝，"皇帝的话是金口玉言，皇帝说了是算数的"。然而，慈禧一个女子站在了权力的顶峰，也许她认为这样一个称谓能够让别人更信服她，这也是她对自己的心理安慰吧！

慈禧太后的一生，诟病多于赞誉，诋毁多于夸赞。不能否认，她对于戊戌变法的扼杀，的确很大程度上阻碍了历史的发展，使得"开眼看世界"的中国在她的影响下戛然"闭眼"；也不可否认，她的三次垂帘听政，违背了清代乃至中国封建王朝的祖制，使得本该出现多重可能性的政治在她的主导下变得十分单一。但是，后慈禧时代清朝的迅速衰败，反过来证明了慈禧太后对于国家政权的控制力,更别说她还有"同治中兴""清末新政"等为大家所熟悉的政绩。

参考文献

1. 徐彻:《慈禧大传》,沈阳:辽海出版社,1998年。

2. 何虎生:《铁腕政治家西太后》,北京:中国工人出版社,2001年。

3. 刘奇:《慈禧生平》,北京:中国社会出版社,2006年。

4. 欧阳苿莉:《慈禧全传:从秀女到晚清"无冕女皇"》,武汉:华中科技大学出版社,2013年。

5. 德龄:《慈禧传》,北京:中国工人出版社,2017年。

6. 秦维宪:《晚清女主的多重性——近年来关于慈禧评价的新气象》,《上饶师范学院学报》2008年第5期。

7. 李细珠:《一个人与一个时代——论慈禧太后及其统治的是非功过》,《安徽史学》2014年第3期。